mit jrer schweren belegerung.

zu vbergeben/ vnd nachmals an Sant Egidien abent an fünff orten an gelauffen/ vnd hefftig gestürmbt worden. Alda jr seer vil vom Adel sambt anderm kriegs volck auff beiden theylen erlegen seind/ wie etlich sagen/ bey drey tausenden/ Gott

Die Wiedertäufer in Münster

Die Wiedertäufer in Münster

Stadtmuseum Münster

1. Oktober 1982 bis 30. Januar 1983

Die Ausstellung wird veranstaltet vom:

Stadtmuseum Münster
Windthorststraße 26
D – 4400 Münster

Öffnungszeiten:

1. Oktober 1982 bis 30. Januar 1983
Täglich (außer montags) 10.00 – 13.30 Uhr,
15.00 – 17.00 Uhr
Mittwochs 10.00 – 13.30 Uhr, 15.00 – 21.00 Uhr

Katalog:

Gerd Dethlefs (D)
Hans Galen (G)
Udo Grote (Gr)
Ralf Hartweg (H)
Volker Jakob (J)
Reinhard Karrenbrock (K)
Dr. Karl-Heinz Kirchhoff (Ki)
Prof. Dr. Robert Stupperich (St)

Gesamtredaktion und Kataloggestaltung: Hans Galen

Ausstellungssekretariat: Galen/Hartweg

Ausstellungsgestaltung: Roger Zerbe

Gesamtherstellung: Aschendorffsche Buchdruckerei, Münster

ISBN 3-402-05952-4

Inhaltsverzeichnis

Verzeichnis der Leihgeber

Ausland:

Amsterdam, Rijksmuseum
Epse, Sammlung van Loo
London, British Museum
Otterlo, Tegelmuseum
Utrecht, Rijksmuseum Het Catharijneconvent

Inland:

Bad Iburg, Land Niedersachsen, Polizeiausbildungsstätte
Berlin, Staatliche Museen Preußischer Kulturbesitz, Kupferstichkabinett
Düsseldorf, Hauptstaatsarchiv
Düsseldorf, Kunstmuseum
Köln, Kölnisches Stadtmuseum
Marburg, Hessisches Staatsarchiv
Münster, Domkammer
Münster, Udo Grote
Münster, Curt Lüling
Münster, Staatsarchiv
Münster, Stadtarchiv
Münster, Stadt Münster, Oberstadtdirektor
Münster, Universitätsbibliothek
Münster, Westfälisches Landesmuseum für Kunst und Kulturgeschichte
Osnabrück, Kulturgeschichtliches Museum

Verschiedene private Leihgeber wünschen keine Erwähnung.

Nachweis der Fotos

Ausland:

Amsterdam, Rijksmuseum, Kat. Nr. 117, 191c
Epse, Sammlung van Loo, Kat. Nr. 191a
London, British Museum, Kat. Nr. 115, 118, 123a
Otterlo, Tegelmuseum, Kat. Nr. 191b, 191d, 191e
Utrecht, Rijksmuseum Het Catharijneconvent, Kat. Nr. 20

Inland:

Berlin, Staatsbibliothek Preußischer Kulturbesitz, Kat. Nr. 105
Berlin, Staatliche Museen Preußischer Kulturbesitz, Kupferstichkabinett, Kat. Nr. 119
Düsseldorf, Hauptstaatsarchiv, Kat. Nr. 98c
Düsseldorf, Kunstmuseum, Kat. Nr. 5, 15, 37
Köln, Kölnisches Stadtmuseum, Kat. Nr. 48
Münster, Landesamt für Denkmalpflege, Kat. Nr. 53, 57, 81, 82, 83, 84, 85, 86, 87, 106, 109, 161, 173
Münster, Staatsarchiv, Kat. Nr. 98b, 98f, 98g, 133b
Münster, Universitätsbibliothek, Kat. Nr. 55, 61, 76
Münster, Westfälisches Landesmuseum für Kunst und Kulturgeschichte, Kat. Nr. 74
Peter Ilisch, Kat. Nr. 92a, 92c, 94, 95a, 97a, 97b, 112b
Peter Berghaus, Kat. Nr. 92b, 92d, 92e, 92f, 93a, 93b

Alle übrigen Fotos: Stadtmuseum Münster

Vorwort

Mit Eröffnung der Ausstellung »Die Wiedertäufer in Münster« wird das renovierte Museumsgebäude seiner Bestimmung übergeben. Damit ist eine wichtige Aufbauphase des Stadtmuseums abgeschlossen. Vom 1. Oktober 1982 an hat die Stadt Münster ein historisches Stadtmuseum, in dem Zeugnisse ihrer reichen Geschichte gesammelt, bewahrt, aufgearbeitet und gezeigt werden. Das erfüllt uns mit Freude.

Anlaß zur Freude besteht auch, weil der Aufbau im Verhältnis zur Schwierigkeit der Aufgabe schnell erfolgte. Als vor einigen Jahren der Wunsch laut wurde, für Münster ein stadthistorisches Museum zu schaffen, gab es noch keine Sammlung von Museumsstücken, kein Museumsgebäude, keine fachliche Konzeption. Das alles wurde im wesentlichen in den vergangenen drei Jahren entwickelt. Die Stadt Münster schuf die Stelle des Museumsleiters. Etwa gleichzeitig wurde der Verein Münster Museum e. V. als privater Förderverein gegründet. Am 1. Januar 1980 nahm das Büro des Stadtmuseums im Museumsgebäude seinen Dienst auf. Im gleichen Jahr beschloß der Rat die ihm vorgelegte Museumskonzeption und den Plan für den Umbau des Hauses an der Engelenschanze. Hilfreich und entlastend für die Stadt war, daß der Förderverein den Aufbau der Museumssammlung zum größten Teil finanzierte.

Die Arbeit des Stadtmuseums steht in Zusammenhang mit anderen städtischen Aktivitäten im Bereich Geschichte. Dazu gehört die Reihe »Geschichte original – am Beispiel der Stadt Münster«, die vom Stadtmuseum und Stadtarchiv seit Jahren herausgegeben wird und von der in diesem Jahr bereits der zehnte Titel erscheint. Auch die Stiftung des Historikerpreises sei erwähnt; er wurde 1981 zum ersten Mal verliehen.

Das Stadtmuseum wird zu einer Zeit eröffnet, in der in unserer Stadt der »Deutsche Archivtag« und der »Deutsche Historikertag« tagen werden. Das ist ein glückliches Zusammentreffen. Wir laden die Teilnehmer beider Kongresse ein, das junge Museum zu besuchen.

Allen, die zum Aufbau des Stadtmuseums beigetragen haben, gilt unser aufrichtiger Dank.

(Dr. Werner Pierchalla)
Oberbürgermeister

(Dr. Hermann Fechtrup)
Oberstadtdirektor

Zur Einführung

von Hans Galen

Das Stadtmuseum Münster zeigt als seine erste historische Ausstellung »Die Wiedertäufer in Münster«. Fast 450 Jahre trennen uns von den Ereignissen der Jahre 1534–1536, und doch sind sie in Münster, ja in Westeuropa, durch alle Jahrhunderte lebhaft in Erinnerung geblieben. Immer wieder wurde die Geschichte in Schrift und Bild neu erzählt. In Münster haben die drei Käfige am Turm der Lambertikirche stets nachdrücklich an die Wiedertäufer erinnert. Allen Generationen war ihre Geschichte zugleich erschreckend und faszinierend, und das ist sie auch für uns. Da ist die Radikalität, mit der ein religiös motiviertes, ideologisches Programm umgesetzt und bis in die letzten Konsequenzen getrieben wurde, dort die unfaßliche Mischung aus emotionaler Hochstimmung, Entrücktheit, Fanatismus, Terror und Brutalität. Es geht über rein historisches Interesse hinaus nachzuerleben, wie schillernde Figuren und gescheiterte Existenzen Gewalt über aufgeheizte Massen gewinnen, wie realitätsferne Fanatiker ihre Ideen umsetzen und diese am Ende pervertieren, wie Politiker kalkulieren und sich tödlich verkalkulieren, wie Verführte, Verführer, Mitläufer und Kalkulierende schließlich auf Gedeih und Verderb voneinander abhängig sind und gemeinsam ins Elend stürzen.

Wie wenige historische Themen drängt dieses Thema zur Parteinahme und zur Deutung von der eigenen im Umbruch befindlichen Zeit aus. Der marxistische Theoretiker Karl Kautsky (1854–1938) sah die Wiedertäufer als »Vorläufer des Sozialismus«, Friedrich Reck-Malleczewen (1884–1945), Gegner und Verfolgter der Nazis, schrieb sein Wiedertäuferbuch »Bockelson« mit Blick auf das »Tausendjährige Reich« der Nationalsozialisten. Den heutigen Historiker wird interessieren, wie an der Bruchstelle vom Mittelalter zur Neuzeit mit Tradition gebrochen wurde, wie man neue, »alternative« Konzepte für das Zusammenleben der Menschen entwickelte und versuchte, sie rigoros zu verwirklichen. Die Konzepte wurden religiös motiviert und formuliert, insofern gehören die Wiedertäufer dem Mittelalter an; ihr Versuch, Utopie radikal zu verwirklichen, macht sie zu typisch neuzeitlichen Revolutionären. So reicht das Interesse an der Geschichte der Wiedertäufer in Münster weit über die Lokalgeschichte hinaus. Für den münsterischen Stadthistoriker ist ihre Zeit nur eine Episode. Die Eroberung der Stadt 1535 führte alles, politisch, religiös und sozial, wieder auf den alten Stand zurück. Das war nicht unwichtig, denn es bedeutete das Ende der Reformation in Münster und Anfang der Entwicklung, die die Stadt zum vorgeschobenen katholischen Bollwerk in Nordwesteuropa machte. Besonders bedeutsam erscheint die Geschichte dieser zwei bis drei Jahre aber, weil sie von allgemeinem Interesse ist.

Auch in ihrer Darstellung darf die Geschichte der Wiedertäufer in Münster keine reine Ortsgeschichte sein. Zu weitreichend sind die überörtlichen Zusammenhänge. Das gilt für die Ursachen, den Verlauf und das Ende der revolutionären Wirren. Deshalb ist die Einbettung in die allgemeine Geschichte der Zeit unerläßlich.

Die Ursachen sind vielfältig; sie darstellen zu wollen hieße, die Vorgeschichte der Reformation darzustellen. Das ist unmöglich. Es erschien aber wichtig, eine treibende Kraft zu veranschaulichen, die vielleicht als Erstursache für die täuferische Bewegung anzusehen ist, die

Angst der damaligen Zeit und ihre Hoffnung auf die radikale Erlösung. Es sind das immaterielle Erscheinungen und als solche schwer zu fassen, schwerer zu beschreiben und am schwersten bildlich zu veranschaulichen.

Die Ausstellung beginnt mit Albrecht Dürers großartiger Folge der apokalyptischen Bilder. Sie sind künstlerische Verdichtung damaliger Angst und Hoffnung. Im Türkensturm nahmen die apokalyptischen Reiter gleichsam Gestalt an. Man konnte glauben, daß sie einen großen Teil der Menschheit überrennen würden und daß vielleicht nur die in der Apokalypse auserwählten »Bezeichneten« verschont würden. Aber nicht äußere Gefahren riefen nach politischen, sozialen oder religiösen Entwürfen. Das lag vielmehr im Verfall der mittelalterlichen Welt insgesamt begründet. Die Reformatoren sowie Thomas Morus und auch Kaiser Karl V. sind hier vorgestellt, um daran zu erinnern, daß nicht nur die Wiedertäufer visionäre Konzepte vorlegten.

Die zweite Abteilung der Ausstellung versucht, politische Verhältnisse in und um Münster anschaulich zu machen und an einigen Kunstwerken Geist und Empfinden der Menschen in Münster vor dem Ausbuch der Unruhen, d. h. im spätmittelalterlichen Münster, deutlich zu machen. Hierzu gehört der Altar des Jan Baegert, der uns nicht nur die Religiosität der damaligen Menschen nahebringt, sondern auf Tafeln, wie die der »Geburt Marias« oder der »Verkündigung«, auch kulturgeschichtliche Informationen gibt, d. h. erzählt, wie man damals lebte.

Die dritte Abteilung nimmt den größten Teil der Ausstellung in Anspruch. Sie will die Ereignisse der Jahre 1534–1536 in Münster vorstellen. Durch ihre Portraits oder andere Zeugnisse erscheinen »Stutenbänd« Bernhard Rothmann, der bis zur Selbstvernichtung radikale Jan Matthys, König Jan van Leiden, sein Kanzler Heinrich Krechting und dessen Bruder, der Rat Bernhard Krechting sowie der Bürgermeister Knipperdolling. Schließlich auch die Menge der Statisten, Landsknechte und Bürger. Auch der Ort der Handlung, Münster, ist deutlich vorgestellt durch verschiedene Stadtansichten und durch das eigens angefertigte große Stadtmodell. Die Abteilung endet mit der Eroberung und dem Strafgericht. Das sollte jedoch nicht das Ende der Ausstellung sein. Es folgen vielmehr Zeugnisse über den Wiederaufbau, d. h. der Wiederherstellung des alten Zustandes. Aus dem Thema der letzten Abteilung »Beispiele künstlerischer Verarbeitung des Themas bis heute« ließe sich eine eigene Ausstellung machen. Hier war die Beschränkung auf wenige Stücke geboten, die veranschaulichen, daß durch alle Jahrhunderte Künstler sich bemüht haben, das Geschehen zu vergegenwärtigen. Sie taten es aus dem Geist ihrer jeweiligen Zeit, wobei aber doch manches vom Ursprünglichen durchscheint.

Wer eine historische Abhandlung schreibt, kann umfassend und nuanciert darstellen. Eine historische Ausstellung im Museum kann das nicht. Sie kann eigentlich nur bildhafte Zeugnisse vorstellen und mit ihrer Hilfe erzählen. Manches Wichtige läßt sich aber nicht bildhaft darstellen, entweder weil der Museumsmann kein geeignetes sinnenfälliges Objekt aus der Zeit hat oder weil das Phänomen sich der Veranschaulichung seiner Natur nach entzieht. Das gilt bei dieser Ausstellung etwa für die Abschaffung des Geldes oder die Einführung der Vielweiberei: Schriftdokumente können gelegentlich das Unanschauliche deutlich machen. Trotzdem sollten sie nur in Ausnahmefällen gezeigt werden, denn eine Ausstellung ist eine Schau und keine Leseveranstaltung, auch kein Archiv. Hier ist versucht worden, nur solche Bücher und Manuskripte auszulegen, die auch, ohne daß man sie lesen muß, den Atem der Geschichte spüren lassen, wie z. B. das von den Wiedertäufern zerstörte und später restaurierte Missale von St. Lamberti (Kat. Nr. 75) oder die Verhörprotokolle der drei gefangenen Führer (Kat. Nr. 157). Im übrigen legte schon die relativ geringe Ausstellungsfläche Beschränkung auf und zwang zum Weglassen. Wir wollen das als heilsamen Zwang ansehen, denn die historischen Mammutausstellungen, die im letzten Jahrzehnt in Mode gekommen sind, überfordern den interessierten Laien und veranlassen ihn zum flüchtigen Durchlaufen. Diese Ausstellung zeigt unter etwas mehr als 200 Katalognummern reichlich 300 Ausstellungsstücke und erscheint damit zumutbar. Die meisten Stücke wurden noch nie oder nicht in diesem thematischen Zusammenhang gezeigt. Das gilt z. B. von Aldegrevers Bildniszeichnung des Jan van Leiden (Kat. Nr. 116) oder der mutmaßlichen des Krechting (Kat. Nr. 117) und auch von seinen Darstellungen des Alphabets (Kat. Nr. 121). Entdeckungen der letzten Jahre sind Hermann tom Rings großes Altargemälde mit Christus am Kreuz und einer Ansicht der Stadt Münster im Hintergrund (Kat. Nr. 173). Das gleiche gilt für das Missale von Lamberti (Kat. Nr. 75) und das Lektionar von Osnabrück (Kat. Nr. 56) sowie die zahlreichen Fundstücke aus dem Bereich des Hörstertores. Auch die umfassende Präsentation und Interpretation der Herrschaftssymbolik und der Münzen und Medaillen der Wiedertäufer hat es bisher noch nicht gegeben. So hoffen die Mitarbeiter der Ausstellung, der Forschung neues Material zur Verfügung gestellt zu haben. Hauptsächlicher Adressat ist natürlich der allgemein interessierte Besucher. Für ihn wurde die Ausstellung zusammengestellt, für ihn ist der reich illustrierte Katalog gedacht. Mit ca. 250 Abbildungen hält er die meisten der gut 300 Ausstellungsstücke photographisch fest. Eine auch nur in etwa vergleichbare Bildersammlung zum Thema gab es bisher nicht. Fast die Hälfte der Katalognummern beziehen sich auf Leihgaben. Sie stammen von 25 Leihgebern, denen hiermit nachdrücklich gedankt sei. Das Stadtmuseum selbst kann weit über die Hälfte der Ausstellungsstücke zu seinem Besitz zählen. Der Erwerb der meisten Stücke gelang in den vergangenen zwei Jahren. Finanziell war die Hilfe des Vereins Münster Museum e. V. entscheidend.

Für die wissenschaftliche und organisatorische Erarbeitung von Katalog und Ausstellung ist das Museum vielen zu Dank verpflichtet. Er gilt den namentlich im Verzeichnis der Katalogmitarbeiter Aufgeführten wie auch vielen anderen nicht Genannten. Das Stadtmuseum hat außer dem Leiter hauptamtlich nur eine Bürokraft und einen Designer. Es mußte bei so geringer eigener Zahl Hilfe erbeten werden, zumal gleichzeitig mit der Ausstellungsvorbereitung der Umbau des Museums erfolgte. Daß die Hilfe von jung und alt so bereitwillig und zum großen Teil nur gering oder ganz unbezahlt erfolgte, verpflichtet zu Dank und ermutigt.

Geroudt von Albrecht der widertauffer zu Münster
Künigin gantz warhafftig abkonterfeyt. durch H. G.

Gedruckt zu Nürnberg durch Hans Wandereysen.

König Jan van Leiden und Königin Divara (nicht Gertrud von Utrecht). Das Bildnis der Königin ist spiegelverkehrt abgebildet; ob Aldegrever ihr Portrait als Kupferstich ausgeführt hat, ist unbekannt (vgl. Kat. 119).

WAERHAFTICH·GEKONTERFET·BERNT·KNIPPERDOLLICK
DER·XII·HERTOGEN· EYN·THO·MONSTER·
IGNOTVS·NVLLIS·KNIPPERDOLLINGIVS·ORIS·
TALIS·ERĀ·SOSPES·CVM·MIHI·VITA·FORET·
HINRICVS·ALDEGREVER·SVZATIĒ·FACI
1536

Die Wiedertäuferführer Bernd Knipperdolling und Bernd Krechting nach dem Kupferstich bzw. der Handzeichnung von Aldegrever. Das Bildnis Krechtings ist spiegelverkehrt abgebildet: Die Portraits sind als Pendants konzipiert (vgl. Kat. 119).

Stichworte zum Thema der Ausstellung

Chiliasmus

Chiliasmus, der (griechisch), ist die Erwartung eines Tausendjährigen Reiches, in dem Christus mit seinen Auserwählten noch vor dem Weltende und dem Jüngsten Gericht herrschen wird. Die Erwartung wird bezogen auf die Apokalypse (20,1–6) des Evangelisten Johannes. Nach der Überwindung der apokalyptischen Tiere fesselt ein Engel Satan und verschließt ihn für 1000 Jahre in den Abgrund (vgl. Kat. Nr. 16), damit er in dieser Zeit keine Menschen verführen kann. Danach beginnt die glückliche Zeit des Tausendjährigen Reiches. Nach Ablauf dieser Epoche wird Satan noch einmal losgelassen. Er verführt wiederum Menschen und Völker zur Auflehnung gegen Christus. In einem gewaltigen Kampf wird er aber endgültig geschlagen. Darauf folgt die Auferstehung der Toten und das Weltgericht.

Seit frühchristlicher Zeit ist immer wieder über diese dunkle Weissagung spekuliert worden, in der sich Sinnbilder und Wirkliches vermischen. Für die großen christlichen Konfessionen ist heute maßgebend die kompromißlose Verurteilung des Chiliasmus als Irrlehre durch Thomas von Aquin. Wirksam ist der Chiliasmus in der Theologie der Wiedertäufer, der Baptisten, Adventisten und der Zeugen Jehovas. Die Wiedertäufer nannten das Tausendjährige Reich auch das Neue Jerusalem und erwarteten seine Verwirklichung in Straßburg und später in Münster.

Eschatologie

Eschatologie, die Lehre von den Letzten Dingen, für den Christen ursprünglich die Vorstellungen über das Ende der Zeit, der Welt, das Jüngste Gericht usw., bedeutet jetzt auch, säkularisiert, jede – z. B. auch politisch-utopische – Heilslehre, die einen vorhergesagten, fest erwarteten Endzustand als Fixpunkt nimmt, von dem an sämtliche menschlichen und gesellschaftlichen Probleme harmonisch gelöst, also aufgehoben sein sollen. Die christliche E. diente als Vorbild für die politische E.

aus: H. Schoeck, Soziologisches Wörterbuch, Freiburg, Herder 1969

Wiedertäufer

Die Reformation zielte auf die Erneuerung der Kirche ab und stellte wesentliche Inhalte der traditionellen kirchlichen Heilslehre in Frage. Neben den »großen« Reformatoren Martin Luther in Wittenberg und Huldrych Zwingli in Zürich gab es jedoch noch einen »dritten Weg« der Reformation, zu dem die Wiedertäufer zählen. Die Unruhe und die Aufbruchsstimmung, die die Reformation in das religiöse Leben und Denken getragen hatte, drängte starke irrationale und mystische Strömungen der spätmittelalterlichen Frömmigkeit an die Oberfläche. Es gelang den Reformatoren jedoch nicht, diese starken unterschwelligen Strömungen aufzunehmen und zu kanalisieren.

In Sachsen und Thüringen, im Sog der Reformation Luthers, fand der Theologe Thomas Müntzer ein lebhaftes Echo; er formulierte Entwürfe einer radikalen christlichen Welterneuerung. Müntzer wollte das Reich Gottes mit seinen »Auserwählten« errichten, gegen den Widerstand der »Gottlosen«, auch gegen Fürsten und Obrigkeiten. Er nahm in seinen Predigten Forderungen der sozialen Protestbewegung der Bauern auf und deutete den Bauernkrieg als Signal für das apokalyptische Endgericht. Mit dem Zusammenbruch des Aufstandes und dem Tod Müntzers (1525) war die mitteldeutsche Variante des »Wildwuchses der Reformation« gescheitert und beendet.

In ähnlicher Weise erlebte um 1525 die Zürcher Reformation Zwinglis eine Abspaltung radikalreformatorischer Gruppen – der »Wiedertäufer«. Ihnen als Laien schien Zwinglis Gottesdienstreform nicht ausreichend, um ein ideales christliches Leben zu führen. Sie nahmen die urchristliche Apostelgemeinde zum Vorbild und forderten als »Auserwählte Gottes« von ihren »Brüdern und Schwestern« die Beobachtung strengster Sittengesetze und – wie die ersten Christen – die Absonderung von der »sündigen« Welt und Ablehnung aller öffentlichen Verpflichtungen, etwa Eid und Kriegsdienst. Die Kindertaufe verwarfen sie als unbiblisch und forderten die Erwachsenentaufe, die die Angehörigen der »Gemeinde der Heiligen« kennzeichnete. Sie trugen sich damit den Schimpfnamen »Wiedertäufer« ein. Die Ablehnung von Kindertaufe und öffentlichen Verpflichtungen bedeuten den Ausbruch aus der mittelalterlichen Einheit von Christentum und staatlicher Gemeinschaft. So sahen sie sich von Anfang an dem Verdacht des Aufruhrs ausgesetzt und von lokalen und überregionalen Obrigkeiten verfolgt. Der Reichstagsabschied von Speyer (1529) drohte Wiedertäufern den Tod an. Wegen der strengen Verfolgung fehlte der Täuferbewegung eine einheitliche Führung, so daß sie keine einheitliche Theologie entwickeln konnte, sondern sich in viele Richtungen zersplitterte.

Die Überzeugungen der münsterischen Wiedertäufer prägte Melchior Hoffman, ein schwäbischer Kürschner und Laienprediger (s. Kat. Nr. 32). Hoffman vertrat spiritualistische und apokalyptische Anschauungen: Das richtige Verständnis des Bibeltextes sei nur durch unmittelbare Erleuchtung durch Gott erreichbar, z. B. in Träumen und Visionen. Daneben glaubte er an die baldige Erfüllung biblischer Voraussagen über das Ende der Welt. Nur die »Auserwählten Gottes«, die mit der Glaubenstaufe als »Zeichen Tau« der Apokalypse versiegelt waren, würden das Strafgericht Gottes überleben.

Hoffmans Predigt fiel vor allem in den Niederlanden auf fruchtbaren Boden. Viele Menschen empfingen die Taufe. Nachdem der Prophet im Mai 1533 in Straßburg eingekerkert worden war, erklärte sich im November 1533 der Haarlemer Bäcker Jan Matthys zu seinem Nachfolger. Ihm und seinen Anhängern gelang es, im Februar 1534 in Münster die Macht zu übernehmen; die westfälische Bischofsstadt wurde zum »Neuen Jerusalem« proklamiert. Doch die apokalyptischen Erwartungen blieben unerfüllt; im Juni 1535 fiel die Stadt nach langer Belagerung durch Verrat. In Münster vollendete sich im Kleinen, was im Großen für das ganze deutsche Reich gilt: die etablierten Obrigkeiten beendeten den »dritten Weg der Reformation« mit Gewalt.

Ein Wort zur Verwendung der Bezeichnung »Wiedertäufer« erscheint angebracht. In der deutschen Literatur findet sich in den letzten Jahren statt »Wiedertäufer« öfter der Begriff »Täufer«. Dagegen ist in der Ausstellung und im Katalog vorherrschend von »Wiedertäufern« die Rede. Verschiedene Gründe sprechen dafür. Umgangssprachlich war in allen Jahrhunderten »Wiedertäufer« der geläufige Name. Schon Aldegrever benutzt ihn, und in Münster spricht man auch heute etwa von den »Wiedertäuferkäfigen« am Lambertiturm. Da die Ausstellung sich an ein breites Publikum wendet, gab es schon vom vorherrschenden Sprachgebrauch her keine Wahl. Der Begriff ist aber auch international üblich. Die meisten Sprachen kennen ihn in seiner gräzisierten Form. Im Englischen heißt es »anabaptist«, im Französischen und Italienischen »anabaptiste«. Es gibt gute Gründe dafür. Wie will man sonst theologisch und historisch zwischen Baptisten und Anabaptisten unterscheiden? Und schließlich, warum überhaupt diese Scheu vor dem Namen Wiedertäufer? Daß er als negativer Begriff einst geprägt wurde, mag sein, aber die Zeit ist darüber hinweggegangen und hat ihn zum Fachbegriff gemacht. Die so Bezeichneten haben sich selber nicht »Wiedertäufer« genannt. Das ist wahr, aber sie haben sich auch nicht »Täufer« genannt. Als »Gemeinde Christi«, wie sie sich vielfach in selbstgerechter Ausschließlichkeit genannt haben, können wir sie schlecht bezeichnen.

Chronologie

Daten zur allgemeinen Geschichte der Zeit

1517	Beginn der Reformation durch Martin Luther
1519/56	Karl V. Kaiser des Heiligen Römischen Reichs
1521	Reichstag zu Worms; Ächtung Luthers und seiner Lehre
1522/23	Erhebung der Reichsritter
1524/25	Erhebung der Bauern
1526	1. Reichstag zu Speyer: jeder Reichsstand soll sich zur Reformation verhalten, „wie er das gegen Gott und kaiserlicher Majestät hoffe zu verantworten“
1529	2. Reichstag zu Speyer: Mandat gegen die Wiedertaufe
1529	Die Türken vor Wien
1531	Heinrich VIII. Oberhaupt der Kirche in England
1534	Gründung des Jesuitenordens
1536	Calvins erstes Wirken in Genf
1536	Dänemark und Norwegen lutherisch
1545	Eröffnung des Konzils zu Trient Beginn der Gegenreformation

Daten zur Geschichte der Wiedertäufer in Münster

1531		In Münster predigt Bernhard Rothmann die Reformation
1533	Februar:	Der Bischof von Münster erkennt an: alle Pfarrkirchen der Stadt sind evangelisch
1534	Januar:	Die Wiedertäufer fassen Fuß in Münster Ankunft des Jan van Leiden
	Februar:	Machtübernahme der Wiedertäufer
	März:	Beginn der Belagerung
	April:	Jan van Leiden wird erster Prophet
	September:	Jan van Leiden wird König
1535	24. Juni:	Fall der Stadt
1536	22. Januar:	Hinrichtung Jan van Leidens, Knipperdollings und Bernd Krechtings
		Münster wird wieder katholisch
1541/1553		Die Stadt erhält ihre frühere Selbständigkeit zurück

Das Wiedertäuferreich in Münster 1534/35

Gerd Dethlefs

Reformation

Als die Wiedertäufer im Februar 1534 die Kontrolle über die Stadt Münster erlangten, bedeutete dies sowohl den Abschluß als auch das Scheitern der Reformation in der westfälischen Metropole. Die Hauptbeteiligten hatten sich nicht über die Neuordnung des Kirchenwesens einigen können. Die Prediger unter Anführung des Reformators Bernhard Rothmann und der lutherische Rat standen einander in unversöhnlicher Feindschaft gegenüber.

Die Reformation in Münster kann hier nur grob als Vorgeschichte der Machtergreifung skizziert werden.
58 Bernhard Rothmann, Kaplan an der Stiftskirche St. Mauritz vor den Toren der Stadt, hatte 1530 reformatorische Lehren zu predigen begonnen. Als er die gegen ihn verhängten Predigtverbote mißachtete, verwies ihn Bischof Friedrich v. Wied des Landes. Im Januar 1532 siedelte Rothmann dennoch in die Stadt Münster über, um hier die Reformation einzuführen.

Religion war damals nicht Privatsache des einzelnen Bürgers, sondern politischer Ordnungsfaktor von höchster Bedeutung. Die Stadt Münster verstand sich deshalb auch nicht nur als Zusammenschluß von Menschen, die sich im Bürgereid gegenseitig Recht, Schutz und Beistand garantierten, sondern auch als sakrale Gemeinschaft, die sich besonders in Not und Gefahr an Gott wandte und ihn um Hilfe anflehte. Die alljährlich begangene »Große Prozession« geht z. B. auf ein Gelöbnis zurück, das die Bürger von Münster während der großen Pest- und Brandkatastrophe 1381/82 ablegten. Auch in religiösen Fragen mußte deshalb in der Stadt Einigkeit herrschen: Die reformatorische Predigt war eine massive Bedrohung des Stadtfriedens, den der Rat zu wahren hatte. Dem Neuerer Rothmann stand deshalb der Rat grundsätzlich ablehnend gegenüber.

Wollte Rothmann also Erfolg haben, mußte er eine breite Anhängerschaft gewinnen und das Bündnis mit politischen Kräften suchen, die seine Sache zu der ihren machten. Nur so konnte er hoffen, sich gegenüber Rat und Bischof durchzusetzen.

Überblickt man die politischen Parteien in Münster um 1530, so charakterisieren sie sich durch zwei Stichworte: Antiklerikalismus und Verfassungskonflikt zwischen Rat und Gilden. Letzterer wurzelte in einem neuen Obrigkeitsverständnis des Rates, der sich unter dem Einfluß römisch-rechtlicher Vorstellungen, die damals in das Staatsrecht eindrangen, zunehmend als Stadtobrigkeit verstand, dem die Bürger Gehorsam schuldeten.
Dagegen wehrten sich die Gilden, die als Berufsgenossen- 44
schaften der Kaufleute und Handwerker auch politische Rechte besaßen. Nach ihrer Auffassung war der Rat als Organ der Bürgerschaft unmittelbar an den Bürgerwillen gebunden, den sie nach ihrem Selbstverständnis gegenüber dem Rat zu vertreten hatten: Rothmann und seine Freunde setzten hier den Hebel an, um über die Gilden den Rat unter Druck zu setzen.

Der Gegensatz zwischen Rat und Gilden brach immer dann auf, wenn Forderungen aus der Bürgerschaft den Rat in den Konflikt mit dem Bischof drängten. Hier erhält nun das zweite politische Problem seinen Stellenwert: der Antiklerikalismus, dessen theologische Begründung Rothmann später formulierte. Als es im Mai 1525 unter dem Eindruck von Bauernkrieg und Stadtunruhen wie in vielen deutschen Städten auch in Münster zu Tumulten kam, stellte die Gesamtgilde einen Katalog von 38 Beschwerden auf, die sich gegen die Steuerfreiheit und allgemein gegen die Vorrechte der Klöster und Stifte in der Stadt richteten. Die gewerblichen Aktivitäten im Fraterherrenhaus und im Beginenhaus Niesinck sollten als Konkurrenz ausgeschaltet werden. Das Domkapitel sah sich zur Zustimmung gezwungen, doch nach der Niederwerfung des Bauernaufstandes konnte der Bischof im März 1526 die Annullierung der Vereinbarungen erreichen.

Die Forderungen waren damit nur aufgeschoben, die
antiklerikalen Ressentiments schwelten weiter. 1527 sah 45
sich der Offizial (Richter am bischöflichen Gericht) von 77
einem Bürger tätlich angegriffen und beleidigt; in den
darauffolgenden Streitigkeiten stellte sich der wohlha- 64
bende Bürger und Wandschneider (Fernkaufmann) 65

Anmerkung: Die Nummern am Rande verweisen auf die Nummern im Katalog.

Bernd Knipperdolling zum erstenmal an die Spitze der
66 bürgerlichen Opposition gegen den Rat.

Die schnelle Aufnahme der Reformation in der Stadt ist auch aus der wirtschaftlichen und psychologischen Lage um 1531 zu verstehen: seit 1528 führte eine schwere Wirtschaftskrise in den Niederlanden, verstärkt durch Mißernten, zu einem starken Anstieg der Getreidepreise; die für den Türkenkrieg zu leistenden Steuerzahlungen – von denen die Geistlichen überdies befreit waren – erschienen doppelt drückend. 1529 und 1530 suchten zwei Epidemien die Stadt heim, der „Englische Schweiß" und die Pest, die das Vertrauen in die alte kirchliche Ordnung und Heilslehre erschütterten. Der Chronist Kerssenbroick berichtet, daß auch Kometen, Mond- und Sonnenfinsternisse zur Verunsicherung der Menschen beitrugen und als Omen für kommendes Elend verstanden wurden.

Sind damit die äußeren Voraussetzungen für den Erfolg der Reformation und ihr späteres Scheitern
58 beschrieben, muß schließlich noch die Person des Reformators selbst genannt werden, denn er entschied über die
59 Inhalte der Predigt. Von seiner Überzeugungskraft hing es ab, ob er die münsterischen Bürger für sich gewinnen
60 konnte. Ihm ging es vor allem um eine Reform des Gottesdienstes nach den Richtlinien der Bibel. Nach seinem Selbstverständnis konnte er vor seinem Gewissen die von ihm als Mißbräuche erkannten Zustände nicht dulden und mußte sie sogar um sein und seiner Pfarrkinder Seelenheil willen bekämpfen. Diese typisch reformatorische Grundhaltung hatte ihr Vorbild in den »großen« Reformatoren, die Rothmann 1531 in Wittenberg und Straßburg kennengelernt hatte. Dabei legte Rothmann die Bibel durchaus eigenständig aus, neuen Ideen und Anregungen immer aufgeschlossen, ohne Luther, Zwingli und Bucer als höchste Autoritäten in Glaubensfragen anzuerkennen. Sendungsbewußtsein, Kampfbereitschaft und Selbstbehauptungswille bis zum Eigensinn kennzeichnen Rothmanns theologischen Stil; den Bischof bekämpfte er genauso verbissen wie den später lutherischen Rat. Seine Lehre endete konsequent in der Theokratie.

Die Reformation in Münster wurde in drei Schritten eingeführt. Rothmanns Anhänger verstanden es, die Gilden unter Druck zu setzen und nach einem Auflauf am 23. Februar 1532 den Rat zu zwingen, ihm eine Predigerstelle an der Lambertipfarre zu geben. Das nächste Ziel, die Besetzung auch der übrigen Pfarrstellen mit reformatorischen Geistlichen, um in der für den Stadtfrieden wie für das Seelenheil der Einwohner so wesentlichen Religionsfrage Einigkeit zu erzielen, wurde nach harten Kämpfen gegen den Widerstand des Rates am 10. August
1532 erreicht. Schließlich war der Widerstand des 46
Bischofs zu brechen; der am 1. Juni 1532 neu gewählte 47
Bischof, Franz v. Waldeck, den Kaiser Karl V. zu einer 35
energischen Bekämpfung der Reformation in Münster drängte, beschlagnahmte am 8. Oktober die Güter münsterischer Kaufleute und blockierte die Stadt. Als Vermittlungsversuche über den Landtag ebenso wie Einga- 48
ben an den Kölner Kurfürsten und den Landgrafen von 49
Hessen erfolglos blieben, schritten die Münsteraner zur Selbsthilfe und nahmen in der Nacht zum 26. Dezember 1532 in einem Handstreich auf die Stadt Telgte mehrere Domherren, Ritter und bischöfliche Räte, die dort tagten, zu Geiseln. Landgraf Philipp, seit dem 29. Oktober Verbündeter des Bischofs, vermittelte den Dülmener Vertrag (14. Februar 1533). Der Bischof mußte die Sanktionen gegen die Stadt aufheben und die Reformation an den Pfarrkirchen anerkennen. Lediglich im Dom und in den Klosterkirchen durften noch katholische Gottesdienste stattfinden.

Die Ratswahl am 3. März 1533 vervollständigte den Sieg der reformatorischen Partei, deren Führer an die Stelle der bisher regierenden Erbmänner und Honoratioren traten. Ihnen zur Seite stand seit Anfang Januar 1533 als Syndikus ein Rechtsgelehrter, Dr. Johann von der Wyck aus münsterischer Erbmännerfamilie. Wyck brachte als überzeugter Lutheraner eine fertige politische Konzeption mit: Die Stadt sollte gegen Bischof und Domkapitel Rückhalt an auswärtigen lutherischen Fürsten suchen, die im Schmalkaldischen Bund vereinigt waren und mit denen Wyck seit seiner früheren Tätigkeit als Syndikus der Stadt Bremen befreundet und verbündet war. Das war jedoch nur möglich, wenn in der Stadt eine lutherische Kirchenordnung dem Rat als Stadtobrigkeit die Aufsicht über das Kirchenwesen anvertraute.

Aus zwei Gründen führte die Politik Wycks zum Konflikt in der Stadt: Rothmann predigte längst nicht mehr lutherische, sondern reformiert-zwinglianische Lehren und geriet zunehmend in das Fahrwasser der »Wassenberger Prädikanten«, Predigern, die wegen ihrer radikalen Ablehnung der Sakramente Taufe und Abendmahl als »Sakramentarier« bezeichnet und vom Niederrhein (aus Wassenberg) vertrieben worden waren. Als Glaubensflüchtlinge waren sie in Münster aufgenommen worden; Heinrich Roll und Gottfried Straelen, zwei von ihnen, waren am 10. August des Vorjahres sogar in Pfarrstellen aufgestiegen. Sie lehrten, das Abendmahl sei kein Sakrament, sondern ein reines Gedächtnismahl, um die Gemeinde an das Erlösungswerk Christi zu erinnern. »Brot ist Brot und bleibt Brot, Wein ist Wein und bleibt Wein«, schrieben sie am 16. August 1532. Seit Ende 1532 teilte Rothmann beim Abendmahl Weizenbrot (Stuten) aus und erhielt dafür den Beinamen »Stutenbernd«. Die Nachricht, in Münster werde »fortschrittlich« gepredigt, verbreitete sich wie ein Lauffeuer in den benachbarten Niederlanden, wo die Obrigkeit reformatorische Bestrebungen scharf verfolgte. Viele Anhänger der radikalen reformatorischen Bewegung wählten Münster zu ihrem Zufluchtsort. Auch Jan van Leiden, später Apostel, Prophet und König der Wiedertäufer, hielt sich im Sommer 1533 mehrere Wochen lang in Münster auf.

Rothmanns kirchenpolitische Ordnungsvorstellungen stellten den zweiten Streitpunkt dar. Wie die Gilden, seine politischen Verbündeten, lehnte Rothmann die lutherisch-obrigkeitliche Linie des Rates ab. Er forderte die Bestellung der Prediger durch einen Wahlakt der Gemeinde. Die Prediger sollten dann von der Obrigkeit »geprüft« und bestätigt werden. Sie mußten also vorher die Gläubigen von ihrer Qualifikation überzeugen, die Bestätigung wurde dann nach genossenschaftlichen Grundsätzen zur Formalität. Die am 17. März 1533 vollzogene Pfarrerwahl bestätigte tatsächlich die am 10. August 1532 eingesetzten Geistlichen in ihrem Amt. Ihre Ablehnung hätte als Verstoß gegen die genossenschaftlichen Verfassungsprinzipien neue Unruhen provoziert. Rothmanns Kirchenpolitik diente hier vor allem der Befestigung der eigenen Stellung.

Der Konflikt zwischen den Predigern und dem Rat braucht nicht im einzelnen nachgezeichnet werden. Im Laufe des Sommers 1533 gestalteten Rothmann und die Wassenberger ihre Sakramentslehre weiter aus und lehnten schließlich die Kindertaufe als unbiblisch ab. Daraufhin setzte Wyck eine Disputation an, die am 7./8. August 1533 stattfand. Zwar gelang es nicht, Rothmanns Glaubwürdigkeit zu erschüttern; dennoch verbot der Rat die Predigt über die Sakramentsfrage, das als theologisch »heißes Eisen« die politische Stellung der Stadt erschwerte. Erst als einer der Wassenberger, Hermann Staprade, die Kindertaufe verweigerte, konnte der Rat energischer einschreiten. Über die Ausweisung der Neuerer wäre beinahe der offene Bürgerkrieg ausgebrochen. Schließlich mußten die Wassenberger Münster verlassen, während das Predigtverbot gegen Rothmann erneuert wurde (5. November 1533) – mit dem Einverständnis der Gilden! An seine Stelle als Pfarrer zu Lamberti trat der hessische Geistliche Theodor Fabricius, den der Rat vom Landgrafen Philipp zur Unterstützung angefordert hatte. Innerhalb von zehn Tagen arbeitete Fabricius eine neue Kirchenordnung aus, die am 30. November 1533 verkündet werden konnte.

Doch Rothmann blieb nicht untätig. Wenn er über die Zentralfrage seiner Lehre nicht predigen durfte, verbreitete er sie eben schriftlich! So entstand in wenigen Wochen die erste größere Schrift Rothmanns, die »Bekenntnisse van beiden Sacramenten, Doepe und Nachtmaele«, deren Vorrede vom 22. Oktober datiert und deren Druck am 8. November 1533 abgeschlossen wurde. Am 27. November konnte der Rat im Hause Rothmanns ungehindert die Druckerpresse beschlagnahmen. Auch gegen die Verkündigung der neuen Kirchenordnung war der selbstbewußte Reformator machtlos und mußte sich mit groben Beschimpfungen begnügen, die sein Gegner Fabricius zu einer scharfen Polemik auszuschlachten wußte. Der Rat fühlte sich nun stark genug, um am 11. Dezember 1533 Rothmann der Stadt zu verweisen. Dieser verweigerte den Gehorsam und antwortete, »man müsse Gott mehr gehorchen als neidischen Menschen, die mit der Landesverweisung droheten und das Volk des Worts Gottes berauben«. Der Machtkampf strebte seinem Höhepunkt zu.

Da beging der Rat einen kapitalen Fehler: Ein Anhänger Rothmanns, der Schmiedegeselle Johann Schröder, hatte am 8. Dezember auf dem Lambertikirchhof gegen Fabricius und den Rat gewettert, und als er sich am 15. erneut »zum Predigen anbot«, ließ ihn der Rat vom Fleck weg verhaften. Diese obrigkeitliche, ohne die nötige Zustimmung der Gesamtgilde, getroffene Maßnahme mobilisierte die Schmiedegilde, die Schröders Freilassung durchsetzte: weil Schröder doch in gutem Glauben gehandelt hätte. Nun konnte es sich Rothmann leisten, am folgenden Sonntag, dem 21. Dezember, in der Servatiikirche zu predigen.

Die Wiedertäufer fassen Fuß

In den ersten Januartagen des neuen Jahres 1534 spitzte sich der Konflikt weiter zu. Um die Predigerstellen in den Pfarrkirchen entbrannte ein offener Kampf, so daß der Rat die Kirchen schließen lassen mußte. Fabricius bot Rothmann eine neue Disputation an, die der
59 Herausgeforderte jedoch als Schachzug des Hessen verweigerte. Statt dessen zogen er und die Ende Dezember zurückgekehrten Wassenberger die Konsequenzen aus ihrer Lehre und ließen sich am 5./6. Januar 1534 von den Abgesandten des niederländischen Täuferpropheten Jan Matthys die Erwachsenentaufe spenden. Der Haarlemer
74 Bäcker Jan Matthys hatte zwei Monate zuvor die Führung der Anhänger Melchior Hoffmans an sich gerissen.
32 Hoffman lehrte, das richtige Bibelverständnis verleihe Gott nur begnadeten Menschen durch unmittelbare Erleuchtung, etwa in Träumen und Visionen. Gott habe ihm offenbart, das Strafgericht über die Welt stehe unmittelbar bevor. Wer es überleben wollte, müsse sich von den Gottlosen absondern, die Glaubenstaufe empfangen und ein heiligmäßiges Leben führen.

Die Bildung einer geschlossenen Gemeinde im Untergrund bedeutete zunächst eine Beruhigung der gespannten Lage in Münster. Die Erwartung des nahen Weltendes machte wesentliche Streitpunkte – etwa die Kirchenordnung – gegenstandslos. In der selbstgewählten Isolation fiel es den Predigern um Rothmann leicht, sich an die Predigtverbote des Rates zu halten. Dabei steigerte
96 der Elitegedanke, wie er in den Erkennungszeichen Gestalt gewann, die Anziehungskraft der täuferischen Lehre. Als Jan van Leiden, der nächste »Apostel« des Jan Matthys, am 13. Januar 1534 in Münster eintraf, sollen schon 1400 Menschen getauft gewesen sein. Am 15. Januar berichtete die Äbtissin des adligen Damenstiftes Überwasser dem Bischof, mehrere Stiftsdamen hätten das Kloster verlassen und die neue Lehre angenommen.

Die Ausbreitung des Täufertums in der Stadt setzte jedoch den Rat unter Zugzwang, weil das reichsrechtliche Verbot der Wiedertaufe ein Eingreifen des Bischofs unvermeidlich werden ließ. Das bischöfliche Edikt gegen die Täufer (23. Januar) und die Einberufung des Landtages auf den 3. Februar nach Wolbeck konnte man in der Stadt unmöglich ignorieren. Unter dem Druck des Bischofs und angesichts der Unmöglichkeit, die Täufer auszuweisen, zerbrach die evangelische Partei. Während Fabricius das Eingreifen des Bischofs für nützlich hielt, weil es ihm mehr um die religiöse Frage ging, entschied sich eine Mehrheit der Bürger für die Bewahrung der politischen Freiheit der Stadt und für den Kampf gegen den Bischof. Als das Gerücht umlief, die Bürgermeister »und etliche« wollten mit dem Bischof paktieren, wurden Alder- und Meisterleute als Anführer der auf die
Stadtfreiheit bedachten Bürger beim Rat vorstellig und 44
erwirkten am 30. Januar 1534 ein Toleranzedikt des Rates gegenüber allen Glaubensrichtungen in der Stadt, das vor allem eine Schutzgarantie gegen Eingriffe des Bischofs darstelllte. Daraufhin verließ der Syndikus von der Wyck die Stadt, während Fabricius den Landgrafen Philipp um seine Abberufung bat (1. Februar).

Unterdessen konnten die Täufer ihre Gemeinde in der Isolation konsolidieren. Rothmann predigte unangefochten die Verwirklichung einer heiligen Gemeinde nach dem Vorbild der apostolischen Urgemeinde. Die Schwiegermutter Knipperdollings und andere seiner Anhängerinnen verbrannten Schuldverschreibungen und stifteten ihren Schmuck zur Unterhaltung armer Gemeindeglieder. In den ersten Februartagen begannen Heinrich Roll, Knipperdolling und Jan van Leiden in ekstatischen Auftritten auf den Straßen Münsters, die Bürger und Einwohner zur Buße aufzurufen. Kerssenbroick berichtet über die Erfolge dieser Mission. Die ständigen Unruhen in der Stadt, die bürgerkriegsähnlichen Zustände, die andauernde Ungewißheit über den rechten Weg zum Heil empfanden viele Bürger als Strafe Gottes, so daß sie sich radikalen apokalyptischen Erlösungshoffnungen öffneten. Das Ende der Welt schien bevorzustehen, die Zeit des neuen Jerusalem gekommen.

Machtergreifung

Das Toleranzedikt vom 30. Januar war ein Waffenstillstand, kein Frieden gewesen: die Einigkeit aller Bürger in

Taufdarstellung aus: L. Hortensius (1624), s. Kat. 192. Rechts lassen sich die Täuflinge in eine Liste einschreiben, links legen sie das Glaubensbekenntnis ab, vorn wird die Taufe vollzogen.

religiösen Fragen war noch nicht wiederhergestellt, das gegenseitige Mißtrauen unverändert stark. Als der Bischof am 3. Februar 1534 seinen Beamten befahl, alle der Wiedertaufe Verdächtigen im Stift Münster zu verhaften, schürte er in der Stadt die Furcht vor einem
67 Angriff. Da trug am Morgen des 9. Februar 1534 ein
Mann aus Dortmund das Gerücht in die Stadt, 3000 Landsknechte des Bischofs seien im Anmarsch. Die Bürger, geführt von dem Aldermann Heinrich Redecker, besetzten selbständig die Stadttore und versammelten sich bewaffnet vor dem Rathaus, um den Rat zu energischem Handeln zu zwingen. Unter ihnen befanden sich offenbar auch Täufer, die nach wie vor als münsterische Bürger die Verteidigung der Stadt als ihre Aufgabe betrachteten. Knipperdolling beunruhigte die Versammelten mit heftigen Bußrufen.

Daraufhin zogen sich die beiden Bürgermeister mit »etlichen« Ratsherren, den Lutheranern und noch katholischen Bürgern auf den Überwasserkirchhof zurück und verschanzten sich. Gleichzeitig erging ein Hilferuf an den Bischof. Der Bürgerkrieg war ausgebrochen.

69 Um Mitternacht rückte der bischöfliche Droste Diet-
rich von Merveldt mit einem Bauernaufgebot in die Stadt ein, nachdem er die Respektierung der Stadtprivilegien und des Dülmener Vertrages zugesagt hatte.

Nun machte die auf dem Prinzipalmarkt versammelte Gegenpartei Friedensangebote. Sie bestand aus getauften Einwohnern und denjenigen Bürgern, die nichts mehr als ein Strafgericht des Bischofs fürchteten, wie es im Oktober 1532 über die Stadt Paderborn ergangen war. Die auf die Stadtprivilegien vereidigten Bürgermeister und Ratsherren ließen sich überzeugen, die Strafe des Bischofs würde unterschiedslos alle Bürger treffen. Man einigte sich auf Verhandlungen. Das Bauernaufgebot wurde mit einigen Fässern Bier besänftigt und aus der Stadt hinauskomplimentiert. Am 11. Februar erneuerten Rat, Alder- und Meisterleute den Ratsbeschluß vom 30. Januar 1534, man solle »einen jeden bei seinem Glauben unbeschwert lassen, bis daß es Gott bessere«. Das bedeutete auch die Tolerierung des »verfassungswidrigen«, reichsrechtlich geächteten Täufertums. Der Krieg gegen den Bischof war damit unvermeidbar.

Mit vollem Recht konnten die Wiedertäufer diese Entwicklung als ihren Sieg feiern. Ihre Errettung aus höchster Gefahr deuteten sie als Eingriff Gottes. Dieses »Wunder« verlieh ihnen ungeahnten Auftrieb. Die Täufer traten an die Öffentlichkeit, predigten, verkündigten Prophezeiungen, meinten überall Gottes Hand zu erken-
nen. Einen goldblitzenden Turmhahn hielten sie für die 70
offene Himmelstür. Auch andere Erscheinungen versetzten die Täufer in Ekstase. Sie versuchten, ihre Mitbürger
durch Bußrufe zu bekehren; sie sandten Missionare aus 71
und riefen ihre Glaubensfreunde aus den umliegenden Städten und aus den Niederlanden nach Münster, dem Neuen Jerusalem, wo sich die endzeitliche Gemeinde
Christi sammeln sollte. Die Resonanz war stark. 73

Noch am 11. Februar geisterten Gerüchte durch die Stadt, der Rat wolle die Ungetauften zur Taufe zwingen: Schon vor seiner Verkündung war der Religionsfrieden
unglaubwürdig und gefährdet. Sofort setzte eine Auswan- 72
derungswelle ein, die wochenlang anhielt. Wer mit den Täufern nichts zu schaffen haben wollte oder die bevorstehende Belagerung fürchtete, verließ die Stadt. Die Entscheidung, ob man sich taufen lassen wollte, ging quer durch alle Sozialgruppen und spaltete selbst Familien. Häufig wurde ein Angehöriger in Münster hinterlassen, damit der Besitz nicht unbeaufsichtigt blieb. Die Auswanderung war jedoch eine Flucht ins Ungewisse, denn wer dem Bischof in die Hände fiel, wie der Syndikus von der Wyck, hatte um sein Leben zu fürchten. Wyck wurde schließlich ohne Gerichtsverfahren umgebracht.

Die Münsteraner bereiteten inzwischen alles für die Belagerung vor. Die Auswandernden durften keine Lebensmittel mitnehmen, Gartenhäuser und Zäune im Vorfeld der Stadt wurden eingeebnet, um freies Schuß-
feld zu schaffen. Am 17. Februar reagierte der Bischof 68
auf die Toleranzerklärung für die Täufer mit der Aufbietung der Lehnsmannschaft und der Anwerbung von Landsknechten und versicherte sich der Hilfe benachbarter Fürsten. Am 23. Februar errichtete er in Telgte sein Hauptquartier. Wenige Tage später wurde die Belagerung eröffnet und die Zufahrtsstraßen nach Münster blokkiert.

Die Auswanderung vieler Bürger ermöglichte den Täufern und ihren Verbündeten einen leichten Sieg bei der Ratswahl am 23. Februar. Einen Tag später wählten die Ratsherren Gerd Kibbenbroick und Bernd Knipperdolling zu Bürgermeistern. Der neue Rat ließ den Wiedertäufern in der Stadt freie Hand, weil sein Hauptinteresse der Verteidigung der Stadt gegen den Bischof galt. Das

bedeutete letztlich den Sieg Rothmanns und der Prädikanten. An ihre Spitze trat der noch am 24. Februar 1534
74 in Münster eingetroffene Prophet Jan Matthys, der Führer der niederländischen Melchioriten, der die Rache Gottes allen androhte, die ihm den Gehorsam verweigerten. Seine Autorität stellte bald das Ansehen Rothmanns in den Schatten. Unbehindert, sogar gefördert durch die Obrigkeit, konnten die Täufer nun ihre Vorstellungen vom Leben einer christlichen Gemeinde verwirklichen. Die Theokratie, die Herrschaft der Prediger, der Vorrang der Religion vor der Politik nahm ihren Anfang.

Herrschaft der Ideologen

Unmittelbar nach der Wahl der Bürgermeister setzte
79 der Bildersturm ein. Das »Neue Jerusalem« war von
80 allem Gottlosen zu reinigen und auf den Anbruch des Gottesgerichts vorzubereiten. Schon in den Jahren der Reformation, seit 1532, waren aus den Pfarrkirchen Gegenstände des alten Kultus' entfernt worden. Nun galt die Säuberungsaktion vor allem dem Dom und den Klöstern in der Stadt, in denen bisher noch katholische Gottesdienste gefeiert worden waren. Während man die kostbaren liturgischen Geräte beschlagnahmte und auf
78 das Rathaus brachte, wurden Gemälde und Holzskulptu-
81–89 ren beschädigt oder verbrannt, Steinbildwerke verstümmelt. Bevorzugte Objekte waren natürlich Symbole der alten Herrschaft und des alten Glaubens wie Sakramentsschreine, Altäre, Grabmäler, Darstellungen des Paulus
87 und des Petrus, der Madonna und des leidenden Christus. Aber auch Orgeln und die astronomische Uhr im
76 Dom wurden zerstört, die liturgischen Bücher zerrissen. Die Radikalität des Bildersturms ist ein Ergebnis des täuferischen Kirchenbegriffs und nicht mit den früheren Zerstörungen in den alten Pfarrkirchen zu verwechseln, die eine Anpassung an die neue Liturgie bezweckten. Die neue Kirche der Wiedertäufer war nach eigenem Verständnis als »Gemeinschaft der Heiligen« keine äußere, sondern eine innere Kirche und wurde nur in Glaubenstaufe und Abendmahl sichtbar. Alles, was bisher bildhaft die Kirche und das religiöse Leben sinnenfällig machte und an irdische Gegenstände band, war nun »Abgötterei«, wurde nicht nur zerstört, sondern auch verspottet, verstümmelt, »verschimpfiert«, mit Kot beschmiert.

Am 25. Februar 1534 zerstörten etwa 500 Wiedertäufer in einem Ausfall die Mauritzkirche und plünderten die Häuser der Stiftsherren, deren Vorräte nicht in die Hand der Feinde fallen sollten. Unter dem Druck des bischöflichen Aufmarsches verschmolzen in diesen Tagen bürgerlicher Abwehrwille und täuferisches Erneuerungsstreben, so daß viele Maßnahmen ebenso religiös wie militärisch motiviert erscheinen. Die immer engere Zusammenarbeit zwischen Täufern und den Bürgern, die ihre Stadt um jeden Preis verteidigen wollten, endete konsequent in der Taufe aller Bürger und Einwohner. Schon am 24. Februar hatte Jan Matthys gefordert, wer sich nicht in dem Blute Christi taufen lassen wolle, den solle man zur Stadt herausjagen. Der Beginn der bischöflichen Belagerung und die Furcht vor Verrat der Ungetauften schufen nun die Voraussetzungen für die am
27. Februar vollzogene Vertreibung aller noch ungetauf- 90
ten Einwohner. Die Zurückbleibenden wurden zur Taufe gezwungen, der Bürgereid durch die Glaubenstaufe ersetzt. Nun gab es kein Zurück mehr, denn Wiedertäufern drohte nach Reichsgesetz die Todesstrafe. Die Brükken zur Außenwelt waren endgültig abgebrochen. Andererseits war nun die Einigkeit in der Stadt wenigstens äußerlich wiederhergestellt. Die Erneuerung der sakralen Gemeinschaft aller Einwohner, die den Gang der Reformation so entscheidend geprägt hatte und durch die äußere Bedrohung militärisch notwendig geworden war, schien verwirklicht.

Wer waren nun die »Wiedertäufer«, die 16 Monate die Stadt gegen den Bischof halten sollten? Wie setzten sie sich zusammen? Insgesamt sollen 7000 bis 8000 Menschen 1534/35 in Münster gelebt haben, davon 1500 bis 2000 Männer, rund 5000 Frauen und etwa 1200 Kinder. Gegen Ende der Belagerung verringerte sich die Zahl durch Hungertod und Flucht. Von diesen Menschen stammten nach Berechnungen von K.-H. Kirchhoff etwa 5000 bis 5500 Personen (800–1000 Männer, 3000–3300 Frauen, 1200 Kinder) aus Münster; etwa zwei Drittel der weltlichen Einwohnerschaft hatte in Münster die Taufe empfangen. Etwas stärker als die Zahl der Ausgewanderten und Vertriebenen (etwa 2000 Personen) soll die Zahl der Zugewanderten aus dem Münsterland, den Niederlanden, von Maas und Niederrhein gewesen sein. Man schätzt sie auf 700 bis 800 Männer und doppelt so viele

Frauen. Hinzu kamen während der Belagerung noch einige hundert Landsknechte.

Die Sozialstruktur der münsterischen Täufer entsprach der der Gesamtbevölkerung. Wohlhabende Bürger waren bei den Täufern sogar überproportional vertreten. Selbst unter den Zugewanderten sind mehrere Adelige und reiche Bürger gewesen. Es handelte sich also nicht um ein frühes Proletariat.

Die Zusammensetzung der Wiedertäufer in Münster war auch hinsichtlich ihrer Motivation nicht einheitlich. Die Eingewanderten haben als überzeugte Täufer zu gelten, die es in das Neue Jerusalem zog; die Landsknechte kamen aus Abenteuerlust. Unter den Münsteranern sind die Anhänger Rothmanns, denen es ebenfalls um die Religion ging, von den Bürgern zu unterscheiden, die im Bündnis mit den Täufern die Stadt gegen den Bischof halten wollten. Ihr Antiklerikalismus mochte sich der täuferischen Lehre verwandt fühlen. Andererseits mußte ein starker Bevölkerungsanteil – etwa 300 Männer und rund 2000 Frauen – zur Taufe gezwungen werden.

Die Zwangstaufen bedeuteten den Bruch mit dem Prinzip des freiwilligen Anschlusses an die Täuferbewegung. Aus einer Sekte entwickelte sich eine »Volkskirche«, der alle Menschen in Münster angehören mußten. Manche Münsteraner betrachteten das neue Regime von vornherein distanziert. Andere, die anfänglich von den apokalyptischen Ideen angesteckt waren, oder die die täuferische Lehre als ideologische Waffe gegen den Bischof verstanden, verfolgten später zunehmend kritisch die Herrschaft der Prädikanten und Propheten. »So sind auch viele Leute aus der Stadt gezogen, die sich hatten taufen lassen und nicht bei der Taufe bleiben wollten«, berichtet Gresbeck. Damit trat für die Machthaber in der Stadt neben den äußeren Feind der »innere Feind«.

Beispielsweise äußerte der angesehene Schmied Hubert Rüscher freimütig seine Kritik an den Propheten. Er wurde verhaftet, von den Prädikanten zum Tode verurteilt und so schwer verletzt, daß er eine Woche später verstarb. Als der Bürgermeister Kibbenbroick und die Ratsherren Redecker und Mollenhecke – beide waren früher Alderleute gewesen – ein ordentliches Gerichtsverfahren forderten, sperrte man sie gleichfalls ein, holte sie dann auf den Domplatz, wo sie sich in demütigender Weise auf den Boden legen und Gott um Gnade anflehen mußten. Nichts illustriert besser die Entmachtung des Rates. Ähnliches widerfuhr allen, die erst am 27. Februar zur Taufe gezwungen worden waren. Angst und unvermutete Begnadigung sollten sie fester an das Regiment binden. Herrschaft durch Schrecken, Unberechenbarkeit und Willkür zeichnen das Reich der Wiedertäufer aus, das auch nicht angesichts der scharfen Verfolgung aller Wiedertäufer außerhalb der Stadt in milderem Licht erscheint.

Unter Führung des Jan Matthys wurden die Säube-
rungsaktionen in den Wochen nach der Machtergreifung
streng durchgeführt. Leitbild des »Neuen Jerusalem« war
die in der Apostelgeschichte beschriebene christliche 75
Urgemeinde. Bücherverbrennung, Gütergemeinschaft 77
und die Bestellung von Diakonen als Armenpflegern
fanden ihr Vorbild in der Bibel, sogar das Schreckensre- 91–94
giment der Propheten: »Wer diesen Propheten nicht
hören wird, der soll vertilgt werden aus dem Volk« (Apg.
3,23).

Teilweise erwuchsen die Maßnahmen auch aus prakti-
schen Bedürfnissen – die Diakone sollten etwa die Ver-
sorgung der Einwanderer und Mittellosen sicherstellen.
Während manche Initiativen, wie der Bildersturm oder
die Verbrennung von juristischen Dokumenten an den 77
Antiklerikalismus und die Ablehnung römischer Rechts- 98
vorstellungen, also an Ziele der bürgerlichen Opposi-
tionspartei anknüpfen konnten, stießen andere Maßnah-
men, wie die Unterdrückung des bürgerlichen Handels 94
um Geld sowie die Abschaffung und Einziehung des
Geldes und Schmuckes auf Widerstand. Hier trat dann
neben die religiöse die militärische Rechtfertigung: Die
noch bürgerlich denkenden Menschen, die die Stadtfrei-
heit gegen den Bischof wahren wollten, sollten religiös
motivierte Neuerungen als militärische Notstandsmaß-
nahmen hinnehmen.

Jan Matthys hatte den Anbruch des Gottesgerichts bis 74
spätestens Ostern 1534 gepredigt. Am Ostertag, dem
5. April 1534, standen alle Münsteraner auf den Wällen
und erwarteten nicht nur die Erlösung, sondern auch die
Vernichtung der Gottlosen, den Untergang des Belage-
rungsheeres. Jan Matthys, der von den Täufern eine
aktive Unterstützung des göttlichen Heilsplanes forderte,
wollte persönlich Münster befreien und das Eingreifen
Gottes auslösen. Er wagte mit wenigen Getreuen einen

Ausfall – doch die Landsknechte hieben ihn in Stücke und steckten seinen Kopf auf einer Lanze vor der Stadt auf.

Die Krise, die der Tod des Jan Matthys und das Ausbleiben der geweissagten Erlösung heraufbeschworen,
99 brachten einem Mann die Nachfolge des Propheten, der als talentierter Redner und geschickter Organisator fortan die Szene beherrschen sollte: Jan van Leiden. Der erst Fünfundzwanzigjährige hatte ein unstetes Wanderleben geführt, sich als Schneider, Kaufmann und Gastwirt versucht und sich schließlich in der niederländischen Täuferbewegung als Apostel des Jan Matthys profiliert. Seit dem 13. Januar 1534 in Münster, gewann er das Vertrauen Rothmanns, Knipperdollings und der einheimischen Täufer. Als Stellvertreter des Jan Matthys übte er auch unter den zugewanderten Wiedertäufern großen Einfluß aus.

Jan van Leiden wußte den Tod des »höher als Gott« verehrten Propheten als Willen Gottes zu verkünden und den Eingeschlossenen neuen Mut einzuflößen. Er vermochte den Verunsicherten und Verzweifelnden die emotionale Aufbruchsstimmung des Februar noch einmal zu vermitteln: »So haben ein Teil der Männer gerufen ›o Vater, o Vater, gieb die Liebe, gieb die Liebe!‹ und haben getanzt. Die Männer sind zum Teil durch die Stadt gelaufen in alle Gassen und Straßen mit bloßen Schwertern und riefen, der Vater hätte ihnen das Schwert gegeben, daß sie die Ungerechtigkeit strafen sollten ...«

Eine der ersten Maßnahmen des neuen Propheten war die Einführung einer neuen Verfassung in der Stadt. Jan Matthys hatte aufgrund seiner starken Persönlichkeit den Lauf der Dinge bestimmt; die apokalyptische Naherwartung ließ eine neue Organisierung der »Gemeinde Christi« überflüssig erscheinen. Nun jedoch wurde das biblische Vorbild der Apostelgemeinde und des alten Volkes Israel auch zu organisatorischen Veränderungen benutzt. An die Stelle von Rat und Gilden, »die von Menschen eingesetzt worden waren«, trat das Regiment der zwölf
100 Ältesten, die von Gott durch den Mund seines Propheten berufen wurden. Jan van Leiden ernannte sechs angesehene Bürger und sechs zugewanderte Täufer aus Coesfeld, Warendorf und den Niederlanden. Damit konnten die zugewanderten Wiedertäufer an der Stadtregierung beteiligt werden.

Die zwölf Ältesten stellten einerseits ein neues strenges Sittengesetz auf. Alle Vergehen weltlicher und geistlicher Art wurden mit der Todesstrafe bedroht: Ungehorsam und Kritik gegen die Ältesten, Prediger und Propheten; Neid, Geiz, Haß, Lüge, üble Nachrede, Diebstahl, Betrug, Streit, Prunksucht ebenso wie Fluchen, Gotteslästerung, Ungehorsam der Ehefrauen gegenüber dem Mann, Unzucht und Ehebruch. Andererseits verkündeten sie ein neues Grundgesetz, die »Ordnung der zwölf Ältesten«, die die Bibel zur Richtschnur allen Handelns machte. Damit wurden der Einfluß der Prädikanten und die Herrschaft Jan van Leidens festgeschrieben. Die »Ordnung« sicherte den Ältesten die Gesetzgebung und die Aufsicht über Wirtschaft, Kriegswesen und Rechtssprechung. Ihnen zur Seite stand der Prophet Jan van Leiden, dem sie ihr Amt verdankten und der ihnen offiziell das Schwert als Zeichen ihrer Macht übergeben hatte. Nun hatte er alle ihre Beschlüsse zu verkünden.
Knipperdolling als »Schwerthalter« war mit dem Justiz- 122
vollzug beauftragt und übte die Kontrolle über den
Verkehr mit der Außenwelt aus. Heinrich Krechting 113
versah als einziger studierter Jurist das Amt eines Sekre- 133
tärs, führte den Schriftverkehr und das Protokoll bei gemeinsamen Sitzungen und trat obendrein als Ankläger bei Strafverfahren auf. Den führenden Bürgern in der Stadt, die bisher in Rat und Gilden das Sagen hatten, wurden einzelne Aufgaben der Verteidigung und Versorgung der Stadt mit Lebensmitteln und handwerklichen Erzeugnissen übertragen. Sie sollten ausschließlich für die Obrigkeit und die Versorgung aller Einwohner arbeiten und wurden dafür von Wachen und Diensten befreit. Die Wirtschaftsverfassung ist also nicht als »Produktionskommunismus« zu bezeichnen, sondern als »Kriegszwangswirtschaft«.

Alle übrigen waffenfähigen Männer hatten militärischen Dienst zu leisten. Sie waren in Abteilungen den Stadttoren zugeteilt, die von Hauptleuten kommandiert wurden. An der Seite der Hauptleute hatten Prediger den Abwehrwillen zu stärken. Die Wachmannschaften nahmen ihre Mahlzeiten gemeinsam in einem »Haus der Gemeinheit« (= Haus der Bürgerschaft) in der Nähe ihres Stadttores ein. Dabei »stand ein Junge und las ein Kapitel aus dem Alten Testament oder aus den Propheten vor«.

Die Rationalität, mit der die Wiedertäufer ihre Verteidigung organisierten, steht in scharfem und merkwürdigem Kontrast zur Irrationalität ihres Weltbildes. »Alles was sie taten, das taten sie mit Klugheit und mit Behendigkeit und mit nüchternem Sinne« (Gresbeck). In Ausfällen, der Erfindung neuer Kriegsmaschinen und in der psychologischen Kriegführung zeigten sie einen Einfallsreichtum, dem Gegner und Nachwelt uneingeschränkte Anerkennung zollten. In ihren Aktionen paarten sich nicht selten militärische Erfordernisse mit religiösen Eingebungen und Selbstbewußtsein: Wenn etwa Knipperdolling am 9. April 1534 verlangte, weil das Hohe erniedrigt und das Niedrige erhöht werden müsse, seien die Kirchturmspitzen umzuwerfen; auf den Kirchtürmen wurden dann Geschützbatterien installiert. Zur Verstärkung der
Stadtwälle vermauerte man die im Bildersturm zerstör-
81–89 ten Bildwerke und Grabplatten. Flugblätter und Flug-
61 schriften zur Abwerbung der Landsknechte schoß man in
das feindliche Lager. Als Stadtobrigkeit übten die Älte-
97 sten das Münzrecht aus: Die Münzen trugen Werbeparo-
len, um damit die Landsknechte in die Stadt zu ziehen.
Zur Verhöhnung der Belagerer staffierten die Täufer eine
Strohpuppe mit liturgischen Gewändern und Mitra aus,
setzten sie auf ein Pferd und jagten es in das Lager der
verwirrten Belagerer: So begeistert, hingebungsvoll und
ideenreich der Abwehrkampf geführt wurde, so stark war
die Anziehungskraft der Stadt auf die nicht so sehr
68 geldhungrigen wie abenteuerlustigen Landsknechte, die
139 tatsächlich in Scharen überliefen. Berichte aus dem Juni
1534 sprechen von etwa 200 übergelaufenen Lands-
140 knechten in der Stadt. Doch »alle diejenigen, so in die
Stadt laufen, müssen sich taufen lassen, und ihr Geld der
Gemeinde übergeben«: Die Landsknechte blieben Fremde in der Stadt, von den Täufern beargwöhnt. Viele, die sich nicht der strengen Disziplin unterwerfen wollten – übermäßiger Alkoholgenuß etwa war streng verboten – büßten dafür mit dem Tode.

Fünf Tage lang hatten die Belagerer die Stadt aus allen Rohren beschossen, als sie am Pfingstmontag, dem 25. Mai 1534, zum ersten Generalsturm antraten. Obwohl die Münsteraner nur 1500 bis 2000 wehrfähige Männer zählten, die von Frauen und Jugendlichen unterstützt wurden, konnten sie den zahlenmäßig überlegenen, wenn auch undisziplinierten Gegner abwehren und ihm starke Verluste zufügen.

Die Ältesten reorganisierten auch das Schulwesen in Münster. Gresbeck berichtet: »Die Kinder und die Jungen und Mädchen ... mußten lernen die deutschen Psalmen, schreiben und lesen. Alles, was sie lernten, dasselbe war alles von der Taufe und nach ihrer Weise. So wollten sie die jungen Kinder so lehren in (ihrer) Jugend, und sollten so mit der Taufe aufwachsen.«

Nach dem Tode des Jan Matthys verschoben sich die Akzente der täuferischen Theologie. Bisher hatte man sich an dem Vorbild der christlichen Urgemeinde der Apostelgeschichte orientiert, die die Wiederkunft Christi täglich erwartet hatte. Nun, als die Herrschaft Gottes in festere Formen zu gießen war, beherrschte mehr und mehr die im Alten Testament beschriebene Theokratie des Volkes Israel als Leitbild das Leben der münsterischen Täufer: »Denn sie sagten, Münster wäre (das) neue Israel und sie wären Israeliten ...« (Gresbeck). Nicht nur die Gesetzgebung machte die strengen Sittengesetze des Alten Testaments wieder verbindlich; in vielfältiger Weise griff man Begebenheiten und Zustände des alten Volkes Israel wieder auf.

Am 16. Juni 1534 verließ in prächtigen Kleidern eine
schöne junge Frau aus Friesland namens Hille Feicken
die Stadt. Wie Judith, die Prophetin des jüdischen Vol- 101
kes, den Holofernes getötet hatte, der als assyrischer
Feldherr die Stadt Bethulia belagerte, so wollte sie nun
den Bischof umbringen und ihr Volk befreien. Doch ein
münsterischer Bürger floh aus der Stadt und verriet den
Plan. Hille Feicken wurde enthauptet. 102

Auch die nächste Neuerung im »Neuen Israel« fand
ihr Vorbild im Alten Testament: die Einführung der 103
Vielweiberei Ende Juli 1534. Nichts hat Zeitgenossen und Nachwelt so sehr angewidert, nichts hat dem Ruf der münsterischen Wiedertäufer stärker geschadet. Tatsächlich ist die Vielweiberei in der Stadt höchst umstritten gewesen; dahinter standen sowohl religiöser Erneuerungswille wie praktische Erwägungen.

Auf jeden Mann in der Stadt entfielen drei bis vier überwiegend alleinstehende Frauen. Viele waren überzeugte Anhängerinnen Rothmanns gewesen und hatten die Taufe empfangen. Andere Ehepaare hatten sich getrennt; während die Männer die Stadt verlassen hatten, sollten die zurückbleibenden Frauen den Familienbesitz sichern. Diese Frauen entzogen sich vielfach der Kontrolle der Obrigkeit, hatten vereinzelt sogar noch nicht die Glaubenstaufe empfangen. Es lag nahe, durch die Ehe diese alleinstehenden Frauen der Kontrolle und dem Schutz eines Mannes zu unterstellen, denn vom Anfang an zählte die Gehorsamspflicht der verheirateten Frauen gegenüber ihrem Manne zu den zentralen täuferischen Lehren. Ausschlaggebend war jedoch die religiöse Begründung.

Gresbeck berichtet: »So haben die Propheten und Prädikanten und die zwölf Ältesten in der Bibel gefunden ›Wachset und mehret euch‹. Ein Teil der Altväter, wie Abraham, David, Helkam und der Altväter mehr, dieselben haben mehr Frauen gehabt als eine.« Rothmann schrieb später zu den Grundlagen der neuen Eheordnung, »daß beide, Mann und Weib, also der Ehe Gottes verpflichtet sind, daß sie Gottes Segen und Fruchtbarkeit nirgends anders zu gebrauchen müssen, als sich zu vermehren und Kinder zu zeugen; welche anderes tun, sündigen gegen Gott.«

Die Durchsetzung der unerhörten Neuerung geschah schrittweise. Zuerst ordnete man an, wessen Frau schwanger oder unfruchtbar sei, dürfe eine zweite nehmen; habe auch sie empfangen, die dritte usw. Bald darauf befahl man sogar allen Frauen, einen Mann zu suchen und zu heiraten. Gresbeck berichtet, die Männer seien daraufhin »durch die ganze Stadt gelaufen in alle Häuser, wo sie eine Frau oder eine Jungfer oder ein junges Mädchen wußten, da liefen ihrer fünf oder sechs nach, der eine vor, der andere hinterher, daß der eine mehr Frauen haben wollte als der andere.« Schließlich schritten die Prädikanten ein. Der Brautwerber hatte allein um die Hand einer Frau anzuhalten. Lehnte sie ab, mußte der Bewerber eine andere suchen. Manche Wiedertäufer zwangen nach Gresbeck ihre erste Frau, zu gehen und dem Mann eine andere Frau zu holen. »Stärker kann man Frauenehre nicht in den Staub treten! ... Von den Seelenqualen, die damals manche Frau durchkämpft hat, schweigen die Quellen. Immerhin spricht jene Frau, von der Gresbeck berichtet hat, daß sie sich im Stadtgraben ertränkte, eine stumme und doch erschütternd hörbare Sprache« (Blanke).

Die Verhältnisse in einem Haushalt mit mehreren Frauen waren höchst unerfreulich, Eifersucht und heftiger Streit an der Tagesordnung. Hatten die meisten Männer zwei bis vier Ehefrauen, so hatte Jan van Leiden eine »Hauptfrau«, die spätere Königin Divara, Witwe des Jan Matthys und eine steigende Anzahl Nebenfrauen (»Konkubinen«), im November 1534 noch vier, im Frühsommer 1535 jedoch schon 16! 132

Die Einführung der Vielweiberei nahmen die Eingeschlossenen nicht ohne Widerstand hin. Vor der öffentlichen Verkündigung hatte es unter den Ältesten und Prädikanten heftige Kontroversen gegeben, doch hatte der Prophet Jan van Leiden sich schließlich durchgesetzt. Es folgte der Widerstand der betroffenen Frauen. Hartnäckige Verweigerung des Gehorsams brachte viele Frauen ins Gefängnis, das in einem früheren Frauenkloster eingerichtet war. Mehrere Frauen wurden hingerichtet. Als auch Gewalt nichts fruchtete, lockerte man Ende 1534 wieder die Bestimmungen und gestattete den zur Ehe gezwungenen Frauen die Scheidung. Manche Frau mochte fürchten, vom Regen in die Traufe zu kommen, doch haben immerhin rund 200 weibliche Personen diesen Schritt gewagt. Unter ihnen waren Mädchen, die die Geschlechtsreife noch nicht erlangt hatten.

Der heftigste und zugleich aussichtsreichste Widerstand gegen die Vielweiberei ging bald nach der Verkündigung der Vielehe von dem angesehenen Bürger Hein- 104
rich Mollenhecke aus, der als Gildemeister der einflußreichen Schmiede und ehemaliger Aldermann einer der Gildevertreter gewesen war, die die Stadtfreiheit sogar im Bündnis mit den Wiedertäufern zu verteidigen gesucht hatten. Im Februar 1534 in den Rat gewählt, mußte er die Verhaftung und willkürliche Hinrichtung seines Gildebruders Hubert Rüscher und die demütigende Entmachtung des Rates am eigenen Leibe erfahren. Die Vielehe brachte für ihn das Faß zum Überlaufen. Handstreichartig überfiel er am Abend des 29. Juli mit einigen Verschworenen die führenden Täufer. Jan van Leiden, Knipperdolling und andere wurden im Rathaus gefangengesetzt. Im Handumdrehen verstärkte sich die Schar auf 150 bis 200 Mann. Man forderte die Aufhebung der Ehegesetze, der Gütergemeinschaft, der Ältestenverfassung: »Bürgermeister und Rat sollte wieder sein; daß alle Dinge wieder so sein sollten wie es gewesen war, und wollten die Stadt aufgeben« (Gresbeck) – also Kapitulation. Vermittlungsangebote von Tilbeck und den übrigen Ältesten wurden abgelehnt. Doch die Stadttore waren fest in der Hand der Täufer, die das Rathaus erstürmten und den Aufstand niederschlugen. 47 Männer mußten 105

106 sterben. Zur Abschreckung etwaiger Anhänger wurden
107 die Hinrichtungen über vier Tage hin vorgenommen.

Der Aufstand Mollenheckes dokumentiert die Krise des Bündnisses zwischen Bürgern und Täufern. Die Täufer setzten sich durch; es gab kein Zurück zu den alten Zuständen, nur Sieg und Erlösung durch Gott. Insofern ist diese schwerste Krise durchaus als »20. Juli« des Wiedertäuferreiches zu bezeichnen. Fortan stellte kaum einer mehr das System grundsätzlich in Frage. Die Alternative zu Unterwerfung und Resignation war die Flucht.

Einen Monat später, am 31. August 1534 unternahm das Belagerungsheer den zweiten Sturm auf die Stadt. Sechs Stadttore waren konzentriert beschossen worden. Nach zwei verlustreichen Anläufen gaben die Landsknechte auf. Ein entscheidender Sieg war erzielt, der nicht nur die Belagerer zu einer Änderung ihrer Strategie veranlaßte, sondern auch in der Stadt weitreichende Folgen zeitigte.

Königsherrschaft

Der Abwehrerfolg stärkte gewaltig das Selbstbewußtsein der Wiedertäufer: Hatte nicht Gott selbst seine Auserwählten beschützt und damit ihre Maßnahmen bestätigt? Indem sie ihre Erfolge als Belohnung Gottes für ihren Gehorsam verstanden, den sie in Säuberungsaktionen und mit der Wiederherstellung biblischer Zustände bewiesen hatten, erkannten die Täufer sich selbst eine aktive Rolle im Heilsgeschehen zu. Rothmann hat diese Auffassung in seiner am 10. Oktober 1534 abgeschlossenen Hauptschrift »Restitution« begründet. Seinem Weltbild zufolge bewegt sich die Geschichte in einem stetigen Wandel zwischen dem Abfall der Menschen von Gott und der Wiederherstellung (»Restitution«) der rechten gottgefälligen Lehre, Glaubens und Lebens. Sündenfall, Sintflut, der Alte Bund Gottes mit dem Volke Israel, Tod und Auferstehung Christi sind für Rothmann Formen desselben geschichtlichen Prinzips. In seinen Augen war die Zeit der letzten Restitution gekommen, nach welcher Gott seine Gläubigen befreien werde. Während dieser Restitution würde die Ungerechtigkeit auf Erden, personifiziert im »Antichristen«, ausgerottet werden und die Gläubigen triumphieren; »Es soll alles, was alle Propheten gesprochen haben, in den letzten Tagen aufgerichtet und restituiert werden« (nach Apg. 3,21). Hatten diese Ansichten bereits die früheren Aktionen gerechtfertigt – die Ältestenverfassung und die Vielweiberei – schien den Wiedertäufern ihr militärischer Erfolg Gottes Zustimmung zu verheißen.

In der Diskussion unter den Prädikanten, wie der Gehorsam gegen Gott weiter zu beweisen sei, tauchten in den Tagen nach dem abgewehrten Sturm erstmals chiliastische Gedanken in Münster auf: Christus wolle vom Himmel kommen und 1000 Jahre mit seinen Gläubigen regieren. Es galt also, das in der Apokalypse des Johannes geweissagte Tausendjährige Friedensreich Christi vorzubereiten.

Ob die Erhebung des ehrgeizigen Jan van Leiden zum König, dem als starken Mann die Durchführung der Restitution aufgetragen wurde, von den Ältesten und Predigern abgesprochen war, ist unsicher. Johann Dusentschur, ein ehemaliger Goldschmied aus Warendorf, der sich als Vorreiter eines täuferischen Aktivismus durch Weissagungen und ekstatische Auftritte die Autorität eines Propheten erworben hatte, proklamierte
um den 8. September 1534 herum Jan van Leiden zum 108
König »über das Neue Israel und über die ganze Welt ... In der ganzen Welt sollte kein König oder Herr sein als Johann von Leiden, und in der ganzen Welt sollte keine Obrigkeit mehr sein als Johann von Leiden ... Er sollte sein ein König der Gerechten und sollte die Ungerechtigkeit strafen in der Welt« (Gresbeck).

Die beiden wesentlichen Merkmale des täuferischen Königtums, der Anspruch auf die Weltherrschaft und auf die Nachfolge Davids als »gerechter König« sind eng verwoben. Der Anspruch auf die Weltherrschaft, der eigentlich jeder Erlösungsreligion eigen ist, war in dieser direkten aggressiven politischen Form in Münster vorher noch nicht ausgesprochen worden. Das Sendungsbewußtsein der täuferischen Prediger hatte zwar von Anfang an Münster zum Ort des Heilsgeschehens werden lassen, von wo aus das Wort Gottes »über die ganze Welt gehen« sollte (Gresbeck), nachdem Gott die Gottlosen gestraft hatte. Nach dem Tode des Matthys predigte Jan van Leiden die Ausbreitung der »apostolischen Kirche« von Münster aus über die ganze Welt. Die Täufer sollten die »Ungerechtigkeit strafen“, wie es in der Stadt bereits

vollzogen war. Immer mehr schien nun die Weltherr-
schaft seiner Gläubigen Voraussetzung der Wiederkunft
Christi zu sein, deren Realisierung dem neuen König
aufgetragen wurde: Dusentschur verlieh ihm das bisher
von den Ältesten geführte Schwert. Jan van Leiden
111 übernahm damit den militärischen Oberbefehl und die
Herrschaft innerhalb der Stadt, als neuer David zugleich
König und Prophet, weltliche und geistliche Herrschaft
vereinigend. Der »König der Gerechten« war das bibli-
112 sche Vorbild eines endzeitlichen Königtums. »Siehe, es
kommt die Zeit, spricht der Herr, daß ich dem David
114 einen gerechten Sproß erwecken will. Der soll ein König
sein, der wohl regieren und Recht und Gerechtigkeit im
Lande üben wird« – dieses Wort des Propheten Jeremia
(Kap. 23,5), das die christlichen Theologen bisher auf
Christus als den Messias bezogen hatten, deutete man
nun auf einen neuen endzeitlichen König um. Jan van
Leiden wollte als neuer David herrschen und dem Frie-
densreich Christi den Weg bereiten.

Der frischgebackene König ging sofort daran, seine
Herrschaft zu befestigen und die Zustände in der Stadt
weiter zu erneuern: »Alle Dinge mußten auf das Neue
117 sein«, berichtet Gresbeck. Die führenden Wiedertäufer
132 wurden als Würdenträger in den königlichen Hofstaat
berufen, um sie an die neue Ordnung zu binden. Selbst
123 Straßennamen und Stadttore wurden umbenannt.

Die tiefgreifende Erneuerung der Verfassungsverhält-
nisse und Lebensumstände machte auch vor Grund-
positionen der täuferischen Lehre nicht halt. Die neuent-
wickelte Königs- und Staatssymbolik schien den bisher
so zentralen puritanischen Idealen der Täufer entgegen-
gesetzt. »Johann van Leiden legte sich die Attribute der
Königswürde und einen umfangreichen Hofstaat zu, um
sich vor seinen Untertanen, die mit König und König-
tum von Erfahrung normierte Vorstellungen besaßen,
auch äußerlich zu legitimieren« (Wolgast). Doch ohne
biblische Begründung ging auch hier nichts. Jeremia
berichtet das Versprechen Gottes, sein Volk Israel zu
118 befreien, »denn ich will sie mehren und nicht mindern,
129 ich will sie herrlich machen und nicht geringer« (Jer.
136 30,19). Indem die Prachtentfaltung mit der Verherrli-
chung Gottes gerechtfertigt wurde, verloren die puritani-
111 schen Anschauungen ihre Grundlage. Die neue Staats-
112 symbolik, die Anspruch und Inhalt des Königtums in
113 Wappen, Titel und Herrschaftszeremoniell sinnenfällig
machte, bedeutete eine teilweise Abkehr von der bisheri- 114
gen Bilderfeindlichkeit. Im Gegenteil übernahm man 115
zahlreiche Elemente der traditionellen Herrschaftssym-
bolik von Kaiser, Papst und Bischof: Krone, Reichsapfel,
Schwerter. Zwei Schwerter versinnbildlichen die Zwei- 37
Gewalten-Lehre der mittelalterlichen Päpste, der zufolge
sowohl geistliche als auch weltliche Macht dem Papst 115
zustanden. Jan van Leiden übernahm sie und soll selbst
geäußert haben: »Es müsse also sein, das geistliche
Schwert muß vorgehen und das weltliche nachfolgen«! 111
Buch und Schwert, bisher Attribute des Apostels Paulus,
Patron des Bistums Münster und von daher Symbole der
bischöflichen Herrschaft im Stift Münster, deutete der
neue König in ähnlicher Weise zu Attributen seiner
geistlichen und weltlichen Macht um. Gresbeck berichtet
über die Rechtfertigung des Königs: »Und das ist alles
des Vaters Wille gewesen, daß er sich so rüsten soll, denn
der König sagte, er wäre dem Fleisch abgestorben und
hätte da gar keinen Hochmut mit, und täte das Gott zu
Ehren« – anders formuliert: Einem wahren Christen ist 129
alles erlaubt, wenn er es nur um Gottes Ehre tut.

Die Stellung Jan van Leidens war nicht von vornherein unangefochten. Als Prophet stand neben ihm Johann Dusentschur, der ihm die Königswürde übertragen hatte; zweiter Konkurrent war des Königs Stellvertreter Bernd Knipperdolling. Den aufbrechenden Machtkampf konnte Jan van Leiden in der ersten Oktoberhälfte für sich entscheiden.

Knipperdolling hatte sich im Täuferreich immer eine 122
wichtige Rolle sichern können; anfangs als Führer der bürgerlichen Oppositionspartei, Freund und Vertrauter Rothmanns, dann als Gastgeber der auswärtigen Propheten Jan Matthys und Jan van Leiden sowie als Vorreiter bei den ekstatischen Visionen und Bußrufen im Februar 1534. Indem er seinen stetigen persönlichen Kontakt zu Gott glaubhaft machte, konnte er auch unter der Herrschaft der Propheten Einfluß ausüben und wichtige Ämter bekleiden. Überdies genoß er viele Sympathien unter den Münsteranern. Obwohl Stellvertreter und »Justizminister« des Regenten, verwies ihn die Konzentration aller Macht in der Hand eines Königs in das zweite Glied. Das versuchte er zu ändern. Anfang Oktober 1534, nach Bußrufen und ekstatischen Szenen vor dem versammelten Volk, setzte er sich auf den Königsthron auf dem Prinzipalmarkt: »Sein Geist bezeuge ihm, Johann

von Leiden solle sein ein leiblicher König, aber er,
Knipperdolling, solle sein ein geistlicher König.« Damit
sprach er das Unbehagen vieler Täufer über die Allmacht
des Königs an; offensichtlich erstrebte er eine Teilung der
Königswürde nach dem Verfassungsprinzip der Kollegi-
alität, dem zufolge jedes Amt von zwei Männern zu
verwalten war. Doch Jan van Leiden ließ den Staats-
streich rasch durch seine Leibgarde beenden, die seinen
Stellvertreter verhaftete. Knipperdolling zeigte nach drei
Tagen Haft »Reue« und wurde wieder in sein früheres
Amt eingesetzt.

Die zweite Herrschaftskrise beschwor Johann Dusent-
schur herauf, der unermüdliche Befürworter eines täufe-
rischen Aktivismus. Er predigte, nach drei Posaunenstö-
ßen als Zeichen Gottes solle auf dem »Berg Zion«, dem
Domhügel, ein großes Abendmahl stattfinden. Anschlie-
ßend sollten die Gläubigen »aus der Stadt ziehen und
alles stehen lassen, das sie hätten, Haus und Hof...«
(Gresbeck). Hinter dem Auszug »in das gelobte Land«,
der dem bisherigen Verständnis Münsters als dem Neuen
Jerusalem völlig widersprach, steht theologisch die
Absicht, die Weltherrschaft als Voraussetzung des Got-
tesgerichts zu verwirklichen.

Die »Posaune des Herrn« blies Dusentschur kraft
seines Prophetenamtes selbst. Nach dem zweiten Posau-
nenstoß ließ man den Domplatz für ein großes Bankett
134 herrichten. Am 13. Oktober, morgens zwischen fünf und
sechs Uhr, erklang der dritte Posaunenstoß in den Stra-
ßen. Selbst gebrechliche alte Menschen und Wöchnerin-
nen fanden sich vor dem Dom ein. Jan van Leiden war
jedoch Realist und verhinderte den Auszug; er ließ ihn
zur göttlichen Gehorsamsprobe erklären. König und
Königin bedienten nun die Versammelten wie ihre Gäste
und verteilten anschließend Wein und Kuchen als
Abendmahl. Dann trat Jan van Leiden offiziell von
seinem Amt zurück, »er hätte Gott erzürnt«. Daraufhin
verkündete Dusentschur, 27 Prädikanten sollten stellver-
tretend für die ganze Gemeinde Münster verlassen und
in den vier Städten Soest, Osnabrück, Warendorf und
Coesfeld missionieren. Dem König trug er auf, »daß du
fortan sollst regieren und sollst ein König bleiben, wie du
es bisher gewesen bist, und sollst die Ungerechtigkeit
strafen« (Gresbeck). Die Stellung des Königs war damit
nicht nur bestätigt, sondern sogar gestärkt, weil nun 27
Prädikanten als mögliche Konkurrenten seiner Herr-
schaft die Stadt verließen. Doch Dusentschur und seine
Helfer erlitten dasselbe Schicksal wie Jan Matthys. Sie
hatten die Aufnahmebereitschaft für ihre Lehre falsch
eingeschätzt; nur in Warendorf waren sie vorübergehend
erfolgreich, so daß der Bischof, der bereits am 17. Okto-
ber in einem Runderlaß seine Amtsleute vor Erhebungen
der Wiedertäufer gewarnt hatte, Warendorf am 21. Okto-
ber 1534 militärisch besetzen mußte. Alle Apostel wur-
den verhaftet und hingerichtet. Nur der frühere Borkener
Schulmeister, Heinrich Graes, wurde begnadigt, weil er
sich anbot, nach Münster zurückzukehren und die Pläne
des Königs auszuspähen.

Die Aussendung der 27 Apostel ist zugleich ein Indiz
für die veränderte militärische Lage. Denn nachdem
auch der zweite Sturm auf Münster mißglückt war,
wechselten die Belagerer ihre Strategie. Nicht mehr im 148
direkten Angriff, sondern durch Blockade und Abschnü-
rung der Stadt von der Außenwelt sollten die Täufer 149
zermürbt, ausgehungert und zur Kapitulation gezwungen 150
werden. Außerdem mußte der Kampf gegen Münster auf
eine breitere Basis gestellt werden. Weil Bischof Franz v.
Waldeck die Stadt nicht allein bezwingen konnte, war
ihm von Anfang an von vielen benachbarten Fürsten und 43
Städten Hilfe zuteil geworden. Lutheraner und Katholi-
ken waren sich in der Bekämpfung der Wiedertäufer
einig. Seit dem Bauernkrieg lebten alle Obrigkeiten in der
Furcht vor allgemeinem Aufruhr. Schon das Speyerer
Mandat gegen die Wiedertäufer von 1528 hatte vor 34
dieser Gefahr ausdrücklich gewarnt. Bisher hatten neben
den Landen Franz v. Waldecks vor allem die benachbar- 48
ten Fürsten, Kurfürst Hermann von Köln, Herzog 49
Johann von Kleve und Landgraf Philipp von Hessen die 50
Kriegskosten getragen und Landsknechte geschickt. Nun
versuchte man, auf dem Kreistag zu Koblenz (Dezember 150
1534) und auf der Konferenz der Reichskreise in Worms
(April 1535) auch die übrigen Reichsfürsten und Städte 62–63
zu beteiligen – mit Erfolg. Die Aufmerksamkeit der
Zeitgenossen richtete sich immer stärker auf die Vorgän- 153
ge in Münster; eine reiche Flugschriftenliteratur entstand. 170–172
Mit dem Oktober 1534 verstärkten sich die Bemühun-
gen, die Täufer auf diplomatischem Wege zur Aufgabe zu
bewegen. Anfang Oktober suchte die Stadt Bremen zwi-
schen Stadt und Bischof zu vermitteln. Am 2./3. Novem-
ber weilte Theodor Fabricius als hessischer Gesandter in
Münster. Den Landgrafen, einstigen Protektor der mün- 49

sterischen Reformation, suchten die Täufer wiederum für
sich zu gewinnen und erläuterten ihm ausführlich ihre
Theologie. Ihre Haupthoffnungen richteten sich jedoch
auf die Mission im Münsterland und in den Niederlan-
den. Ein Entsatzheer sollte aufgestellt werden und Mün-
ster von der Belagerung befreien. Durch den Verräter
Heinrich Graes, der sich in die Projekte des Königs
einweihen ließ, erfuhren jedoch die Belagerer die Einzel-
heiten der Pläne und ergriffen entsprechende Vorsichts-
maßnahmen.

Die Intensivierung des theologischen Kampfes und der
Propaganda ist an den nun entstehenden grundlegenden
61 Traktaten Rothmanns abzulesen. Die »Restitution oder
Wiederherstellung rechter und gesunder christlicher Leh-
re, Glaubens und Lebens«, deren Vorrede vom 10. Okto-
ber datiert, erlebte zwei Druckauflagen. Die Bücher wur-
den in das feindliche Lager geschossen und in die Nieder-
lande gesandt. Als Tod und Gefangennahme der 27
Apostel in Münster bekannt wurde, schrieb Rothmann
das noch im Dezember gedruckte Büchlein »Bericht von
der Rache«. Einen Traktat »Von der Verborgenheit der
Schrift, des Reiches Christi und von dem Tag des Herrn«
stellte Rothmann im Februar 1535 fertig. Der Druck
erlebte drei Auflagen. Rothmanns letzte Schrift »Von
irdischer und zeitlicher Gewalt« blieb wegen der Erstür-
mung der Stadt ungedruckt.

Im Frühjahr 1535 sammelten sich aufgrund der inten-
siven Werbung tausende niederländischer und friesischer
Täufer, um die Stadt zu befreien. Es gelang jedoch, sie
unterwegs aufzuhalten und zu töten. Das Oldekloster in
Westfriesland, das einige hundert Täufer besetzt hatten,
136 wurde am 7. April 1535 nach siebentägiger Belagerung
erstürmt. Auch in anderen niederländischen Städten, vor
allem in Amsterdam, kam es zu Unruhen.

Für die Stimmung in der Stadt bedeutete die Untätig-
keit der Belagerer eine schwere Belastung. Die Isolierung
drückte immer stärker auf die Stimmung und begünstigte
nicht zuletzt die Wünsche Dusentschurs nach einem
Auszug aus der Stadt, nach Aktivität. Nun mußte Jan
van Leiden die Täufer von der Misere ablenken und
Unterhaltung organisieren. Sein prächtiges Auftreten, die
131 Gelage des Hofstaates, seine Hofhaltung und die
117 Gerichtssitzungen vor seinem Königsthron sind vor die-
sem Hintergrund zu verstehen. Zum Jahreswechsel erließ
Jan van Leiden einen »Artikelbrief« als neues Grundge-
setz, das zwar vor allem zur Selbstdarstellung und Wer-
bung gedacht war, aber die veränderte Lage in der Stadt
beleuchtet. Die Autorität des Königs wurde festgeschrie-
ben; der Zwang verstärkt. Nach den Erfahrungen des Juli
und Oktober wurden Meuterei, Verstöße gegen die mili-
tärische Disziplin, »falsches« Prophetentum und Verdre-
hung des göttlichen Wortes mit dem Tode bedroht.
Während Handel um Geld weiterhin verboten war, ließ
man Tausch ohne List und Betrug auch mit der Außen-
welt zu, sofern der König ihn genehmigte.

Die Verknappung der Lebensmittel führte im Frühjahr
1535 zu einer Hungersnot in der Stadt. Während Augen-
zeugenberichten zufolge der Hofstaat noch Vorräte für
ein halbes Jahr besaß, berichtete im April 1535 ein
aufgefangener Bote aus der Stadt: »Der gemeine Mann, 137
Weiber und Kinder leiden großen Hunger und Kummer
und schreien und rufen auf der Gasse elendig, und man
habe in fünf Tagen kein Brot gegessen, sondern leben von
Gras und grünem Kraute aus dem Felde.«

Um von der Misere abzulenken, ließ Jan van Leiden
Volksfeste feiern, Tanzveranstaltungen im Rathaus,
Ringrennen, Ballspiele, Wettläufe und andere Sportwett- 109
kämpfe ebenso wie Manöver auf dem Domplatz durch- 110
führen, im Dom Spottmessen halten, schließlich einen 131
»Spieltag« am Donnerstag einrichten, an dem bisher
streng verbotene Karten-, Würfel- und Brettspiele betrie-
ben werden sollten. Die Befestigungswerke erfuhren eine
weitere Verstärkung; die beschäftigungslosen Verteidiger
begannen, Kirchen und leerstehende Häuser abzureißen.

Während Jan van Leiden immer wieder baldige Erlö-
sung verkündete, gestaltete sich die Lage von Woche zu
Woche, von Tag zu Tag hoffnungloser. Anfang April
1535 schloß sich endgültig der Belagerungsring um Mün-
ster und war damit unpassierbar. Gresbeck und andere 152
Bürger schrieben Briefe aus der Stadt und baten den
Bischof um Begnadigung, um fliehen zu können. Ange-
sichts des Hungers erlaubten die Täufer im April 1535
die Auswanderung, sie förderten sogar den Auszug nicht
wehrfähiger Menschen. Jan van Leiden behielt von sei-
nen Frauen nur die Königin Divara »und hat zu den
anderen Frauen gesagt, daß eine jede solle zu ihren
Freunden (= Verwandten) gehen, daß sie etwas zu essen
kriegten, wo sie konnten« (Gresbeck). Auch andere Wie-
dertäufer »behielten ihre erste Frau und ließen die ande-
ren Frauen zur Stadt ausziehen«. Männer, Frauen und

Kinder verließen Münster, durften jedoch nicht die Einschließungslinien der Belagerer passieren, sondern irrten wochenlang zwischen den Gräben umher. Die Männer wurden erschlagen, viele Frauen von Landsknechten mißbraucht. Am 28. Mai wurden 300 Frauen gefangen zum Haus Dyckburg gebracht, 14 von ihnen mit dem Tode gestraft, die übrigen begnadigt. Insgesamt verließen zwischen dem 22. April und 15. Juni 1535 mindestens 1500 Männer und Frauen mit vielen Kindern die Stadt, etwa 600–700 Männer fanden den Tod.

Nachdem die für Ostern (28. März) geweissagte Erlösung ausgeblieben war, mußte Jan van Leiden die Zwangsmaßnahmen zur Kontrolle der Menschen verschärfen. Niemand durfte über die aussichtslose Lage sprechen, Versammlungen waren streng untersagt. Am
138 3. Mai ließ der König zwölf ihm ergebene Männer zu Herzögen wählen und trug ihnen die Verteidigung der Stadttore und Schanzen auf. Sie sollten vor allem Verrat verhindern. Einem jeden wies er außerdem einen Landstrich im Heiligen Römischen Reich als Herrschaftsgebiet zu, um den Weltherrschaftsanspruch aufrecht zu halten. In diesen Wochen vor dem Fall der Stadt häuften sich auch die Hinrichtungen. Am 27. Mai schlug der
135 König sogar eigenhändig einer seiner Frauen, der Else Wantscherer, den Kopf ab, weil sie ihn scharf kritisiert hatte.

Utopias Ende

Am 23. Mai 1535 liefen der Schreiner Heinrich Gresbeck und der Landsknecht Hänsken von der Langenstraten zu den Belagerern über und boten bei Schonung ihres Lebens an, die Truppen des Reiches und des Bischofs in die Stadt zu führen. Der Verrat gelang. In der Nacht zum 25. Juni 1535 drangen 500 Landsknechte am Kreuztor in die Stadt ein. Am nächsten Morgen öffneten sie das Jüdefelder Tor und ließen die Hauptmacht ein. Nach heftigen Straßenkämpfen verbarrikadierten sich 300 Täufer in einer Wagenburg auf dem Domplatz. Als Jan van Leiden zum Aegidiitor flüchtete, zerstreuten sich die Täufer in ihre Häuser und versteckten sich; nur Heinrich Krechting und 24 Täufern, die die Wagenburg verteidig-
133 ten, gewährte der bischöfliche Oberst Johann von Raesfeld freien Abzug. Die zerstreuten Täufer wurden in ihren Häusern erschlagen. Jan van Leiden, Knipperdolling, Bernd Krechting und die beiden militärischen Befehlshaber Gerlach von Wullen und Christian Kerckerinck wurden gefangengenommen. Bernhard Rothmann, der Ende April schwer verwundet worden war, wird dem »großen Morden« der erbitterten Landsknechte zum Opfer gefallen sein, doch wurde sein Leichnam nicht gefunden. Angeblich lebte er später bei einem Edelmann in Friesland.

Am 25. Juni 1535 ging das münsterische Wiedertäuferreich in einem Blutbad unter. Zurück blieben Leichen und Ruinen. Am 27. Juni durfte niemand mehr getötet werden. Die überlebenden Männer und Frauen wurden zum Domplatz geführt, abgeurteilt und teilweise hingerichtet. Von den rund 3500 bis 4000 Frauen, die den Sturm überlebten, weigerten sich viele, der täuferischen Lehre abzuschwören. Am 7. Juli enthauptete man die
Königin Divara, die Frau und die Schwiegermutter 154
Knipperdollings als die Vornehmsten, die übrigen wurden ausgewiesen.

Von den gefangenen Anführern hatte man den Adeligen Gerlach von Wullen begnadigt, während der Erbmann Christian Kerckerinck am 27. Juli in einem Wald bei Dülmen verurteilt und enthauptet worden war. Die übrigen drei – Jan van Leiden, Knipperdolling und Bernd
Krechting – brachte man am 24. Juli von Horstmar und 157
Bevergern nach Haus Dülmen zum Verhör. In den Ver-
hören und den geistlichen Gesprächen, die der hessische 159
Theologe Corvinus mit den Gefangenen führte, blieben Knipperdolling und Krechting stur und unnachgiebig, während der gewandte Jan van Leiden Reue zeigte und für den Fall der Begnadigung die Zusammenarbeit mit der Obrigkeit anbot, um die Täuferbewegung zu entschärfen. Nachdem der ehemalige König zur Schau durch das Land geführt worden war, befand man die drei am
22. Januar 1536 in Münster des Aufruhrs und der Maje- 153c
stätsbeleidung für schuldig. Das vorgesehene Urteil, das sofort anschließend vollzogen wurde, lautete: Mit glü-
henden Zangen solle man ihnen das Fleisch vom Körper 158
reißen und sie dann erdolchen. Die Leichen wurden zur
Abschreckung in drei eisernen Käfigen am Turm der 160–164
Lambertikirche aufgehängt.

Der Fall Münsters bedeutete einen schweren Schlag für die Täuferbewegung, die sich nun wieder in den Unter-

grund gedrängt sah und zersplitterte. Die apokalyptischen Erwartungen blieben noch einige Jahre lebendig; die radikalsten Täufer unter dem Niederländer Jan van Batenburg versuchten bis zur Hinrichtung ihres Anführers (Februar 1538) durch Terrorakte, wie Kirchenraub und Brandstiftung, Gottes Zorn auf ihre Gegner herabzurufen, während eine andere einflußreiche Gruppe unter dem nach Oldenburg geflohenen Heinrich Krechting den Anbruch des Tausendjährigen Reiches für 1538 erwartete. Verschiedene aktive täuferische Untergrundgruppen wurden 1538–40 zerschlagen. Ihr Führer Heinrich
133 Krechting trat um 1543 in Ostfriesland zum reformierten Bekenntnis über. Die Rolle der Täufer in Westfalen war ausgespielt. In den Niederlanden hingegen, wo die Wiedertäufer als Volksbewegung eine stärkere Basis besessen hatten, übernahm der ehemalige katholische Priester Menno Simons das Erbe der enthusiastischen radikalen Gruppen. Die „Mennoniten" lehnten die apokalyptischen Anschauungen ab und forderten stattdessen die »Wiedergeburt« in der Glaubenstaufe, strikte Absonderung von der Welt und ein heiligmäßiges Leben der Menschen. Als friedliche Kirchengemeinschaft bestehen sie bis heute.

Restauration und Neubeginn

Nach dem Fall der Stadt mußte das Heer bezahlt und entlassen werden. Die Beute reichte dazu kaum aus, zudem verlangten die bisherigen Geldgeber, Reichsfürsten und Städte eine Entschädigung aus der Beute. Die Gesamtkosten der Belagerung werden auf eine halbe Million Goldgulden geschätzt, von denen das Reich 60 000 Gulden, Bischof und Stift den Rest aufbringen mußten. Mehr als die Hälfte davon waren als Schulden aufgenommen worden. Bis 1544 waren die Hauptgläubiger – Köln und Kleve – zu befriedigen; das Land hatte noch lange schwer daran zu tragen.

155 Das gesamte Eigentum der Wiedertäufer wurde beschlagnahmt. Die erhaltenen Listen ihrer Häuser geben
156 Einblick in die soziale Zusammensetzung der Bewegung. Den Bürgern, die bis Februar 1534 aus der Stadt geflohen waren, erlaubte man die Rückkehr. Sie erhielten ihre
154 Häuser zurück, mußten jedoch den Hausrat zurückkau-

Menno Simons (1496–1561)
Kupferstich von Romeyn de Hooghe, 1701
(Vgl. Kat. Nr. 187)

fen. Von August bis November 1535 leisteten 500 Heimkehrer dem Bischof den Treueid.

Franz v. Waldeck suchte nach seinem Sieg die Herrschaft über die Stadt zu sichern. Er ernannte einen Statthalter, der für ihn regierte, und ließ am Ein- und
Ausfluß der Aa die modernen Bollwerke »Neuwerk« und 178
»Zwinger« zu Festungen ausbauen. Gegen die Versuche der Reichsstädte und evangelischen Fürsten, in Münster wieder die evangelische Predigt zuzulassen und die alten Selbstverwaltungsrechte zu erneuern, setzte der Bischof seine Herrschaftsansprüche durch. Am 30. April 1536

trat die neue Stadtordnung in Kraft, die Gilden blieben
verboten. Am 4. Mai ernannte der Bischof einen neuen
Rat – je zwölf Erbmänner und Honoratioren – und ließ
sich huldigen.

Doch bald regte sich wieder das Selbständigkeitsstre-
98 ben Münsters. Noch 1536 ließ man neue Siegel nach dem
Vorbild der alten stechen. Am 29. Januar 1537 besiegelte
175 die Stadt gemeinsam mit Bischof, Domkapitel und Rit-
terschaft eine Urkunde. Indem sie am gleichen Tag die
Zustimmung zur neuen Stadtordnung verweigerte, erhob
sie jedoch den Anspruch auf die alten Privilegien.

In religiöser Hinsicht kehrten die Münsteraner zum
174 alten Glauben zurück. Die Kirchen wurden so aufgebaut,
wie sie vorher bestanden hatten; am 2. Dezember 1537
konnte der Dom neu geweiht werden. Die Restauration
ist im künstlerischen in der bewußten Anknüpfung an
frühere gotische, eigentlich überholte Formen, bis heute
nachvollziehbar. Die Ausschmückung der Kirchen mit
Statuen, Altären und anderen Kunstwerken beschäftigte
noch jahrzehntelang Goldschmiede, Maler und Bild-
hauer. Hermann tom Ring ragt unter ihnen hervor. 173

Die Rückkehr zum katholischen Glauben lag nicht in
der Absicht Franz v. Waldecks, der viel lieber in seinen
Landen die Reformation durchgeführt hätte. Vor allem
das Domkapitel aber lehnte die von ihm beabsichtigte
Säkularisierung, die Umwandlung des Stiftes in das welt-
liche Fürstentum Franz von Waldecks ab. Die Auseinan-
dersetzung mit den katholischen Kräften bewog den
Bischof, in dem »Restitutionsedikt« vom 5. August 1541
der Stadt viele Freiheiten zurückzugeben. Er wollte sie
damit für seine Politik gewinnen. Kurz vor seinem Tode
ließ er am 17. Mai 1553 sogar die Gilden und die freie 176
Ratswahl wieder zu. In dem weiteren stadtgeschicht- 177
lichen Rahmen ist dadurch die Wiedertäuferzeit und die
nachfolgende Abhängigkeit vom Bischof politisch Epi-
sode geblieben; erst 1661 setzte Christoph Bernhard von
Galen die bischöfliche Herrschaft endgültig durch. Reli-
giös hingegen bedeutete die Wiedertäuferzeit das Ende
der Reformation. Münster wurde katholisch.

Das Münsterische Täufertum, sein Wesen und seine Verwirklichung

Robert Stupperich

I Apokalyptik und Ekstase

Das Zeitalter, in dem die Verkündigung täuferischer Kreise im deutschen Volk Wurzel faßte, war von Erschütterungen und Erregungen aller Art erfüllt. Schon die politischen Ereignisse, die Einfälle der Türken und die Kriege mit den westlichen Nachbarn haben das Volk immer aufs neue erzittern lassen. Nachklänge der Grausamkeiten, die im Verlauf der Türkenkriege sich ereigneten, sind in den Briefen und Schriften dieser Jahre nicht zu überhören. Waren solche Ereignisse dem Ablauf in der Natur vergleichbar oder waren sie mit dem Geschehen in Verbindung zu bringen, das die Bibel als Vorzeichen des Endes dieser Welt bezeichnete?

Die Bibelleser jener Zeit, geübte und ungeübte, ließen sich durch das Zeitgeschehen bestimmen zu glauben, das Ende der Welt sei nahe. Die Weissagungen des Buches Daniel von den vier Monarchien und die Bilder der Offenbarung Johannis bestärkten die Menschen in ihrer Überzeugung, daß die Zeit gekommen sei, in der Gott seine Zornesrute über die Völker schwinge. Sie erlebten bereits den Abend der Welt und sahen sich vor das letzte Gericht Gottes gefordert. Während einige wenige auf den „lieben jüngsten Tag" warteten, lastete auf anderen die Vorstellung vom Ende.

Erbauungsbücher, die auf ein seliges Ende vorbereiten sollten, sparten nicht mit Darstellungen der Hölle und des Fegefeuers. Die bildende Kunst jener Tage trug dazu bei, die Angst der Menschen zu vermehren. Hieronymus Bosch setzte selbst nüchterne Menschen in Schrecken. Meister Mathis Grünwald ließ auf dem Isenheimer Altar ekelhaftes Gewürm den Menschen bedrängen. Die ganze Welt wurde unheimlich. Totentänze wirkten auf die Menschen nicht nur beruhigend, zur Gelassenheit dem Tode gegenüber, sondern aufregend und erschütternd, weil hinter dem Tode der Richter stand. Albrecht Dürer faßte gleichsam das Empfinden der Zeit, seine Erwartungen und seine Befürchtungen zusammen, als er seine Darstellungen nach der Offenbarung Johannes gestaltete.

Bildende Kunst, Erbauungsvorschriften und Tagespublizistik spiegeln wider, was sich im Volke, in seinem Gemüte und seinen Gedanken tat. Die Erwartungen, mit denen das Volk der Zukunft gegenüberstand, waren weit gespannt. Von hier aus gesehen ist es berechtigt, die große Wende vom späten Mittelalter zur sich anbahnenden neuen Zeit als »das apokalyptische Saeculum« zu bezeichnen. Ein Schriftsteller wie Sebastian Franck, der mit einfachen Menschen aufs stärkste verbunden war, der ihr Denken und Hoffen kannte, ebenso wie ihre Sorgen und Ängste, ist diesen Erscheinungen nachgegangen und hat in seiner »Geschichtsbibel« viele Nachrichten darüber überliefert. Was das Volk seit der Erhebung der Bauern erlebte, Mißwuchs und Hungersnot in den Jahren 1529 und 1530, Kriege und Erregungen aller Art, alles dies war nicht spurlos an ihm vorbeigegangen. Sebastian Franck konnte selbst sich dem Eindruck nicht entziehen, daß sich etwas Gewaltiges zusammenbraute. Thomas Müntzer war noch in aller Erinnerung, der möglicherweise die hussitische Bewegung mit ihren ekstatischen Erscheinungen und apokalyptischen Ausfällen in sich aufgenommen hatte. Hans Hut hatte unlängst verkündigt, daß der Jüngste Tag in 42 Monaten komme und sie (die eschatologischen Schwärmer) dann mit Christus auf Erden regieren würden. Gerade in Täuferkreisen schenkte man solcher Verkündigung leicht Glauben, in Oberdeutschland eher als im Norden. Aber auch im Nordwesten sind solche Neigungen festzustellen. In diesen Kreisen mit ihrer gespannten Phantasie fiel jeder Hinweis auf die in der Offenbarung Johannis geschilderten Katastrophen auf fruchtbaren Boden.

Zeichen der Zeit

Himmelsbewegungen und ungewöhnliche Naturereignisse wurden von phantasiereichen Astrologen für ihre Gegenwart ausgedeutet, das Auftreten von Mißgeburten und merkwürdigen Erscheinungen wurde der Öffentlichkeit kundgetan. Auch Luther und Melanchthon zahlten in dieser Beziehung ihrer Zeit den Zoll. Andere gingen von der sozialen Not aus. Thomas Müntzer schrieb kurz vor Ausbruch des Bauernkrieges an Melanchthon, er möge nicht zögern, der Sommer stände vor der Tür. Wenn Luther an den Türken dachte, sah er ihn vor sich als einen Drescher, der mit seinem Dreschflegel auf die christlichen Völker einschlug. Daß das Reich gegen die Türken nichts ausrichtete, erklärte sich Luther in der Weise, daß die widerchristliche Macht gegen Christus und die Seinen wütete. Dieser Kampf findet an der Grenze von Zeit und Ewigkeit statt. Und wo überirdische Mächte im Kampf liegen, können weltliche Mächte nichts ausrichten. Wie Luther dachten viele seiner Zeitgenossen. Sie hofften, daß Christus schließlich den türkischen Erzfeind zerschmettern würde. Im Chronicon Carionis, das Melanchthon 1532 herausgab, stand zu lesen: Elias habe zwar geweissagt, daß die Welt 6000 Jahre bestehen werde, aber Gott kürze diese Zeit um unserer Sünden willen ab, »Gott eilet zum End«. Die innere Zerrüttung mancher alten Reiche ist ein Zeichen eigener Art, »Die Welt ist wie ein groß Gebew, das da reißet und fallen will, und fällt hier und da eine Wand, dann dort eine. Also schickt sich nu die Welt auch zum Fall.«

Dachte Luther an den Jüngsten Tag, so rief er zu Buße und Gebet auf. Anders die Schwärmer. Der schwäbische Kürschner Melchior Hoffman, der als enthusiastischer Verkünder apokalyptischer Gedanken jahrzehntelang durch die Lande zog, wobei er Livland, Schweden, Dänemark und die Nordseeküste bis nach Holland besuchte, legte die Weissagungen der Bibel im Sinn eines kurz bevorstehenden Ereignisses aus. Nach Melchior Hoffman liefe das Weltgeschehen seinem Ende zu, wie es beim Propheten Daniel zu lesen sei. Bei seiner Verkündigung horchten Menschen, die in gespannter Erwartung der Dinge, die kommen mußten, lebten, auf. Friesische und holländische Handwerksleute, Holzschuhmacher und Schneider trugen diese Botschaft durch das Land. Die Verkündigung klang einfach, klar und biblisch. Haltet aus, bald ist die Zeit der Trübsal vorbei. Gottes Gericht ergeht schon über die Welt. Dann aber kommt das Heil. Wer überwindet, für den bricht die Zeit der Gnade an, wer aber widersteht, wird untergehen, wie Pharao im Roten Meer.

Es ist tragisch gewesen, daß ein so vorsichtiger Gelehrter wie Erasmus von Rotterdam, dem alles an Maßhalten, an Eintracht und Frieden gelegen war, bei vielen Anschauungen der Schwärmer Pate gestanden hat. Hatte er in seinem »Enchiridion militis christiani« ausgesagt, daß es zum besseren Verständnis des mit sieben Siegeln verschlossenen Bibelbuches des Schlüssels Davids (Off. Joh. 3,7) bedürfe, so hatte er auch auf die für diese Enthusiasten entscheidende biblische Anschauung hingewiesen, daß am Ende der Tage eine Wiederherstellung von allem, eine »Restitution« eintreten werde (Apg. 3,21).

Seit 1530 finden sich diese Gedanken bei Melchior Hoffman. Neben dem Restitutionsgedanken stehen bei ihm die alttestamentlichen Anschauungen vom Bund, aber auch, wie bei Thomas Müntzer, vom Bann, von der Vernichtung der Gottlosen. Wenn das Tausendjährige Reich von oben herabkommt, dann werden die 144 000 Auserwählten ihm entgegenziehen: Dann werde dort das »Panier der Gerechtigkeit« aufgerichtet werden.

Michael Stiefel, einer der bekanntesten Mathematiker und Astrologen seiner Zeit, teilte der erschrockenen Welt in seinem »Rechbüchlein vom End Christi« im Jahre 1532 mit, daß am 19. Oktober 1533 das Ende der Welt bevorstünde. Dieses Datum hatte er aus Zahlen im Buche Davids und in der Offenbarung Johannis zusammengereimt. Viele glaubten seiner Weissagung, von der Michael Stiefel selbst fest überzeugt war. Viel Volk strömte an diesem Tage auf der Lochauer Heide zusammen. Als der Kuhhirt ins Horn stieß, meinten viele, die Posaune des Jüngsten Gerichts zu hören. Es geschah aber nichts, außer daß Michael Stiefel festgenommen wurde.

Phantasie und Wirklichkeit

Diese Weissagungen hatte auch Melchior Hoffman aufgegriffen und erwartete in Straßburg ihr Eintreffen. Er war von ihrer Unrichtigkeit nicht abzubringen und ließ sich in Erwartung des baldigen Weltendes in Straßburg in den Turm sperren, den er bis zu seinem Tode 1543 nicht mehr verlassen sollte. Seine holländischen Anhänger nahmen indessen seine Ansichten auf und suchten für ihre Verwirklichung zu wirken. Hatte Melchior Hoffman zuletzt eine Wartezeit einlegen wollen, so stellte sich der Bäcker Jan Matthys aus Haarlem nun an seine Stelle, erklärte sich für den Propheten Henoch und nahm tatkräftig die Verbreitung der apokalyptischen Gedanken und zugleich die Aufnahme in den Bund durch die Taufe auf.

In den ersten Januartagen des Jahres 1534 kamen seine Boten, der Buchbinder Bartholomäus und Willem de Kuiper mit ihrer Botschaft nach Münster. Als sie nach wenigen Tagen weiterzogen, hatten sie nicht nur die Mehrzahl der Prediger von der Richtigkeit ihrer apokalyptischen Verkündigung überzeugt, sondern auch die meisten von ihnen wiedergetauft. Nun war die Bahn für Jan Matthys, den Bäcker aus Haarlem, frei. Als dieser finstere Prophet im Februar 1534 selbst nach Münster kam, um das Regiment in der von seinen Anhängern besetzten Stadt zu übernehmen und das Reich Zion zu errichten, da offenbarte er zuerst seine ekstatische Art. Er lief wie ein Besessener durch die Straßen und stieß schreckliche Bußrufe aus. Es sollte die große Scheidung zwischen den Erwählten und den Verworfenen vollzogen werden. Alle Bürger von Münster, die nicht mit den Täufern zusammengehen wollten, wurden für »Gottlose« erklärt. Der »Prophet« wollte sie nach alttestamentlichem Beispiel alle »bannen«, d. h. töten lassen. Nur mit großer Mühe hatte der Bürgermeister Knipperdolling den Wahnsinnigen von seinem Vorhaben abbringen können. An die Stelle der Todesstrafe sollte die Ausweisung treten. Am 27. Februar wurden diese Bürger, denen alles fortgenommen war an Hab und Gut, bei Wind und Wetter aus der Stadt hinausgejagt.

Als Jan Matthys bei einem Ausfall aus der inzwischen von bischöflichen Truppen belagerten Stadt seinem Wahnsinn zum Opfer gefallen war und der Schneider Jan Beuckels aus Leiden, genannt Jan van Leiden, der schon vor ihm nach Münster gekommen war, an seine Stelle trat, ist das Regiment der Täufer keineswegs milder geworden.

Aufrichtung des Reiches

Die ungewöhnliche Zeit mit ihren gespannten Erwartungen ließ in diesen Menschen auch hohes Sendungsbewußtsein aufkommen. Brach das in der Apokalypse verheißene tausendjährige Gottesreich auf Erden an, so mußte auch der Gesalbte Gottes, der dritte David kommen, der den Erdkreis regieren sollte. Als solchen gab sich Jan van Leiden aus, sobald er in Münster die Macht in der Hand hatte. Maßloses Selbstgefühl und Vertrauen auf das Eintreten des geweissagten Gottesreiches ließen ihn aufs Ganze gehen und sich auf keine Bedingungen oder Verhandlungen einlassen.

Dem landfremden Propheten würde es nicht so leicht gefallen sein, so viel Volk in Münster für sich zu gewinnen, wenn ihm nicht der wort- und schriftgewandte Bernhard Rothmann geholfen hätte. Es wird nicht zu entscheiden sein, aus welchen Motiven der einstige Kaplan von St. Mauritz zu den Täufern übertrat, ob ihn sein Ehrgeiz oder eine ehrliche Überzeugung trieb. Wie er das Volk emotional mitzureißen vermochte, berichtet der Schreiner Gresbeck. Die Mehrheit seiner Zuhörer und Anhänger bestand aus Frauen; es waren Patrizierfrauen wie auch einfache Frauen. Selbst Ordensfrauen vermochten seiner eindringlichen Verkündigung nicht zu widerstehen. Scharen von Chorfrauen aus dem Ägidienkloster und aus dem adligen Stift zu Überwasser ließen sich von Rothmann bereits am 11. Januar 1534 taufen. Die Äbtissin Ida von Merveldt berichtete dem Bischof, daß sie jede Gewalt über ihre Jungfrauen verloren hätte; diese kamen und gingen, wann sie wollten und viele von ihnen benahmen sich wie Rasende.

Rothmann hat nicht nur in seinen Predigten, sondern auch fortlaufend in Traktaten die neue Wirklichkeit begründet, die Wiederherstellung der Gottesordnung. Das Volk wurde aufgerufen, von der Rechtmäßigkeit der neuen Maßnahmen überzeugt zu sein, Glauben an die überweltlichen Geschehnisse zu haben und sich zu großen Anstrengungen aufzuraffen. Wenn in seinen Schriften bisweilen der friedliche Täufergeist der Wassenberger Prädikanten noch mitschwang, so war es jetzt doch ein neuer enthusiastischer und aggressiver Geist, der seinen Anspruch geltend machte. Das neue Sendungsbewußtsein forderte auch Taten.

Um den Anbruch des Gottesreiches in Münster zu verkündigen, wurden im Oktober 1534 28 der führenden Täufer in alle vier Winde ausgesandt. Mochte es auch sein, daß Jan van Leiden sich dieser einflußreichen Männer entledigen wollte, so ist doch wichtig zu bemerken, daß sie diese Mission, zu der sie ausersehen wurden, ohne Widerspruch hinnahmen. Es ist ein Zeichen dafür, daß sie von der apokalyptischen Zeitlage und vom begonnenen Geschehen überzeugt waren. Diese Apostel sind freilich nicht weit gekommen: in Coesfeld, Warendorf, Soest und Osnabrück war ihre Missionsreise zu Ende. Mit einer Ausnahme bezahlten sie alle ihre Leichtgläubigkeit mit dem Tode.

Erwartung des Gottesgerichtes

Auf diese Kunde hin erwarteten die in Münster eingeschlossenen Täufer erst recht das Gottesgericht. Sie predigten und redeten der Menge ein, Gott werde sich an den »Gottlosen« rächen und ihnen beweisen, daß sein starker Arm die neue Ordnung doch durchsetzt.

In diesem Zeichen stehen die Aufrufe, die die Täufer an ihre Gesinnungsgenossen jetzt richteten; sie sollten nach Münster kommen, um dem drohenden Gericht zu entgehen. Rothmann aber schrieb die Schrift »Von der Wrake« (Von der Rache).

Die Täufer wußten die Weltuntergangsstimmung weiter Kreise für sich auszunutzen. Ihr Sendungsbewußtsein setzte sich weithin durch. In den Mauern der Stadt hielten sie ihre Versammlungen meist des Nachts. Es wurden enthusiastische Reden gehalten, die am Alten Testament orientiert waren. Rothmann hatte klargemacht, daß das Alte Testament für das Verständnis der Zeit ausreiche, wenn es »geistlich« verstanden wurde. Bei der von Spannung geladenen Atmosphäre zündeten selbst naive Prophezeiungen: Die Taufe würde mit dem Geistempfang verbunden. »So pflegten«, erzählte Gresbeck in seiner schlichten Weise, »Männer und Frauen auf den Straßen tagsüber hin und her zu gehen und waren wie besessen vom Geist«. Sie sahen auch wie Besessene aus: Die einen tanzten, die anderen lachten in sich hinein und »waren nicht recht bei Verstand«. Es gab unter ihnen solche, denen das Herz aus Liebe brechen wollte, »so grote bangigkeit hedden sie von binnen«. Die Bußrufe hörten nicht auf. Immer die gleichen Worte stießen die durch die Straßen laufenden Täufer aus: Tut Buße! Bessert euch! Gott wird euch strafen! Es waren nicht nur Holländer und Friesen, auch Einheimische standen oft auf den Straßen und Plätzen und schrien bis zur Heiserkeit: Buße, Buße! Angefangen hatte damit Heinrich Roll, dann tat auch Knipperdolling dasselbe. Wer noch nicht mit dem Zeichen des Bundes gezeichnet sei, sollte Buße tun. Vernünftige Menschen wurden hier von der Raserei ergriffen. Wie solches möglich war, blieb den meisten ein Rätsel. Sie konnten sich den Vorgang nicht erklären und glaubten an Hexerei.

Die vom Geist Ergriffenen begannen zu predigen, unter ihnen auch Frauen und Mädchen. Wenn die Ekstase nachzulassen begann, kamen andere und erregten die Menge von neuem. Der Schneider Georg vom Berge soll gerufen haben: »Seht nach oben, ihr Männer, liebe Brüder! Sehet hinauf und hebet den Kopf hoch. Ich sehe Gott in seiner Glorie in den Wolken sitzen und die Siegesfahne in der Rechten tragen. Wehe euch, Gottlose! Gott wird seine Tenne fegen und im Spreu mit unauslöschlichem Feuer verbrennen. Wenn ihr der Strafe Gottes entgehen wollt, nehmt das Zeichen des Bundes an!« Dabei reckte er sich bald nach oben, bald fiel er auf die Erde und wälzte sich im Staube. Auch Knipperdolling redete in abgerissenen Sätzen mit Schaum vor dem Munde. Es waren nur wenige, die sich abwandten, viele ließen sich durch sie unsicher machen oder gar gewinnen.

Als es zum Kampf der Parteien kam, standen hinter den Täufern die Antreiber, die schrien, der Vater im Himmel lasse sie nicht im Stich, der Sieg sei bereits ihr. Ekstatische Frauen riefen, sie sähen Scharen von Engeln in den Wolken kommen, bereit, ihnen beizustehen. Andere sangen ihre Lieder, das neue Jerusalem komme vom Himmel herab, Feuer von blauer und schwarzer Farbe verbreite sich und bedecke die ganze Stadt, und über dem Feuer erblickten sie einen Reiter auf weißem Pferde.

Ob die Visionen echt oder vorgegeben waren, danach hat niemand gefragt. Wer in dieser Situation von Offenbarungen und Gesichten sprach, konnte auf Glauben rechnen. Wundersüchtig und betört, wie die Menschen waren, wurden sie von ihren Propheten hingerissen, folgten ihnen in törichtem Wahn oder um eine Rolle zu spielen, die ihnen nun zufiel. Daher haben so viele Bürger in Münster mitgemacht und alle Hindernisse weggeräumt, um den Propheten wirken zu lassen.

In Erwartung der prophetischen Ereignisse blickten die Menschen täglich zum Himmel, ob sich die Erscheinungen der letzten Tage schon ankündigten. Auf den Plätzen der Stadt lagen die zugewanderten Täufer, sahen in die Luft, beteten laut und sangen. Wenn dann einer rief: »Wat een groet fuer, dat ick in der Lucht segge«, dann meinten auch die anderen, es zu sehen. Selbst nach auswärts wurde berichtet, daß sich solche Zeichen, die das nahe Ende ankündigten, schon gezeigt hätten.

Von Knipperdolling wird berichtet, daß er am hellichten Tage durch die Straßen ging und rief: »O, Vader, Vader, gief, gief! ... und sach in die lucht und hatt ein bister gestalt an sick, anders nich, wo dat er unsinnigk were.« Ob er das Zweite Gesicht besaß, wissen wir nicht. Bei einem nächtlichen Rundgang sah er Feuer vor der Stadt. Als sich eine Menge um ihn sammelte, begann er seine Gesichte zu deuten. In der Luft meinte er die Städte zu sehen: Straßburg, Deventer und Münster. Die herrliche Gottesstadt sollte Münster werden, Straßburg und Deventer ihm helfen. In den drei genannten Städten sollte sich das Gottesvolk sammeln. Als das neue Israel sollte es sich unsträflich und heilig erzeigen. Alle Sünden sollten ausgerottet und das volle Heil Gottes der ganzen Welt sichtbar gemacht werden.

Vermutlich waren auch die holländischen Propheten Visionäre. Von Jan Matthys gilt es noch eher als von Jan van Leiden. Letzterer berichtete später im Verhör, er hätte schon gleich im Anfang im Hause Knipperdollings die Vision gehabt, daß der Prophet Jan Matthys von einem Mann durchbohrt wurde, der zu ihm sagte, er solle vollenden, was Jan Matthys angefangen hätte, und solle dessen Weib zur Ehe nehmen. Davon hätte er gleich Knipperdolling berichtet. Dieser stellte aber seine Aussage in Abrede. Jeder von ihnen wollte selbständig sein und nichts mit anderen vereinbart haben.

Der Fanatismus feierte nun Triumphe. Wer in der Stadt zurückblieb, mußte sich taufen lassen. Vor der Taufe mußten erst die Männer, dann die Frauen auf dem Domplatz kniend laut beten, daß Gott ihnen Gnade gebe, an der bereiteten herrlichen Zeit teilzunehmen. Durch die Spannung mürbe gemacht, in der die Entscheidung fiel, ob sie angenommen und in der Stadt bleiben würden oder nicht, waren sie zu allem willig. An Offenbarungen und Gesichte glaubten alle diese Menschen, selbst wenn diese mit Gewalt und Grausamkeit verwirklicht wurden.

Als Typus des dämonischen Menschen, der seiner selbst nicht mehr mächtig in Ekstase handelt, steht Jan Matthys da. In seinem prophetischen Selbstbewußtsein ging er bis zum Äußersten. Ihn hielt es nicht, gegen eine Schar von Landsknechten anzugehen. Wie ein Gideon wollte er ihnen entgegentreten und sie überwältigen, ohne daran zu denken, daß er dabei sein Leben verlieren könne.

Die Autorität des Propheten mußte Geltung haben. Widerspruch oder Kritik kann der Prophet nicht dulden. Ist er von Gott gesandt, hat er seinen Auftrag unmittelbar von Gott, dann ist sein Handeln immer recht. Der Widerspruch trug gleich die Anklage ein, den Geist Gottes gelästert zu haben. Dann ließ der Prophet den Schuldigen in den Kreis kommen und vollzog selbst das Strafgericht. Indessen lag das Volk auf den Knien. Viele ihrer Gegner haben die Propheten in Münster mit eigener Hand getötet. Unter diesen waren Bürger und Landsknechte, solche, die zuerst mit den Täufern gegangen waren, und andere, die den Widerspruch von Anfang an im Innern trugen. Nicht wenige meinten, die Propheten wollten so lange prophezeien, »dat sie uns wollen umb den hals brengen, und sie moegen wol ein duvel int lief hebben«. Nur mit größter Strenge haben die Anführer der Täufer in Münster ihre Stellung behaupten können. Da ist nichts mehr von brüderlicher Gemeinschaft zu spüren gewesen, sondern nur Tyrannei. Selbst für jene harte Zeit sind die Maßnahmen der Regenten von auffallender Grausamkeit. Da wurde kein Gerichtsverfahren eingeleitet, sondern auf der Stelle die Bestrafung mit Schwert, Hellebarde oder Büchse vollzogen.

Auf welches Vorbild sollte sich das neue Gottesreich der Täufer beziehen? Sollte es die urchristliche Gemeinde mit ihrer in der Apostelgeschichte beschriebenen Haltung sein oder sollte es das Reich des wiederkehrenden Königs David, des »Königs der Gerechtigkeit« sein? Die Haltung der Urgemeinde war bald vergessen, ihr wurde nur die Gütergemeinschaft entnommen. Für das 1000jährige Reich blieb nur das andere Vorbild übrig, das der Eroberung des gelobten Landes, untermalt mit Bildern aus apokalyptischen Schriften.

II Die Errichtung des »Neuen Jerusalem« in Münster

Das Täufertum ist keine örtliche Erscheinung, die sich nur auf vereinzelte Gemeinden beschränkt. Es ist eine große Bewegung, die in verschiedene Ströme auseinandergeht. Wir haben nur wenige Beispiele dafür, daß es den Täufern gelungen ist, Städte und Landschaften unter ihren Einfluß zu bringen und eine Herrschaft nach ihren Anschauungen aufzubauen. Aber auch solche hat es gegeben. Zu nennen sind zunächst: Waldhut bei Schaffhausen und Nicolsburg in Mähren. Das sind zeitlich die frühesten Beispiele, die uns deutlich machen, wie das Täufertum sich in friedlicher Atmosphäre entfaltet und welche Gemeinschaftsformen es in den 20er Jahren des Reformationsjahrhunderts entwickelt hat. Aber diese Beispiele werden in den Schatten gestellt von dem einzigartigen Versuch in der Geschichte, das Tausendjährige Reich vorwegzunehmen, von der Errichtung des Königreichs Zion in Münster in Westfalen. Bekanntlich hat der Kürschner Melchior Hoffman das Herabkommen des himmlischen Jerusalems und den Beginn des Tausendjährigen Reiches für Straßburg angekündigt. Aber dort ereignete sich nichts. Das Stadtregiment Straßburgs, dieser damals größten deutschen Stadt, war fest. Es steckte den Unbelehrbaren in den Turm. Hoffmans holländische Anhänger proklamierten darauf Münster zum Mittelpunkt der Welt.

Bevor die Eigentümlichkeiten des münsterischen Täufertums geschildert werden können, bedarf es der Klärung einiger Vorfragen. 1. Wie setzte sich das münsterische Täufertum zusammen? 2. Wie gelangte die Stadt Münster in die Hand der Täufer? Erst dann können Motive und Maßnahmen bezeichnet werden, die deutlich machen, wie diese Stadt zum täuferischen Zion geworden ist.

Die Aufrichtung des Königreiches Zion im westfälischen Münster ist eines der merkwürdigsten Ereignisse des ganzen 16. Jahrhunderts. Die Zeitgenossen standen wie gebannt vor diesem Geschehen und suchten nach einer Erklärung. Während die einen von Teufelei sprachen, hat Sebastian Franck, der in seiner »Weltchronik« sich ausführlich mit dem Münsterschen Aufruhr beschäftigte, eine natürliche Antwort auf diese Frage zu geben versucht. Franck ist auch derjenige, der auf die zugrundeliegenden Motive eingeht, die zu diesem »wunderseltsam Ding« geführt haben. Untersucht man die Zusammenhänge, »wie alle Welt durchs Schwert, Probfeuer und Rauchwerk geläutert und verändert werden mußte«, so kommt man nach Sebastian Franck auf die einfache Auskunft, daß die Täufer sich nach alten Zeugnissen gerichtet hätten, vor allem nach den »Figuren des ganzen Moses«. Bisher sei Esaus Zeit gewesen, »darum die Gerechtigkeit geschwiegen und die Heiligen leiden mußten«. Nach der Zeit des Kreuzes komme aber die Zeit der Erlösung und Restitution. Der große Tag des Herrn stehe bevor. Zuvor müßte aber der Antichrist fallen und den Gottlosen das Böse vergolten werden. Dann erst werde Christus sein Reich aufrichten.

Sebastian Franck spricht von einer »Fantasey«, der diese »armen Leute« nachjagen. Sie hätten selbst einsehen müssen, daß Prophezeiungen, die nicht in Erfüllung gehen, nicht von Gott stammen. Nun beriefen sie sich aber auf göttliche Offenbarungen und Gesichte, sie hätten einen Mann mit goldener Krone, mit einer Rute in der Hand in den Lüften gesehen, der hätte ihnen das Schwert gegeben. Einen anderen hätten sie in der Luft gesehen mit blutigen Händen. Dieses Bild hätte sie abschrecken müssen, denn jedem erscheint nur das Gesicht, sagt Franck, »wie er diß (zu) vor in sich selbst hat". Sie aber legten das Bild so aus, als gebe ihnen Gott den Auftrag, Gericht und Strafe an ihren Mitmenschen durchzusetzen.

Wer sind nun diese Phantasten gewesen, von denen Sebastian Franck hier berichtet? Auch ihm mußte es bekannt sein, daß Münster eine der größten norddeutschen Städte war, damals ca. 10 000 Einwohner hatte und zu den einflußreichsten Hansestädten gehörte, deren Handel bis nach Brabant, ins Elsaß und in die Schweiz auf der einen, bis nach Skandinavien und Livland auf der anderen Seite reichte. Eine Stadt, von erfahrenen und weitgereisten Kaufherren regiert, sollte aller Nüchternheit zum Hohn sich von Enthusiasten überwältigen lassen.

Wenn die Täufer nur aus zugezogenen Holländern und Friesen bestanden hätten, dann hätten sie wohl die Stadt nie in ihre Hand bekommen. Selbst wenn die Wohlhabenden und Einflußreichen die Stadt verlassen hatten, waren noch so viele übriggeblieben, daß die Eindringlinge keinen Einfluß hätten bekommen können. Freilich wollten sie mit Gewalt vorgehen, wie sie es von Thomas Müntzer gelernt hatten.

Selbst wenn der größte Teil dieser Täufer aus dem Ausland gekommen wäre, so hätte die einheimische Bevölkerung noch immer die Überhand und brauchte sich nicht von Fremden vergewaltigen zu lassen. Der Fehler der Bürger war der, daß sie zu sehr von eigenen Interessen sich leiten ließen. Hätten sie weniger auf eigene Vorteile geblickt und hätten sie mehr Bürgersinn entfaltet, sie brauchten sich nicht von Abenteurern an den Rand des Abgrunds bringen zu lassen. Bis auf wenige Ausnahmen sind Bürger nicht in den Kampf mit den Täufern eingetreten, sondern haben das Weite gesucht oder haben sich diesen sogar unterworfen.

Sehen wir die Listen der Täufer durch, so stellen wir fest, daß die Zahl der Holländer und Friesen gar nicht besonders groß war. Die während der Belagerung der Stadt vom März 1534 bis Juni 1535 aus den Niederlanden gerufenen Täufer haben meist ihr Ziel nicht erreicht, sondern wurden schon unterwegs ausgehoben. Der Zuzug bestand zum größten Teil aus dem Münsterland oder vom Niederrhein.

Aber ausschlaggebend müssen die eingesessenen Einwohner Münsters gewesen sein, die um ihres Besitzes willen in der Stadt blieben. Wenn Justinian von Holtzhausen aus dem Belagerungslager schreibt, das Gefolge des »Königs« bestand aus »eitel fremdem hineingenommenen Volk, Holländern, Livländern (!) und dergleichen armen verlorenen Buben«, so ist diese Mitteilung viel zu ungenau. Als später der König 12 Herzöge bestellte, da nahm er lauter Männer aus Münster und aus Westfalen.

Die Bürger der Zionsstadt

Nur die Führung lag in der Hand der Holländer. Und das war ausschlaggebend. Der Haarlemer Bäcker Jan Matthys und der Schneider Jan van Leiden hatten die täuferisch gesinnten Prediger für sich gewonnen. Wie war es möglich? Ein einzigartiger Fall! Prediger, die Einfluß behalten wollten, schlossen sich den Täufern aus dem Handwerkerstande an und unterstellten sich ihren Weisungen.

Als die wohlhabenden Bürger die Stadt fluchtartig verlassen hatten, schickte der Prediger Rothmann in die umliegenden Städte Boten mit der Aufforderung, nach Münster zu kommen. In seinem Brief an die Wiedertäufer in Osnabrück, Soest und den anderen westfälischen Städten hieß es: Gott hätte zwei Propheten nach Münster geschickt, Männer von besonderer Heiligkeit, die das Wort Gottes mit unglaublicher Beredsamkeit und Lieblichkeit lehrten. Wer für sein Heil sorgen wolle, müsse jetzt ins heilige Jerusalem zum wahren Tempel Salomons kommen. Außer den himmlischen Gütern würde ihnen an irdischen Gütern auch nichts fehlen. Dasselbe predigten die ausgesandten Boten. Sie verbreiteten einen Himmelsbrief. Dieser hatte folgenden Wortlaut: »Freude und Friede ist den Kindern Gottes beschieden, denn ihre Erlösung ist vor der Tür. Liebe Freunde, ihr sollt wissen und als ein Wort erkennen, was uns von Gott geschehen ist, daß ein jeder sich aufmache zum Zuge nach dem neuen Jerusalem, der Stadt der Heiligen. Denn Gott will die Welt strafen. Jeder sehe zu, daß er durch Unachtsamkeit nicht dem Unheil verfalle ... Gedenkt an Lots Weib! Keiner versäume zu kommen! Bleibt jemand zurück, so will ich an seinem Blute unschuldig sein. Emanuel.«

Kerssenbroick, von dem wir die ausführliche Chronik dieser Geschehnisse haben, zwar erst in den sechziger Jahren geschrieben, aber auf guten Quellen aufgebaut, berichtet, daß auf diesen Aufruf hin mehr Menschen ankamen, als ausgewandert waren. Der Inhalt des Verheißungsschreibens wirkte. Es kamen Männer mit Frauen und Kindern, Witwen, Jungfrauen, Frauen, die ihre Männer zu Hause gelassen hatten und Männer ohne Frauen, Adlige und Nichtadlige, Soldaten und Bauern. Sie strömten aus Holland und Friesland, aus Brabant und allen umliegenden Provinzen, aus Städten und Dörfern. Diese drangen in die Stadt ein und bemächtigten sich der verlassenen Häuser, wie ihnen angesagt war, sie sollten die Häuser und Güter der Gottlosen erhalten. Andere wurden in den leergewordenen Klöstern untergebracht.

In allen ihren Schriften beklagen sich die Münsterschen Täufer, daß Bischof Franz von Waldeck sie angegriffen und sie zu vernichten beschlossen habe. Vor allem beschwerten sie sich, daß er ohne jede Kriegserklärung den Belagerungskrieg begonnen hätte. Sich selbst bezeichnen sie als friedliebende Leute, die keinen Anlaß dazu gegeben hätten, gegen sie mit Gewalt einzuschreiten. Sie hätten keine andere Absicht an den Tag gelegt, als den Frieden Gottes zu verkündigen.

In den Flugblättern wiesen sie darauf hin, daß Bischof und Ritterschaft sie seit Jahren »des Iren spoliirt«, d. h. ihnen wider alles Recht ihr Eigentum genommen und »von irem huis und hof erbärmlich verjaget und verdriben«. Neben den religiösen werden also auch soziale Motive genannt. Worauf sie sich konkret berufen, ist freilich nicht deutlich, denn der Kampf zwischen Stadt und Bischof konnte in diesem Zusammenhang nicht gestellt werden.

Die Motive des Bischofs zum Eingreifen vom Februar 1534 waren deutlich genug. War er noch kurz zuvor zu Verhandlungen bereit, so merkte er nunmehr, daß die täuferische Partei auch in den Rat eingedrungen war, und manche Ratsherren zu ihnen hinneigten, denn in der Stadt gab es noch genug Bürger, die den Bischof über alle Vorgänge unterrichteten. Dieser erbot sich auch, die Bürger gegen die aufrührerischen Täufer zu unterstützen und die Stadt vor dem Verderben zu bewahren. Dieses Angebot war an den Bürgermeister Tilbeck gerichtet, der sich bereits den Täufern verschrieben hatte. Dieser war daher für Verhandlungen mit den Täufern und gegen das Einlassen des Bischofs in die Stadt, da er meinte, der Bischof würde sonst alles nach seinem Willen zum Nachteil der Stadt regeln. Um den Bürgerkrieg zu vermeiden und um die Selbständigkeit der Stadt zu erhalten, war der Rat bereit, mit den Täufern einen Vertrag zu schließen.

Weder der Bischof noch die Domherren noch die wohlhabenden Bürger glaubten an den Bestand des Vertrages. Am 12. Februar 1534 verließen sie die Stadt, um den Bischof über den unsicheren Frieden in der Stadt zu unterrichten. Die Bürgermeister suchten sich am 16. Februar beim Bischof zu rechtfertigen, erhielten aber zur Antwort, daß der Bischof die Schuld für die Ausweitung der Unruhen bei ihnen sähe. Er zweifele nicht, daß die Unruhestifter, wenn sie von Anfang an unterdrückt worden wären, und ihnen nicht so viel Spielraum gelassen worden wäre, mit ihren Anschlägen nicht so schnell vorangekommen wären. Wenige Tage darauf, am 23. Februar, wurde in Münster ein neuer Rat gewählt, der bereits täuferisch und »schlimmer war als der alte«.

Bereits in ihrer ersten Verteidigungsschrift »Bekenntnis des glaubens und lebens« stellen sie dar, wie nach ihrer Auffassung »der Anfang jetziger Fehde« vor sich gegangen sei. Die Täufer, so schrieb hier Rothmann, seien beflissen gewesen, Gottes Wort zu befolgen, der Bischof habe sie aber daran gehindert und sie davon abzudrängen gesucht. Als er es nicht vermochte, hätte er einen Vertrag mit ihnen geschlossen, »man solle uns in Sachen des Glaubens unbedrängt lassen«. Weiter erzählte Rothmann von den Vorgängen am 5. November 1533, als sich die Parteien in Münster gerüstet gegenüberstanden, und ihre Prädikanten aus der Stadt gewiesen wurden. Die Täufer warfen den Bischöflichen vor, den Vertrag nicht gehalten zu haben.

Den hauptsächlichen Anlaß zum gegenwärtigen Zustand sieht Rothmann in den Geschehnissen vom 9. Februar 1534. Es zeigt sich, daß die Täufer tatsächlich große Angst hatten, aus der Stadt gedrängt zu werden. Es ist ihnen selbst überraschend gekommen, daß sie die Überhand behielten, und sie nennen dieses Ereignis ein Wunder. Wohl gaben sie zu, am 27. Februar die Andersdenkenden aus der Stadt vertrieben zu haben, aber sie betonen, aus Notwehr gehandelt zu haben. Auf die Nachricht von den Geschehnissen in der Stadt beschloß der Bischof, der bereits am 23. Februar nach Telgte gekommen war, Krieg gegen die Stadt zu eröffnen, sie regelrecht zu belagern und auf diese Weise zu unterwerfen.

Die Herrschaft des Propheten

Indessen war der Prophet Jan Matthys in Münster eingetroffen, um die Leitung der Gottesgemeinde zu übernehmen. Dieser Prophet stellte die höchste Autorität innerhalb des Täufertums nach Melchior Hoffman dar. Als Melchior Hoffman in Straßburg gefangengesetzt worden war, trat Matthys an seine Stelle. Er hatte schon seine Boten ausgesandt, die in den ersten Januartagen 1534 in Münster eintrafen und am 5. Januar die ersten Taufen im Hause Knipperdollings vollzogen. Nun sollte das neue Jerusalem nicht mehr in Straßburg, sondern in Münster errichtet werden.

Matthys stellte sich auf den Standpunkt, daß eine Stadt, die »mit sich selbst uneins« sei (Matth. 12,25), nicht bestehen könnte. Nach seiner Auffassung könnte Münster nicht wie vordem Straßburg Asyl allen Richtungen gewähren. Verschiedene Meinungen müßten Unruhen und Auseinandersetzungen herausfordern. Wie sollte sich aber seine Partei, die sich auf einen geringen Teil der Bürgerschaft stütze, durchsetzen und regieren können? Die Zeitgenossen nannten jede autoritäre Herrschaft, wie Matthys sie ausübte, eine Tyrannei. Unter dem Vorwand höchster Geistesausstattung erhob der Prophet den

Anspruch, allein den guten Willen unmittelbar offenbaren zu können. Vom Ehrgeiz getrieben, nahm er die höchste Macht in die Hand. Gebrauchte der Prophet auch fromme Worte, stellte sich als Werkzeug der Vorsehung hin, so ist er im Grunde der Gewaltmensch, der sich durchsetzte. Seine Methoden sind bald brutal, bald raffiniert zu nennen. Von religiöser Verantwortung ist bei ihm nichts zu spüren.

Der persönliche Einfluß des Propheten muß so groß gewesen sein, daß die Angeredeten sich ihm nicht entziehen, geschweige denn widerstehen konnten. Dem Anspruch unmittelbarer Geistoffenbarung wagte niemand entgegenzutreten. Tat es später jemand, so war er ein Kind des Todes. Mag es zuerst das Sendungsbewußtsein des Propheten gewesen sein, später ist es die Angst um das eigene Leben, die die Bürger gefügig und still machte.

Wie Kerssenbroick berichtete, nahm der Prophet Jan Matthys die höchste Autorität in geistlichen wie in weltlichen Dingen als selbstverständlich für sich in Anspruch. Widerspruch wurde nicht geduldet. War das Amt des Propheten unmittelbar von Gott, dann mußte sich jeder ihm fügen. Es durfte auch nichts in der Stadt ohne sein Wissen geschehen. Die höchte Initiative ging von ihm aus. Ohne förmlich aufgehoben zu sein, galt die alte Verfassung der Stadt nicht mehr. Weder Bürgermeister noch Ratsherren hatten etwas zu sagen und mußten in die Reihen der übrigen Bürger zurücktreten. Der Prophet war der einzig berechtigte Prediger. Von ihm gingen alle Weisungen aus; er gab Anordnungen zu ihrer Durchführung. Zunächst wurde das urchristliche Prinzip der Gleichheit aller proklamiert.

Die Grundordnung blieb dieselbe, als Matthys gefallen war. Seine Nachfolge tritt Jan van Leiden unter den gleichen Voraussetzungen an. Auch er gibt besondere Offenbarungen vor. Im Verhör nach der Katastrophe gestand er, nie Visionen und Offenbarungen gehabt zu haben. Auch die Behauptungen, vom Tode des Jan Matthys vorher gewußt und dies dem Knipperdolling berichtet zu haben, stellte sich später als Lüge heraus. Knipperdolling gestand es, Jan van Leiden zu Gefallen öffentlich die Unwahrheit gesagt zu haben.

Die Autorität des Propheten ermächtigte nun Jan van Leiden, eine neue Verfassung in der Gottesstadt zu proklamieren. Der neue Prophet schloß sich dabei eng an das Alte Testament an. Gegenüber einer menschlichen Ordnung, wie sie in der bisherigen Stadtverfassung vorlag, wollte er eine göttliche Ordnung einführen. Mit Berufung auf den göttlichen Geist, der ihm verliehen sei, benennt er für das Volk Israel, das neue Volk Gottes, 12 Älteste. Diesen überträgt er die gesamte weltliche Regierungsgewalt, ja selbst das Gericht über Leben und Tod. Bevor die neue Verfassung in Kraft gesetzt wurde, mußte Rothmann eine Predigt halten, in der er das Bild vom Volke Israel und seinen Ordnungen zeichnete. Der Prophet selbst führte dann die von ihm ersehenen 12 Ältesten in ihr Amt ein. Die Namen wurden von Rothmann verlesen: es waren 8 Einheimische und 4 Fremde unter ihnen. Sie mußten sich verpflichten, als Älteste der Gemeinde Christi in der heiligen Stadt Münster ihres Amtes zu walten. Statt der »heiligen« Stadt wurde diese bisweilen auch »Stadt des höchsten Gottes« genannt.

Die Verordnung der 12 Ältesten, mit der sie ihr Amt antraten, wird vermutlich von Rothmann entworfen sein. Sie basiert ganz auf der Heiligen Schrift. Betont wird dabei, daß der Gerechte keines Gesetzes bedürfe, daß daher die heilige Stadt auf eine Stadtordnung verzichten könne. Denn dem »Heiligen« sei das Gesetz Gottes ins Herz geschrieben. Trotzdem habe aber Gott seinem Volk, den Söhnen Gottes, ein Obrigkeit gegeben, damit sie den Schwachen diene und die Unbußfertigen ermahne und strafe. Die Verordnung der 12 Ältesten stellte daher in aller Kürze das Wesentliche aus dem Gesetz Gottes zusammen, damit es jeder vor Augen hätte. Es ist gewissermaßen ein Katechismus für die neue Gemeinde Gottes, der vor allem aus Geboten und Verordnungen des Alten Testamentes bestand. Da das Reich Gottes in der Erfüllung des Willens Gottes bestände, so mußten alle, die auf Christus getauft seien, darauf sehen, daß der Rest des Bösen aus ihrem Herzen und aus ihrer Mitte verschwände. Der Katechismus schließt, wie es im Alten Testament auch der Fall ist, mit einer Drohung: Wer sich diesem Gesetz nicht unterwürfe, sollte aus dem Volke Gottes ausgerottet werden.

Das Königtum des Jan van Leiden

Einem Jan van Leiden genügte die Stellung des Propheten über die Ältesten nicht. Nach den militärischen

Erfolgen, die die belagerten Täufer hatten, wobei vor allem die schwere Niederlage der Belagerer vom 31. August ins Gewicht fiel, kam es zur Königsproklamation. Wie diese vorbereitet war, ob der »hinkende Prophet« von Warendorf der Initiator und auch Rothmann eingeweiht war, läßt sich nicht sagen. Diese Neuerung mußte auf göttlicher Offenbarung beruhen, daher vom Propheten Dusentschuer kommen. In diesem Zusammenhang war die messianische Rolle dem hinkenden Propheten zugedacht. Angekündigt wurde dem Volke, daß Jan van Leiden »König über den ganzen Erdkreis« sein soll. »Er wird das Zepter und den Stuhl Davids einnehmen, bis Gott das Reich von ihm zurückfordern wird.« Die Ältesten mußten ihr Schwert wieder abgeben, das der König nunmehr selbst als »König der Gerechtigkeit« bis zur Wiederkunft Christi führen sollte. Dusentschuer salbte den König nun öffentlich »zum König des neuen Tempels und des neuen Zion«. Kerssenbroick berichtet, daß der neue König daraufhin gleichsam seine Thronrede hielt und sich auf das Beispiel Davids berief, der vom Hirtenknaben zum Thron berufen wurde. Ihm aber hätte Gott es schon vor Tagen geoffenbart, daß er zum Herrscher der Welt berufen sei und über alle Völker Gewalt haben werde. Mit Hochmut ergriff Jan van Leiden die Herrschaft, ohne ein Zeichen von Demut und beanspruchte den Gehorsam aller in der ganzen Welt.

Offenbar waren die Prädikanten vorher vom »König« informiert, denn sie mußten nun drei Tage lang über die Erfüllung der alttestamentlichen Weissagungen aus Jer. 23 und Ezech. 37 predigen. Was dort für die messianische Zeit angezeigt ist, das sollte Gegenwart sein. Der David redivivus sammelte die Reste des Volkes Gottes und bekräftigte ihre Worte mit der Feststellung, der neue König sei die von Gott gegebene Obrigkeit. Jedermann sei ihr Gehorsam schuldig.

An die Stelle der Ältestenverfassung, die bereits aufgehoben war, stellte der König nunmehr seine neue Hofordnung, in der alle Ämter, die repräsentativen wie die regierenden aufgeteilt waren. In dieser Ordnung erschien Knipperdolling nicht mehr wie vordem als Henker, sondern als Statthalter des Königs, Krechting, einst Prädikant in Münster, übernahm das Kanzleramt, die alten Ämter der Ratsherren ebenso wie die militärischen Ämter wurden alle besetzt, um den Anhang des »Königs« zufriedenzustellen. Diese 135 Amtsinhaber stellten die Elite des Täuferregiments dar. Hier erschienen keine Ältesten und Diakonen mehr, die biblischen Vorbilder der Urgemeinden mußten zurückweichen und den weltlichen Ordnungen Raum geben, wie sie der »König« aus Ritterromanen und Spielen wohl kannte.

Die königlichen Insignien gaben seinen Anspruch mit aller Deutlichkeit wieder: Die Weltkugel von einem goldenen und einem silbernen Schwert, dem geistlichen und dem weltlichen, darüber ein Kreuz mit der Inschrift »Ein koninck der gerechticheit über all«. In gleicher Weise brachte die Inschrift seines Siegelringes den Anspruch, Weltherrscher zu sein, deutlich zum Ausdruck. Darauf war dasselbe Bild, die Weltkugel mit der Umschrift »De koninck in dem nien tempel fort dit vor ein exempel«.

Auch die Münzen, die der König schlagen ließ, besagen dasselbe. Darauf stand in der Mitte: »Das wort ist fleisch geworden und wanet in uns« und im Umkreis: »We nicht geboren is uth water unde geist, mach nich ingaen int rike Gades«.

Das Selbstbewußtsein des »Königs der Gerechtigkeit« beruhte aber ganz auf den Aussagen des Alten Testaments. Das alttestamentliche Königsideal bestimmte ihn völlig. Er wußte sich als David redivivus und konnte sich gar nicht allein auf die Stadtherrschaft in Münster beschränken. Wenn es im Alten Testament heißt, daß der messianische König die Herrschaft über alle Völker der Erden ausüben werde, so bezog Jan van Leiden diese Aussagen auf sich selbst. In seiner Thronrede sagte er schon: »Jetzt ist mir also schon über alle Völker des Erdkreises Gewalt gegeben.« Da er so sehr auf die ganze Welt blickte, nahm er die Ereignisse in der Stadt gering. Seine Maßlosigkeit trieb ihn dazu, sein Sendungsbewußtsein zu betonen und zu steigern.

Die Aussendung der 28 Apostel ist ein Stück der königlichen Weltmission. Was Rothmann über die Aufrichtung des messianischen Reiches in enthusiastischer Sprache verkündigte, das wollte der König praktisch erproben. Dem Volke sollte die messianische Gegenwart auf diese Weise nahegebracht werden. Nur aus dieser Überzeugung vom kommenden Weltreich läßt sich die Aussendung der Apostel verstehen. Alle politisch-militärischen Bewegungen der Täufer dieser Zeit sind auch nur im Geiste des Messianismus zu deuten. Die politische Seite der täuferischen Aktionen läßt sich ohne die zugrundeliegenden theologischen Motive nicht verstehen. Mochten es Einzelhandlungen sein, mochten es große Unternehmen sein, immer ist die Grundlage dieselbe.

Auch der Befehl an die Bürger, sich zum Auszug bereit zu halten, geht in die gleiche Richtung. Es sollte nicht nur eine Demonstration des Gehorsams sein, wie sie vom König nachher ausgelegt wurde; wenn es ihm gelegen erschienen wäre, wollte er zugleich die Ausweitung seiner Herrschaft damit verbinden und den Anfang der Weltherrschaft dokumentieren.

Die Anfangszeit der Täuferherrschaft gleicht der Anarchie. Schon am 24. Februar 1534 begann der Kirchen- und Klostersturm. Dabei sind wohl weniger die Enthusiasmierten als der »tolle Pöbel«, wie Sebastian Franck sagt, beteiligt gewesen. Es werden Kostbarkeiten geraubt und Kunstgegenstände zerstört. Im Dom werden die astronomische Uhr und die Orgel ebenso zerschlagen wie Tabernakel, Taufstein und Gestühl. Die tobende Menge zeigt Lust am sinnlosen Zerstören. Die gottesdienstlichen Bücher werden mit Kot beschmiert, eine bei solchen Ausschreitungen häufige Erscheinung.

Aber als Jan van Leiden die Herrschaft in die Hand bekam, führte er ein strenges Regiment ein. Hatten sich einheimische Bürger auch mehrfach gegen den Fremdling aufgelehnt, er unterdrückte jeden Widerstand mit solchen drakonischen Mitteln, daß bald die eingeschüchterte Bürgerschaft vor ihm zitterte und sich ihm in allem gehorsam zeigte. Die hervorragenden 28 Täufer ließen sich als Apostel ihres Königs hinaussenden in die Nachbarstädte, obwohl sich jeder von ihnen sagen konnte, daß seine Tage dabei gezählt seien. Unter ihnen waren die bemerkenswerten Wassenberger Prädikanten: Klopriß, Dionysius Vinne, Heinrich Schlachtschaf u. a., die offenbar als überzeugte Vertreter der neuen Weltordnung in die Welt zogen. Nur ein einziger von ihnen wurde zum »Verräter«, Heinrich Graes. Diejenigen Bürger, denen die Täufer mißtrauten, mußten sich im Dom versammeln und auf den Knien vor dem König Abbitte tun für ihren »Unglauben«. Die gesamte Bevölkerung ließ sich ohne Widerspruch auf dem Domplatz versammeln, um durch das Lager der Feinde hindurch ins Gelobte Land zu ziehen. Sie standen auf dem Platz und warteten, bis der »König« ihnen erklärte, es sei eine Versuchung gewesen, er wollte feststellen, ob sie ihm folgen würden. Die Predigten der Täufer-Prediger hatten sie dahin gebracht, daß sie ein Wunder Gottes vom Himmel her erwarteten. Ein Engel würde die Posaune blasen und dann käme das herrliche Ende.

In deutlicher Anknüpfung an die Apostelgeschichte wurden 7 Diakone gewählt, die das Eigentum der vertriebenen Bürger an die Neuankömmlinge verteilten. Aber dabei konnte man nicht stehenbleiben. Als die Stadt von der Außenwelt abgeschnitten wurde und die Belagerung begann, konnte ein geregeltes Leben in der Stadt nur durchgeführt werden, wenn die neue Obrigkeit, dargestellt durch den »König« auf dem Stuhl Davids, seit dem September 1534 die ganze Leitung in die Hand nahm. Das urchristliche Vorbild meinte man nun weiter nachahmen zu müssen. Abgeliefert wurde zunächst das bare Geld, dann aber auch die Kleider und Lebensmittel aus den Häusern »was aufgeschrieben war«.

Vor jedem Tor wurde ein Gemeinschaftshaus eingerichtet. Die in dem betreffenden Stadtteil lebenden Menschen, Männer und Frauen, wurden zu Arbeitskolonnen zusammengefaßt: die einen hatten Wache zu halten, die anderen am Wall Gräben auszuheben. Im Gemeinschaftshaus wurde vor der Arbeit gepredigt, der Diakon bestellte dort das Essen. Mittags, während sie »saßen und aßen, stand da ein Junge und las ein Kapitel aus dem Alten Testament«. Wenn sie nun gegessen hatten, so sangen sie einen deutschen Psalm. Dann standen sie wieder auf und gingen an ihre Arbeit.

Freilich mußte das gemeinsame Essen eingestellt werden, als der Hunger drohend an die Türen pochte. Da mußte jeder sehen, wo er noch etwas fand, um seinen Hunger zu stillen. Um seine Untertanen noch in der Hand zu behalten, ließ der König nur noch bisweilen Belustigungen halten oder ein Abendmahl nach eigener Weise.

Auch wurde verordnet, daß niemand sein Haus verschließe und jeder zum anderen zu jeder Zeit kommen konnte. Auch wurden die überflüssigen Kleider fortgenommen, die dann an Neuankömmlinge verteilt wurden. Die Diakone durchsuchten die Häuser und beschlagnahmten alles, was sie fanden. Man blieb aber nicht im Rahmen des urchristlichen Kommunismus, man ging weiter. Gresbeck schreibt: »Da alles Gut gemein ward, da ward auch der Ehestand gemein mit den Frauen.«

Die Vielweiberei ist ein besonderes Problem der münsterischen Täuferherrschaft. War es, wie der König vorgab, die Lösung der Frauenfrage? Sollten auf diese Weise die Landsknechte und die »verlorenen Buben«, mit deren Hilfe der König seine Herrschaft stützte, gehalten werden? Oder war der »König« selbst derjenige, der diese Ordnung am meisten wünschte, um seiner Willkür und Zügellosigkeit ungehemmt leben zu können?

Wie viele seiner Anordnungen, ist auch diese mit biblischen Gründen »bewehrt« worden, und die Prädikanten haben trotz anfänglichen Sträubens doch nachgegeben und sich für seine Auffassung eingesetzt. Die Duchführung dieser Verordnung hat im Volke viel Gegensatz geweckt. Es ist deswegen auch viel Blut geflossen, aber schließlich gaben auch die Frauen nach, zumal sie nicht nur mit Gefängnis bedroht wurden, sondern auf jeden Ungehorsam die Todesstrafe stand.

Der »König« legte sich in sein Fenster und las dem Volke vor aus dem 1. Buch der Könige, wie David gestritten hatte und wie der Engel vom Himmel kam mit feurigem Schwert und seine Feinde schlug. Und dann rief der König: »Liebe Brüder, dasselbe kann bei uns auch wohl geschehen. Derselbe Gott lebet noch.«

Auf dem Domhof ließ er Tische und Bänke aufstellen. Da ließ er alle, die er hatte rufen lassen – es war ein Drittel der Stadt – sich setzen. Ihnen wurde Brot und Bier vorgesetzt und der »König« und die »Königin« und seine Räte bedienten sie. Und es wurde ein Spiel auf dem Domhof gehalten, mit Speeren und Bällen, oder ein Wettlauf, oder man tanzte.

Als der Hunger größer zu werden begann, fuhren die Diakone noch einmal durch die Stadt und durchsuchten die Häuser. Da fanden sie noch manches. Niemand hat es gewagt, dagegen etwas zu sagen. Justinian von Holtzhausen, der beim belagernden Heer war, schreibt, sie sind durch des Königs Tyrannei so in Furcht gebracht, daß sie eher Hunger starben, als daß sie wider ihn handelten.

Die letzte Anordnung des Königs, die einer straffen Kontrolle und der letzten Festigung der Männer dienen sollte, war die Ernennung der 12 Herzöge am 3. Mai 1535. Wie schon einst die 12 Ältesten je in einem Stadtteil das Regiment führen sollten, so jetzt die Herzöge. Nur war anfangs der Schein der geistlichen Herrschaft nach alttestamentlichem Vorbild gewahrt, jetzt aber war es ein rein weltliches, militärisches Amt. Alles war darauf angelegt, das entsprechende Tor und die dazu gehörende Befestigung zu bewachen; daher hatten die Herzöge sich mit einem Stab von sicheren Leuten umgeben, die das Volk in Furcht und Zittern hielten.

Aber die Einführung der Herzogswürde war nicht nur zu dem Zwecke besserer Aufsicht und Bewachung der Stadt eingeführt. Auch diese Maßnahme stand mit den Weltherrschaftsgedanken des Königs im Einklang. Immer noch träumte Jan van Leiden, daß er die ganze Welt unterwerfen werde, aber bei der »Verteilung der Erde« dachte er offenbar nur an die norddeutschen Gebiete von Magdeburg bis Holland. So berichtet es Kerssenbroick und so wußten es die Zeitgenossen.

Die am 2. Januar 1535 ausgegeben »Satzungsartikel«, nach denen die Gemeinde sich im letzten Halbjahr ihres Bestehens zu richten hatte, war ein neues Grundgesetz. Es sollte das Leben unter dem »Panier der Gerechtigkeit« regeln. Was vormals durch die Propheten geoffenbart wurde, das ist in König Johann dem Gerechten gegenwärtig. Unter ihm sollen die wahren Israeliten nach den ausgegebenen Gesetzen wandeln.

In den beiden ersten Geboten wird das Königsamt gesichert als von Gott verordnet und nach seinem Wort geführt. Dasselbe wird von seinen Amtspersonen, Richtern und Regenten ausgesagt. Auch von ihnen wird gefordert, daß sie nach Gottes Wort leben und handeln.

Als die höchste Autorität wird das Wort der Schrift bezeichnet und jedes »Verkehren«, d. h. andersartige Auslegen, als es die Täufer üben, streng untersagt. Die weiteren Artikel (8ff.) sind auf die Haltung der Wehrhaften bezogen und schreiben drakonische Maßnahmen vor, um die Landsknechte im Gehorsam zu halten. Mit ihren eigentlichen Anschauungen haben diese Artikel nicht mehr viel gemein. Im Grunde sind sie eine Polizeiordnung, die Ordnung innerhalb der Mannschaft halten will.

Diese »Satzungsartikel« sind die letzte Äußerung des Täufertums in bezug auf die äußere Herrschaft und die Struktur des täuferischen Regiments. Der theokratische Charakter dieser Regierung wird stark unterstrichen, dabei aber das Verständnis des Wortes, nach dem alles geregelt sein soll, allein dem Kreise der Inspirierten vorbehalten. Wie immer, wenn die Macht denen mit dem »richtigen Bewußtsein« vorbehalten ist, artete diese Ordnung in Willkürherrschaft aus.

III Der Schlußakt: Corvinus vernimmt die Täufer

Nachdem Münster in die Hand der Verbündeten gefallen war, hatte Landgraf Philipp von Hessen immer noch das höchste Interesse an den Vorgängen in der Stadt wie im Bistum Münster. Seine vielfachen Bemühungen, die Stadt Münster vom radikalen Wege abzubringen, waren vergeblich geblieben, andererseits wollten die Bundesgenossen sein Angebot, seine aus dem Württembergischen Feldzug heimkehrenden Truppen gegen Münster einzusetzen, nicht annehmen aus der Befürchtung heraus, der Landgraf würde auf diese Weise einen zu starken Einfluß erlangen. Wenn Philipp sich bei der Belagerung der Stadt schon stark eingesetzt hatte, so waren Köln und Cleve doch für Bischof Franz v. Waldeck die wichtigsten Bundesgenossen. Als daher am 24. Juni 1535 die Stadt durch Verrat in ihre Hand fiel, war es ausgemacht, daß diese Mächte sich durchsetzen würden. Auf die Wünsche des Landgrafen sind sie auch bei den weiteren Verhandlungen über das Schicksal der Stadt nicht eingegangen.

Bald nachdem ihn die Nachricht vom Fall Münsters erreicht hatte, entschloß sich der Landgraf, einen seiner Prediger, den aus Warburg stammenden Antonius Corvinus, der der »sassischen sprache« mächtig war, nach Münster abzuordnen, um die gefangenen Täuferführer Jan van Leiden, Bernd Knipperdolling und Bernd Krechting zu vernehmen. Die Anregung dazu hatte Franz von Waldeck selbst gegeben. Die Täufer waren durchs Land geführt worden und hatten dann lange genug im Gewahrsam auf den bischöflichen Burgen in Horstmar und Bevergern gesessen. Sie sollten nicht früher ihr Leben lassen, als bis mit ihnen ein ausführliches Gespräch über ihr Tun und ihre Meinungen gehalten worden wäre. Auch sachlich war Corvinus dazu aufs beste vorbereitet, da er an der Widerlegung der Täufertraktate mitgewirkt und erst kurz vor dem Fall Münsters die Schrift »Eine kurze und in der Eile gestellte Antwort auf das Buch der Wiedertäufer in Münster. Von Verborgenheit der Schrift«, verfaßt hatte. In dieser Schrift hatte er sich schon zu den selbsterdichteten Offenbarungen und zu den übrigen Phantasien der Täufer geäußert. Corvinus hatte auch schon auf Parallelen zu Thomas Müntzer hingewiesen.

Antonius Corvinus, dem Johann Kymaeus als Begleiter zugeordnet wurde, ist mitten im Winter nach Münster gereist; am 29. November 1535 trafen die Reisenden in Iburg ein und wurden vom Bischof in allen Ehren empfangen. Beide haben in diesen Tagen in der Schloßkirche gepredigt. Von der Persönlichkeit des Bischofs ist Corvinus angetan gewesen. Der Bischof sah in ihm einen Mann, der zu jeder Zeit tapfer gegen die Täufer gestanden hatte. Durch seine Sachkenntnis war Corvinus für die ihm zugedachte Aufgabe besonders geeignet. Der Bischof sorgte daher gleich dafür, daß Corvinus und Kymaeus zuerst in Bevergern mit Jan van Leiden, dann in Horstmar mit Knipperdolling und Krechting konfrontiert wurden.

Die Gespräche verliefen in beiden Fällen unter Zeugen. Corvinus berichtet, daß in einem Fall der Feldhauptmann Klaus von Münchhausen und der Beichtvater des Bischofs Johann von Siburg zugegen waren, daß im anderen Falle der Rentmeister Dietrich von Clot und einige Priester dem Gespräch beiwohnten. Es wurde auch Protokoll über das Gespräch geführt, und Corvinus war so vorsichtig, daß er das Protokoll vom gefangenen »König« unterschreiben ließ.

Dieses Protokoll veröffentlichte Corvinus in seinem Buch »Acta, Handlungen, Legation und Schriffte ... in der Münsterschen Sache geschehen, Item Gespreche und Disputation Antonii Corvini und Johannis Kymei mit dem Münsterschen König Knipperdolling und Krechting ...«, Wittenberg 1536. Da im Protokoll nicht alle Fragen berücksichtigt wurden, die zur Sprache gekommen waren oder kommen mußten, fügte Corvinus diesem Buch auch seine früheren gegen die Schriften der münsterschen Täufer gerichteten Gutachten bei. Das ganze Buch aber widmete er dem Rat von Osnabrück, da dieses Gebiet noch immer als gefährdet galt.

In seiner Nachschrift zum Protokoll betont Corvinus, er hätte vom Schneiderkönig den Eindruck eines »trotzigen Buben« gehabt. Dieser Eindruck muß besonders festgehalten werden, da Corvinus unter allen Berichterstattern der einzige war, der mit dem »König« ausführlich gesprochen hat, auch wenn dabei zu berücksichtigen ist, daß es sich um einen Gefangenen handelte, der die Hoffnung hatte, durch Nachgiebigkeit noch sein Leben retten zu können. Was das Gespräch selbst anlangt, so betont Corvinus, daß das Protokoll es »beinahe von Wort zu Wort« wiedergebe. Es sei nichts fortgelassen.

Corvinus hatte Jan van Leiden in eine Kammer holen und sich ans Feuer setzen lassen. Er berichtet, mit ihm »fein glimpflich« umgegangen zu sein. Da der »König« zuerst trotzig sein Handeln verteidigte, er hätte dazu Fug und Recht gehabt, bemühte sich Corvinus von der Heiligen Schrift her, ihm deutlich zu machen, daß dort nirgends von einem irdischen Reich Christi die Rede sei. Dagegen habe sich Jan van Leiden auf Apok. 20 berufen: Diese Stelle, meinte er, hätten die Täuferprediger auch nicht richtig verstanden. Ihm sei die rechte Auslegung auch erst im Gefängnis aufgegangen. Während Corvinus ihm die lutherische Auffassung vorhielt, daß Gottes Reich unter dem Kreuz verborgen sei und erst am Ende der Tage offenbar werden würde, widersprach ihm Jan van Leiden in seiner unklaren Weise. Aus Prov. 8,31 meinte er nachweisen zu können, daß Gott an solcher Herrschaft, wie er sie in Münster aufgerichtet hatte, sein Gefallen habe. Ihm wollte es nicht in den Sinn, daß Gott sich im Leiden und nicht in der Herrlichkeit mächtig erwiese.

Auf die Frage, wie er dazu gekommen sei, sich zum König aufzuwerfen, erwiderte Jan van Leiden, er hätte dieses auf Geheiß des münsterischen Propheten Dusentschuer getan, der ihm versichert hätte, daß solches Gottes Wille sei. Selbst habe er keine Offenbarungen gehabt.

Den alten Rat hätten die Täufer gestürzt, weil er böse war und ihnen die von ihnen vertretene Taufpraxis nicht gewähren wollte. Ihr Gewissen hätte sie aber dazu getrieben, die Taufe, die sie als die rechte erkannt hatten, auch zu üben. Allein hätten sie es wohl nicht vermocht. Aber nachdem manche Vertreter des Rates und der »Gemeinheit« zu ihnen übergetreten seien, war es möglich geworden, ihre Ansicht durchzusetzen. Corvinus ging auf diese Darstellung nicht ein, er meinte, wie die Schilderung auch ausfalle, im Grunde sei das Auftreten der Täufer doch eine Auflehnung gegen die kaiserlichen Rechte, und in jedem Falle Aufruhr.

Corvinus wollte den Täuferkönig auch über die zentralen Fragen des christlichen Glaubens befragt haben. Er griff dazu den lutherischen Hauptartikel, die Lehre von der Rechtfertigung, heraus. Um seinem Partner deutlich zu machen, daß der Mensch zu seiner Erlösung nichts beitragen könne, daß Christus allein alles tue, um ihn zu retten, entwickelte er die Auffassung, die in den evangelischen Kirchen maßgebend und üblich war. Bewußt betonte er, daß es beim Menschen auf den Glauben, nicht auf die Werke ankomme. Jan van Leiden widersprach nicht. Aber Corvinus merkte es ihm an, daß er eine andere Auffassung hatte. Vor allem hatte er eine höhere Wertung der menchlichen Werke. Als Grundmotiv führte er dabei die Ergebung an, die er in dem Sinne verstanden wissen wollte, ständig bereit zu sein, die Welt zu verlassen »umb der Wahrheit willen auch das Blut zu vergiessen«. An dieser Stelle mußte Corvinus sich wieder einschalten und dem »König« deutlich machen, daß christliche Liebe etwas anderes sei, als was er in seiner Herrschaft in Münster an den Tag gelegt hatte. Auf hartes, tyrannisches Wesen wollte sich aber Jan van Leiden nicht festlegen lassen. er strich seinerseits heraus, daß die Täufer um des Willen Gottes halben alles gelitten hätten, Hunger, Kummer und jede Not ausgestanden, alles, was Gott über sie verhängt hatte, ausgekostet hatten, und nun wollten die Übriggebliebenen sich willig wie Schlachtschafe in den Tod ergeben. Wenn Corvinus ihm entgegenhielt, daß er nicht um des Wortes, sondern um des Aufruhrs willen hingerichtet werden sollte, so wollte der »König« davon nichts hören. Darüber, meinte er, würde Gott richten.

Im weiteren Verlauf des Gesprächs mit Jan van Leiden ging es um die beiden Sakramente, Taufe und Abendmahl. Der »König« behauptete, die Hauptursache des Krieges um Münster sei die gewesen, daß die Nachbarn und der Bischof von Münster die Grundauffassung der Täufer nicht hatten dulden wollen. Wenn Corvinus ihn darauf hinwies, daß die Stadt den mit dem Bischof am 14. Februar 1533 abgeschlossenen Vertrag hätte halten müssen, in dem der Stadt freie evangelische Predigt in allen sechs Pfarrkirchen zugestanden war, so entgegnete Jan van Leiden, die Täufer hätten um ihrer besseren Erkenntnis willen diesen Vertrag brechen müssen. Ihre neue Erkenntnis hätten sie durch Eingebung des göttlichen Geistes erlangt. Hielt ihm wiederum Corvinus entgegen, daß es Schwärmerei sei, was er als Eingebung des Heiligen Geistes bezeichnete, da bekam er zur Antwort, nur ihre Taufe sei die rechte, eine andere könne er als solche nicht anerkennen. Bezog sich Jan van Leiden einmal auf die Eingebung des Heiligen Geistes, so war in seinen Anschauungen andererseits die Geltung der Vernunft sehr stark. Auch der Taufbefehl müsse durch die

Vernunft erfaßt werden, ehe ihm gemäß gehandelt werden kann. Diesen Einfluß der Vernunft in Glaubensdingen konnte Corvinus nicht zugestehen. An diesem Punkt mußten sich die Gesprächspartner scheiden. Für Corvinus stand es für alle, die die Theologie der Reformation in sich aufgenommen hatten und ihr zu folgen bereit waren, fest, daß in Glaubensfragen nur Gott und sein Wort entscheide, nicht aber der Mensch mit seinen vernünftigen Argumenten. Was die Taufauffassung anbelangt, so betonte Corvinus, daß Gott den Glauben wirken könne, bei wem er es wollte, d. h. daß auch die Kinder von diesem Glauben nicht ausgeschlossen seien. Aber diese theologische Begründung genügte einem Jan van Leiden nicht. Er wollte vielmehr ein ausdrückliches Gebot Gottes hören, das Kinder zu taufen bestimmte. Die von den Reformatoren angeführte alttestamentliche Beschneidung wollte er als Parallele zur christlichen Taufe nicht gelten lassen und bestritt aufs heftigste die Notwendigkeit der Kindertaufe. Es gelang Corvinus keineswegs, den Täuferkönig zu überzeugen oder nur in seiner Haltung schwankend zu machen. Seine Tauflehre hielt er für unanfechtbar und schriftgemäß.

Als das Gespräch weiter auf das Abendmahl überging, erzählte Jan van Leiden, daß er es vorher »mit dem Zwingel gehalten« hätte, jetzt aber sich mit dem Wortlaut des Einsetzungswortes stärker beschäftigte und dem realistischen Verständnis größere Bedeutung zuerkannt hätte. In einer Hinsicht müsse er aber seine alte Auffassung festhalten, daß der Empfang des Abendmahls vom Glauben des Empfangenden abhinge. Als Corvinus wieder versuchte, Gottes Wirken über den menschlichen Glauben zu stellen, wehrte der Holländer ab. Er behauptete seine Auffassung vom Menschen gegen die reformatorische Auffassung. An dieser Stelle war es deutlich geworden, daß die Anthropologie der Täufer mit ihrer hohen Einschätzung der menschlichen Kräfte auch das Werk Christi verminderte. Um auch diese Frage zu klären, in der die Ansichten Jan van Leidens von denen seines Befragers abwichen, ging Corvinus zuletzt auch auf die täuferische Christologie ein.

Corvinus bekam auch in dieser Beziehung auf seine Frage eine präzise Antwort. Die Menschheit Christi ließen die Täufer nicht gelten. Sie wollten gerade darin einen Trost für die Menschen sehen, daß in der Menschwerdung Christi die volle Gottheit den Menschen nahe und gegenwärtig sei. Die Auffassung, wie sie Schwenckfeld und Melchior Hoffman vertraten, war also der Gesamtheit der Täufer eigen. In seinem Glauben gedachte er zu sterben, ohne an dem im Täufertum üblich gewordenen Dogma zu rütteln. Einwände, die bereits Urbanus Rhegius dagegen erhoben hatte, und auf die sich Corvinus berief, berührten ihn gar nicht.

Somit stand Corvinus vor der Frage, nachdem sich der Täuferkönig zu seinen Ansichten bekannt hatte, wie er ihn für sein sicheres Ende vorbereiten könnte. Die letzte Frage, die noch ausstand, war die Frage nach der Ehe. Er war sicher, daß Jan van Leiden das Alte Testament ins Feld führen würde. Außer Gen. 1 führte er auch 1. Tim. 3 an, wobei er aus der Angabe, daß der Bischof eines Weibes Mann sein soll, auf die Gemeindesitte schloß, mehrere Frauen zu haben. Auch über dieses Thema war mit ihm kein Gespräch möglich. Er blieb auf seinem Standpunkt beharrlich stehen und wollte Gott allein darüber richten lassen. Damit war die Unterredung beendet.

Nach acht Tagen, als der hessische Beauftragte bereits nach Horstmar weitergezogen war, überbrachte ihm der Amtmann Claus von Münchhausen die Bitte des Täuferkönigs zu einem weiteren Gespräch. Er hätte die Einwände des Corvinus überlegt und sei zu anderer Auffassung gekommen. Der Bischof gestattete dieses weitere Zusammentreffen, so daß das Gespräch in Bevergern über zwei Tage verlängert werden konnte. Bei dieser neuen Begegnung erklärte Jan van Leiden zuerst, daß, falls ihm das Leben gelassen würde, er auf die Täufer in Friesland, Holland und England einwirken würde, ein stilles friedliches Leben zu führen, die Obrigkeit anzuerkennen und ihre Kinder taufen zu lassen. Er könnte sich dafür einsetzen, daß von seiten der Melchioriten kein Aufruhr mehr unternommen werden würde.

Jan van Leiden hoffte auf die Unterstützung Melchior Hoffmans, der damals in Straßburg im Turm saß. Gekannt hat er ihn, wie er in seinem Bekenntnis vom 20. 1. 1536 sagte, nicht, auch keinen brieflichen Verkehr mit ihm gehabt, wohl aber seine Schriften gelesen. Bei derselben Gelegenheit gab er an, daß Hoffman auch nie in Münster gewesen sei und sie von ihm keinerlei Nachricht gehabt hatten. Im Gespräch mit Corvinus zeigte sich der einstige »König« sehr zuversichtlich und meinte, seine »Königinnen« würden ihn bei seiner friedlichen Mission unterstützen. Es war ihm offenbar nicht bewußt geworden, daß sein Anhang, soweit er noch vorhanden war, von ihm nichts mehr wissen wollte.

Corvinus hat anschließend sich in Horstmar den beiden anderen Gefangenen, Knipperdolling und Krechting zugewandt. War der König in Glaubensfragen wenn auch unsicher, so doch ganz beschlagen und wendig, die beiden anderen Rädelsführer zeigten sich als unwissend und ungeschickt. Krechting versuchte den freien Willen zu betonen, die Erbsündenlehre zu bestreiten und vor allem die Geltung des alttestamentlichen Gesetzes zu behaupten. Corvinus merkte gleich, daß ein Gespräch mit diesen beiden Täuferführern nicht weiterführen würde. Er schöpfte hier die Meinung, »daß unter hundert Täufern nicht zween erfunden werden, so einen Glauben haben«. Jeder legte sich seine eigene Anschauungen zurecht, wie sie ihm gerade kamen. Da Corvinus keine klaren Antworten auf seine Fragen erhielt, veranlaßte er Knipperdolling und Krechting, ihre Antworten ihm schriftlich zu geben. Aber die Aufsätze, die er bekam, waren nicht weniger ungeschickt und wirr. Ihre Auffassung vom Menschen gaben sie in der Weise wieder, daß sie ihn mit einer Kerze verglichen, die, während sie sich verzehrt, Schein und Wärme gibt. Im Menschen brenne der Glaube, der den alten Menschen erhöbe und ihn dabei gerecht mache. »Was der erste annehme, kriege der andere in das Wachsen.« Die Gerechtigkeit ist eine Frucht der Zucht, nicht des Glaubens. Die Tat Christi beziehen sie nicht ein. Es ist im Grunde ein rationales und zugleich moralisches Handeln, jeder Religion bar.

Corvinus schloß die Unterredung mit ihnen ab, ohne sein Ziel zu erreichen. Er sah es ein, daß er sie nicht bekehren würde.

Nach Abschluß der Befragungen in Horstmar zog Corvinus wieder nach Münster. Im bischöflichen Hof machte er sich unter dem frischen Eindruck des Erlebten an die Ausarbeitung seines Berichtes. Während er noch mit dieser Arbeit beschäftigt war, erhielt er eine Anfrage von Georg Spalatin, der ihn wohl von Wittenberg her persönlich kannte. Die Anfrage selbst konnte zwar Corvinus nicht beantworten – Spalatin hatte Näheres über die Irminsul wissen wollen – dafür gibt er ihm seine unmittelbaren Eindrücke von Münster, den an der Täuferherrschaft beteiligten Personen und den Auswirkungen ihres Regiments. Von den Anführern gibt er Charakteristiken, die sicher zu den zutreffendsten gehören. In aller Kürze werden in diesem Brief, den Spalatin um seiner Bedeutsamkeit willen gleich in Druck gab, die wichtigsten Tatsachen festgehalten. Nach den Feststellungen, die Corvinus selbst getroffen hatte, war es Heinrich Roll, der ehemalige Karmeliter aus Haarlem, der in Münster Verwirrung angerichtet hatte. Die Saat, die er ausstreute, ging schnell auf. Roll war es, der Bernhard Rothmann für die täuferischen Ansichten gewann. Corvinus weiß, daß diese Anschauungen zuerst in kleinen Konventikeln gepflegt wurden, wobei der ehrgeizige Enthusiast Bernd Knipperdolling die zugewanderten Prediger in jeder Weise zu unterstützen wußte. Diesen Enthusiasten schrieb Corvinus die Schuld dafür zu, daß die Öffentlichkeit in täuferischem Sinne bestimmt, der Rat gestürzt und schließlich das Stadtregiment von ihnen in die Hand genommen wurde. Corvinus unterstreicht diese Tatsache, daß alles auf dem Anspruch basierte, durch Offenbarungen von oben her ein göttlich legimiertes Recht zu besitzen. Corvinus zeigte unter dem Eindruck der Gespräche mit dem Täuferkönig maßlose Verwunderung darüber, welche ungereimten Anschauungen von den Täufern, insbesondere von Jan van Leiden, vertreten wurden, und welche Primitivität sie bestimmte.

Mit Entsetzen berichtet der Augenzeuge, daß der Gedanke der Herrschaft Christi nicht geistlich, sondern massiv sinnlich gefaßt wurde. Augenscheinlich haben die anderen Mitwirkenden nicht anders als der »König« gedacht. Obwohl Corvinus gerecht genug ist um festzustellen, daß eine große Schuld diejenigen trügen, die den sozial und wirtschaftlich Bedrückten den Anlaß zum Aufstand gegeben hatten, kann er den Täufern nichts Gutes nachsagen. Die Chancen, die sie gehabt hätten, das soziale Unrecht gutzumachen, haben sie durch Unwissenheit und Unfähigkeit verscherzt. Von phantastischen Gedanken gejagt, haben sie die Aufgaben, die vor ihnen lagen, nicht gesehen oder mißachtet. Den König kennzeichnet er als einen offenen, aber leidenschaftlichen und maßlos leichtsinnigen Menschen, dagegen beschreibt er Knipperdolling und Krechting als radikale, sich über alle Schranken hinwegsetzende Demagogen. Vor allem Knipperdolling hätte auf ihn einen abstoßenden Eindruck gemacht: ein wahrer Catilina. Hatte Jan van Leiden vor der Hinrichtung noch eine gewisse Reue gezeigt, so

Kupferstich zur ersten deutschen Übersetzung von Kerssenbroicks „Geschichte der Wiedertäufer" vom Jahre 1771. Die Darstellung ist, wie z. B. die Uniformen zeigen, mit den Augen des 18. Jahrhunderts gesehen und historisch nicht authentisch.

hätten die beiden anderen erklärt, sie seien sich keiner Schuld bewußt.

In seinem Brief an Spalatin beschreibt Corvinus auch den Schlußakt der Täufertragödie, die Hinrichtung vom 22. Januar 1536. Diese wurde zu einem Schauspiel und Volksfest gemacht, was den Berichterstatter abstieß und zu einer Bemerkung veranlaßte: valde ferox fuit semper Monasterium.

Die erregenden Erlebnisse zitterten noch lange in Corvinus nach: Me certe vehementer terrent vestigia Monasteriensium. Daher ist es verständlich, wenn er im Vorort zu seiner »kurzen Auslegung der Episteln«, die er zu Weihnachten 1536 dem Bischof Franz von Waldeck widmete, schrieb: »Dieweil E.f.g. für die andere fürsten des reichs sonderlich von solcher ferligkeit zu sagen wissen und auch mit mercklichem Schaden und blutvergiessen, was falsche lere und böse leut zu wege bringen können, erfaren haben, habe ich mit E.f.g. und auch E.f.g. landschaft oftmals mitleiden gehabt, wie auch ernstlich furgesetzt, wenn ich E.f.g. und gemeiner landschaft wider so gewaltigen irthumb mit meinem geringen schreiben etwas dienen und vor weitern schaden wehren helfen köndte, das ich im selben keinn vleis, mühe oder erbeit sparen wölte.«

Wenn Corvinus selbst in dieser Vorrede nur die beiden Schriften über das Täuferreich in Münster nennt, die unter seinem Namen 1536 in Wittenberg gedruckt wurden, die »Acta und Handlungen« und den Bericht an Spalatin »De miserabili Monasteriensium Obsidione« 1536, so ist es sehr wahrscheinlich, daß auch die im selben Jahr unter dem Pseudonym Henricus Dorpius Monasteriensis erschienene Schrift »Warhafftige Historie, wie das Evangelium zu Münster angefangen und danach durch die Widderteuffer verstöret, widder aufgehöret hat« von ihm geschrieben worden ist.

Schon Cornelius hat dem Verfasser dieser Schrift nachgerühmt, daß er auf 48 Seiten einen umfassenden und anschaulichen Überblick über die Vorgänge in Münster gegeben hat. Wenn er auch Einzelnes unrichtig gesehen hat oder falschen Informationen zum Opfer gefallen ist, so ist das ganze Büchlein als solches eine vorzügliche Leistung.

In Münster und anderswo

Joachim Fest

Der Traum von einem Endreich der Fülle und des Friedens ist so alt wie die Menschen selbst. Jahrtausende haben sich daran gewärmt: in der Poesie, im Denken, in der politischen Programmatik. Er trat in allen denkbaren Varianten auf, zeigte sich milde, aggressiv, skeptisch oder verklärt. Wo immer er jedoch einen Totalentwurf für die Gesellschaft dekretierte und zu verwirklichen suchte, endete er im Terror oder scheiterte auf andere Weise. Die Erkenntnis dieser Zwangsläufigkeit ist so alt wie sinnlos. Sie konnte keine Einsicht wachrufen, solange der Mensch, über die Vernunft hinaus, auch Affekt und Phantasie besitzt. Daher ist der im spätmittelalterlichen Münster unternommene Versuch, den Endzeittraum auf brüske und wirre Weise zu realisieren, aus der Ordnung der Zeit, aus der Gemeinschaft ihres Denkens und Empfindens radikal herauszutreten, unter anderen Vorzeichen wiederholt worden. Desgleichen hat die Neigung, aktuelle Bedürfnisse mit eschatologischen Erwartungen zu verknüpfen, ihre späteren Wortführer gehabt, nicht anders übrigens als der von einer Person oder Gruppe reklamierte Glaube an die Berufung zur Weltherrschaft.

Die Wortführer fanden ihre Anhänger. In manipulierten Rauschzuständen vermeinten die Bürger von Münster wunderbare Erscheinungen zu erblicken: feurige Wolken, die die Stadt einhüllten, einen goldglänzenden Christus mit Schwert und Zuchtrute, apokalyptische Reiter, die Faust voll herauströpfelnden Blutes, so daß die Gesichter der Christen, wie es in einem zeitgenössischen Bereicht heißt, selbst angesichts der äußersten Hoffnungslosigkeit »schön von Farbe« wurden. Die kollektiven Euphorien, die weder durch Entbehrungen noch durch Erschütterungen zu dämpfen waren 'und bis zur gänzlichen Negierung des Selbsterhaltungstriebes reichten – auch das hat sich unter anderen, doch immerhin vergleichbaren Bedingungen wiederholt.

Nicht ohne Grund sind die beiden bedeutendsten Emanzipationsphasen der europäischen Geschichte: der Übergang vom Mittelalter zur Neuzeit sowie das 19. und 20. Jahrhundert von hochgehenden Eruptionen begleitet oder gefolgt. Die rationalistische Wendung, die beiden Zeitaltern eigentümlich ist, der Sturz aus vertrauten Lebens- und Gesellschaftsformen hat turbulente Abwehrreaktionen zur Folge gehabt. Zwar haben für die Ausbrüche des endenden Mittelalters nicht anders als für die totalitären Bewegungen unserer Zeit soziale Spannungen, Ängste und Verbitterungen sowie Orientierungsnöte angesichts zerbröckelnder Normen und Autoritäten eine wichtige Rolle gespielt; aber die spezifischen Sehnsüchte, denen die Massen sich ergaben, und die Richtung, die ihre Heilserwartungen einschlugen, belegen im einen wie im anderen Falle die elementare Neigung, sich in einer heller und kälter werdenden Welt Fluchtstätten des Irrationalen zu schaffen.

Aus der Betrachtung des revolutionären Chiliasmus, wie er sich gegen Ende des Mittelalters in Münster und anderswo entwickelte, lassen sich zahlreiche Elemente zur Analyse der totalitären Sozialmythologien unserer Gegenwart gewinnen. Die besonderen, von Zeit und Umwelt bestimmten Glücksverheißungen, denen er sich ergab, die Fahnen, Feldzeichen und Formeln, die er seinem Aufbruch vorantrug, muten die Gegenwart auf den ersten Blick zwar fremdartig an; doch deren Funktion und Charakter, die soziologischen und psychologischen Voraussetzungen, unter denen er, eine breite Spur von Blut und Tränen hinter sich, seinen Weg ging, sind geblieben. Übersichtlich, auf begrenztem Raum, bieten die Vorgänge an der Wende zur Neuzeit wie im Modell sich dar. Man hat sie einen frühen »Prolog« zum Auftreten der totalitären Bewegungen der Gegenwart genannt.

Die Geschichte der Wiedertäufer von Münster ist nur eine besonders spektakuläre und besonders dramatisch verlaufene Episode in dieser tumultuarischen Entladung. Eine eigentümliche chiliastische Schneise erstreckt sich von Holland über den Niederrhein nach Westfalen und von dort über Thüringen bis hin nach Böhmen. Hier vor allem, wenn auch nicht ausschließlich in diesen Landstrichen, treten über mehrere Jahre hunderte, gegen alle Ausrottungsbemühungen von Seiten der bestehenden Ordnungsmächte, rebellische Massenpropheten auf, die »wie Engel des Lichts vor dem gemeinen Pöffel« zu erscheinen wußten und ein Himmelreich der Gewalttätigen predigten. Sie sprachen vom Frieden des Herrn, von der Verderbnis der Welt und der großen Züchtigung, die ihr zugedacht sei. Schon werde aus Babylon die unter denkwürdigen Zeichen und Wundern erfolgte Geburt des Antichrist gemeldet, doch auch die Boten Gottes seien aufgebrochen, um die Auserwählten zu siegeln und sie an den vier Enden der Welt zu versammeln, wo sie das Schwert erhielten zur Entscheidungsschlacht; denn die letzte Zeit sei nahe.

Im einzelnen waren die Abweichungen beträchtlich. Die einen forderten brüderliche Gemeinschaft ohne Besitz- und Standesunterschied, andere hielten die Kindtaufe für ein Greuel; diese fanden die weltliche Gewalt unerträglich, jene das Kirchenregiment sowie die Verehrung Gottes in festen Häusern oder in den hergebrachten liturgischen Formen, da Gott im Herzen jedes Einzelnen wohne; wiederum andere verwarfen den Bürgereid, den Kriegsdienst oder die Einehe. Eine große Bedeutung gewannen dabei die Gesichte oder Erscheinungen, in denen sich Gott selber durch begnadete Menschen offenbarte. Nach den Predigten des thüringischen Sackpfeifers Klaus Ludwig pflegten die Zuhörer sich, vom Geist dazu aufgefordert, in wahlloser Promiskuität, die sie »Christerie« nannten, zu kopulieren. Das Unbehagen entzündete sich an zahllosen Erscheinungsformen der geltenden Ordnung, und immer wieder lief es darauf hinaus, die Obrigkeit abzuschaffen, die gottlosen Pfaffen auszurotten, die Güter neu zu verteilen und eine allgemeine Änderung der Dinge zu erwirken. Bereits zu Beginn des 12. Jahrhunderts mobilisierte der Häresiarch Tanchelm im Flandrischen eine Gefolgschaft, die ihm ekstatisch anhing und, wie der Chronist zu berichten weiß, sein Badewasser teils als Relique nach Hause trug, teils als Abendmahlsersatz schlürfte. Zwar zielten die Thesen Tanchelms noch überwiegend auf theologische Streitfragen und die Beseitigung innerkirchlicher Mißstände; doch meldeten sich in gewissen Wendungen und mehr noch im soziologischen Bild seiner Anhängerschaft veränderte soziale Verhältnisse als Antriebselement kommender Erschütterungen.

Von diesem Zeitpunkt an gehen religiöse und soziale Unrast, merkwürdig sich ergänzend, wechselseitig sich steigernd, vielerorts eine hochexplosive Verbindung ein. Die Ereignisse, die den folgenden vierhundert Jahren die blutigen Merkmale verschaffen, sind aus der einen oder der anderen Ursache allein nicht zu begreifen. Über Jahrhunderte hatten johanneische und sibyllinische Weissagungen, vielfach ausgeschmückt und kommentiert, den Unterdrückten und Beladenen Kraft zum Ausharren gegeben. Die Idee der Parusie, der Wiederkunft eines streitbaren Heilands im Gefolge rächender Heerscharen, war bis dahin weniger ein reale Erwartung als vielmehr eine weit in die Zukunft verlagerte Trostvorstellung, an der das Bedürfnis für ausgleichende Gerechtigkeit sich nährte. Desgleichen hatte die plebs pauperum wieder und wieder gegen die Reichen gestanden, der Kampf der Besitzlosen gegen die Privilegierten hatte seine unvordenkliche Geschichte; doch gingen die Auseinandersetzungen zumeist um verhältnismäßig eng gesteckte Ziele, um die Verminderung gewisser Lasten, die Gewährung bestimmter Rechte: sie rührten die bestehende Ordnung im Grundsatz nicht an.

Dieses Bild, das vor allem dem frühen Mittelalter die Stimmung einer »majestätischen Mittagsstille« vermittelt hatte, begann am Ausgang der Epoche in Lärm und Aufruhr umzuschlagen. Eine schwer erklärliche Unrast trieb die Menschen hinaus, ergriffen vom »großen Laufen«, das sie, wie süchtig, in wechselnden Gruppierungen überkam, ohne daß sie ein konkretes Ziel nennen konnten. Die Hektik des Zeitalters, seine zahlreichen hysterischen Züge erwecken den Eindruck, als sei es von einem tiefen inneren Konzeptionsschauer geschüttelt. Und erst allmählich, doch zusehends deutlicher, gibt es die Richtung preis. Das soziale und das eschatologische Element vereinigen sich zum Phänomen des revolutionären Messianismus. Wo immer nun sich gesellschaftliche Forderungen unter dem Einfluß schwärmerischer Massenpropheten mit Endzeiterwartungen verbinden, der Protest der Besitzlosen jenseitige Dimensionen hinzugewinnt, zum »Großen Gericht«, wie später zum »Letzten Gefecht«, permutiert, und der Herrschende oder der Reiche vom politischen oder sozialen Anspruchsgegner zum Bösen schlechthin, zum Antichrist sich wandelt, kommt es zu heftigen Entladungen.

Diese Vermischung der Ebenen: die Erhöhung gesellschaftspolitischer Auseinandersetzungen zum Weltendrama, hat der sozialen Empörung, jetzt und für alle spätere Zeit, erst Stoßkraft und militante Weihe verliehen. Nie ist das eine ohne das andere Element erfolgreich. Die Welt ist nur für den zu erobern, der über ihre Ränder hinaustritt und seine Machtambitionen mit einem Schimmer metaphysischen Lichts zu umgeben versteht.

In eben dieser Ausgangshaltung stimmen der Chiliasmus an der Wende zur Neuzeit und die revolutionären Sozialmythologien des 19. und 20. Jahrhunderts überein. Hier wie dort wird das soziale Ringen nicht nur als Auseinandersetzung um die Veränderung der materiellen und gesellschaftlichen Situation der Massen verstanden, sondern als Entscheidungsschlacht um das Schicksal der Welt: immer ist Hermaggedon. Und Übereinstimmung, zumindest mit der weitaus bedeutendsten Variante der modernen Sozialmythologien, besteht auch hinsichtlich der Zukunftsvorstellung. Dem säkularisierten Paradies der klassenlosen Gesellschaft, dem Reich der Freiheit, entspricht das Neue Jerusalem, auf das so viele ausschweifende Heilsträume sich richteten, jenes irdische Zwischenreich, in dem die sündenfreien Auserwählten unter der Herrschaft eines Friedenskönigs tausend Jahre lang zur Wiederkunft Christi leben würden: ein Millenium des Glücks und des Überflusses, wo der Himmel über den Gerechten offensteht, Honig von den Felsen träufelt und die Löwen, nach der Weissagung des Propheten Jesajas, Stroh fressen werden wie die Ochsen.

Der Adressat dieser Verheißungen waren labile, affektgeladene Menschen, deren dunkle Werkstätten, nach einem einprägsamen Bilde Rankes, »plötzlich von diesen Meteoren einer nahen seligen Zukunft erleuchtet« wurden. Der Niedergang der gutsherrlichen Ordnung, der chronische Bevölkerungsüberschuß in den großen Städten, die konjunkturelle Unsicherheit, Münzverschlechterungen und Inflationen, der skrupellose Aufstieg frühkapitalistischer Unternehmer sowie später der Zerfall der Zünfte: Diese und andere charakteristische Krisenphänomene einer Übergangszeit hatten große Teile der Bevölkerung nicht nur verarmt, sondern wurzellos gemacht. Die Zerrüttung der geistlichen Autorität, deren Vertreter die bestehende Ordnung theologisch gestützt und für die nun tausendfach emporschießenden Existenznöte keine zureichende Erklärung hatten, ließ diese Massen überdies ohne die Tröstungen der Kirche. Die ziellosen Aggressionen bedurften zur Entladung daher nur der zündenden Parolen, der Feindbilder und suggestiven Zukunftsvorstellungen.

Zu ihrem Flucht- und Kristallisationspunkt wurden jene prophetischen Führerfiguren, die neben einer dunkelmetaphysischen Legitimation vor allem die des demagogisch gehandhabten Wortes verfügten. Der exaltierten Zeitstimmung folgend, wußten sie sich in mancherlei Gestalt Anhang zu verschaffen: als Endzeitkaiser, als Wiedergeburt eines der Monarchen, die dem Volksglauben zufolge in den Bergen schliefen, als Vorboten der Parusie, Herolde Christi, ja als dessen Reinkarnation. Der soziale Typus blieb durch die Jahrhunderte eigenartig festgelegt. Herkommen, Milieu, Lebensumstände gleichen sich auf oft erstaunliche Weise. Viele entstammten dem niederen Klerus oder dem deklassierten Handwerkerstand. Auf zumeist abenteuerliche Weise hatten sie sich, nach hier und dort getrieben, das Zufallswissen erworben, das sie nun ohne langes Zögern und mit »feuriger Imagination« auf die Gegenwart anwandten, und das, je dunkler es sich reimte, ihnen desto nachhaltiger Gefolgschaft und Autorität bei den Massen sicherte. Einer der Anhänger Jan Bockelsons rühmte dem einstigen Schneiderlehrling, Herbergsvater, Schauspieler und König von Münster noch auf der Folter nach, er habe »grossen Verstand in der hilligen Schrifft und grosse Wohlsprechenheit« besessen. Und wie Bockelson kamen fast alle »von draußen« in die Städte und Gegenden, die sie, für zumeist kurze fiebernde Dauer, dem Aufruhr überantworteten: das Geheimnis des Fremdlings war ebenso Teil ihres Charismas, wie die Bindungslosigkeit des Auswärtigen Bedingung ihrer Kälte und der Unnachsichtigkeit war, mit der sie über gewachsene Ordnungen, angestammtes Recht, über Leben und Tod verfügten. Nicht selten stand das Trauma einer gescheiterten Lebenserwartung am Beginn, soziale Demütigungen, zu »Erweckungserlebnissen« stilisiert, markieren die Wendung von der gesellschaftlichen Randzone zur Führerschaft lokaler Zusammenrottungen: Das Empörertum dieser hochgradig erbitterten Intelligentia leitet sich oft ununterscheidbar aus gerechtem Zorn, Vergeltungskomplexen und Größenwahn her.

Indes werden nicht nur im vorherrschenden Typus von Führern und Gefolgsleuten die Parallelen zu den späteren Erscheinungen greifbar; auch der Prospekt des ideologischen und machttaktischen Instrumentariums weist vielfältige Übereinstimmungen auf. Die wirkungssicher zum Einsatz gebrachte Überzeugung, im Endzeitdrama von einem auserwählten Führer in eine auserwählte Gemeinschaft berufen zu sein, verlieh dem daniederliegenden Selbstwertgefühl der Massen emphatische Impulse. Der beschwörend geltend gemachte Unfehlbarkeitsanspruch, die dämonische Übersteigerung stereotyper Gegenbilder, das heisere »Rott aus, rott!« gegenüber allen Andersdenkenden, die Propagierung der totalen Gemeinschaft, die Armbinden, Abzeichen, Straßensammlungen, Slogans (»Ein Schafstall – Eine Herde – Ein König!«), bis hin schließlich zur kenntnisreich eingesetzten Wirkung von Terror und Volksbelustigung: das alles mutet an wie die Elemente eines modernen Stückes im mittelalterlichen Kostüm.

Die Geschichte des Täuferaufstandes von Münster bestärkt diesen Eindruck noch durch den Ablauf des Geschehens. Bis in manche Einzelheiten erscheint sie darin wie ein Schema vom Ablauf moderner Machtergreifungsprozesse. Das beginnt mit der allmählichen, von innen her angesetzten Überwältigung der Stadt durch die aus Holland stammenden Prädikanten, die auf jenen bürgerlichen Modepöbel stoßen, der seine Mitläuferei als Aufgeschlossenheit gegenüber allem Neuen auszugeben pflegt; der stufenweisen, durch zunächst vereinzelte Gewalteinsätze geschürten Volksstimmung; es setzt sich fort mit der unter dem Druck der Straße manipulierten Wahl; wir begegnen der Mechanik von Gleichschaltung und Selbstgleichschaltung; dem schwindenden Behauptungswillen der etablierten Autoritäten, die sich, zwischen Verständnis und Widerstand schwankend, immer aufs neue vom »friedlichen und freundlichen Nebeneinanderleben« redend, zu halbherzigen Abwehrreaktionen entschließen und damit den Machtverfall eher fördern als aufhalten, sowie am Ende schließlich den berechnenden Akten einer konservativen Kollaboration, die die Bewegung nutzen will im Kampf gegen den Fürstbischof um die Autonomie der Stadt.

Unmittelbar nach der Machteroberung setzt die Jagd der »Perfecti«, der Abzeichen- und Armbindenträger, auf die unsicheren Elemente ein, man registriert die Vertreibungen, die Bücherverbrennungen und den Bildersturm, das Trickwerk der Stimmungslenkung, die Vergötzungsphrasen, als deren Stichwortgeber sich der hinkende Goldschmied Dusentschuer hervortut, die theatralischen »Umläufe« und Volksfeste, unterbrochen von den Paroxysmen gesetzloser Willkür, die es demjenigen, der »lusten hedde, einen dot zu schlain«, erlaubten, »einen (zu) nemmen und schlain den dot«.

Sehr bald freilich erlahmte der revolutionäre Überschwang, das System richtete sich ein, verfestigte sich. Das mag nicht nur auf die still und zähe im Innern der Stadt wirkenden Gegenkräfte, sondern auch darauf zurückzuführen sein, daß das aufrührerische Münster sich bald belagert und abgeschnürt sah. Um die voraussehbaren Bedrängnisse, die den Bewohnern freilich als Teil des geweissagten Heilsplanes dargestellt wurden, unbeschadet zu überstehen, sahen sich alle Bürger aufgefordert, ihre Vorräte abzugeben, Gold, Schmuck und Wertgegenstände im Rathaus abzuliefern, während gleichzeitig die Einführung einer Art kommunaler Gütergemeinschaft betrieben wurde, wie sie, der Apostelgeschichte zufolge, von den Jüngern Jesu in der Gemeinde von Jerusalem eine Zeitlang vorgelebt worden war. Einige Wochen später proklamierte Jan Bockelson, nach dreitätiger meditierender Zwiesprache mit Gott, eine neue Verfassung, die die generationenalte, auf der Wählbarkeit der Ratsherren beruhende Ordnung zugunsten eines ernannten Kollegiums ablöste. An der Spitze der Gemeinde standen künftig zwölf Älteste sowie zweiundvierzig Gewerbevorsteher, denen ein strenges Regiment aufgegeben war. Die Todesstrafe war unter anderem vorgesehen für Gotteslästerung, Ungehorsam gegen die Obrigkeit, gegen Eltern und Herren, gegen Ehebruch, Geiz, Diebstahl und Verleumdung, sowie schließlich gegen Zank, Murren und Aufruhr. Schon hier deutete sich an, daß die Gesetzgebung des Neuen Jerusalem, noch ehe die versprochene soziale Revolution eigentlich begonnen hatte, zum Mittel der Herrschaftssicherung entartete und, kaum war dies gewährleistet, zusehends offener in die Befriedigung persönlicher Bedürfnisse überging – am anschaulichsten zum Ausdruck gelangt durch den Mitte Juli 1534 ergangenen Erlaß zur Einführung der Vielweiberei, der wie die detailgetreue, wenn auch mit dem Bibelwort: »Seid fruchtbar und mehret Euch!« begründete Vorwegnahme einer Denkschrift Martin Bormanns vom 29. Januar 1944 wirkt. Im Herbst 1534 änderte Bockelson die Verfassung der »Gemeinde Christi« in ein theokratisches Königtum, dessen unbeschränkter Herrscher mit den monarchischen Insignien, mit Hofstaat und sechzehn Frauen er selbst war.

Faszinierend aktuell erscheint auch die Endphase des »Tausendjährigen Reiches«: zum Beispiel die Proklamation des totalen Krieges in der erschöpften Stadt, die sinnlos prolongierten Aushalteappelle, die zynisch vorgegaukelten Hoffnungen auf eine Intervention in letzter

Stunde, dies alles auslaufend in ein großes Morden, die Abrechnung mit Untreue und Verrat. Und schließlich fehlt auch das ideologische Dementi nicht, die Abkehr der besiegten, gefangenen und vor Gericht gestellten Führungsfiguren von ihren Taten und Überzeugungen, so daß Hingabe und Opfer vieler Tausender sich desavouiert sehen, ehe ganz am Ende selbst die Figur dessen auftaucht, der aus dem aktiv beförderten Wahnwitz jener Jahre, so als sei nichts geschehen und nichts zu verantworten, in die bürgerliche Normalität zurückkehrt: Der Kanzler Heinrich Krechting flüchtete nach Dyckhausen, wo er als »ehrbarer« Bürger lebte. In der Tat, ein Modell!

Mit dem in Feuer und Blut erstickten Experiment von Münster verlor der revolutionäre Chiliasmus, in den voraufgegangenen Bauernkriegen schon halb gebrochen, die aufrührerische Dynamik. Die Wiedertäufer entwickelten sich zu einer Sekte brüderlicher Beschaulichkeit und haben mit der Rückkehr zu ihren sanfteren Ursprüngen zahlreiche quietistische Richtungen innerhalb der christlichen Kirchen nicht unwesentlich beeinflußt. Andere nahmen nun die Tradition des sozialrevolutionären Heilsgedankens auf und gaben sie weiter. In den Entwürfen englischer und französischer Utopisten werden Elemente dieser Sehnsucht ebensosehr erkennbar wie in den blutig hingeschriebenen idyllischen Konzepten der Revolution von 1789; sie sind bei Weitling, Marx oder Tolstoj spürbar, in den Visionen der revolutionären europäischen Intelligenz des 19. Jahrhunderts oder im Endzeitdenken gegenwärtigen Philosophierens, sei es bei Herbert Marcuse oder Ernst Bloch. Denn wie verworren im einzelnen auch war, was in Münster geschah: Es blieb zuletzt doch in der Tradition einer rabiaten Heilserwartung, und durch allen hysterischen Vordergrundlärm war immer noch, merkwürdig anrührend, etwas von jenem alten »Murren der Kinder Israels« zu hören, die gegen die Härte des Gesetzes aufbegehren.

Die modernen totalitären Sozialreligionen haben, mehr oder minder, im Zeichen chiliastischer Vorstellungskomplexe erstmals wieder die Massen mobilisiert. Gewiß waren die Ausgangshaltungen von Kommunismus und Nationalismus denkbar verschieden. Kaum etwas unterstreicht dies so nachdrücklich wie die Tatsache, daß der Sozialismus zumindest der frühen Zeit in der Tat eine Eschatologie besaß, während die Zukunftsvorstellung des Nationalismus wenig mehr als eine von Fluchtängsten beherrschte, in die immer gleichen Eroberungs-, Unterwerfungs- und Ausrottungskonzepte auslaufende Hegemonialidee war. Der religiös gefärbten Endreichutopie des einen hat der andere nur eine auf die eigenen Komplexe verweisende, imperiale Weltreichutopie entgegenzusetzen. Die totalitäre Realität jedoch wies, wenigstens zeitweilig, beträchtliche Übereinstimmungen zwischen dem einen und dem anderen auf, und beide haben sich, im System rechtfertigender Selbstdarstellung, nicht ungern auf die spätmittelalterlichen Vorgänge gestützt. Wie es eine auf Friedrich Engels zurückgehende, marxistische Tradition der Bezugnahme auf die Wiedertäufer gibt, so haben die Nationalsozialisten sich verschiedentlich auf die sozialrevolutionären Gruppen der Begharden und Beginen berufen und in dem ersten Millenismuspropheten mit radikaler nationalistischer Tendenz, dem sogenannten Oberrheinischen Revolutionär und dessen Buch der hundert Kapitel (1510), ein frühes ideologisches Vorläufertum gefeiert. Freilich lassen solche Berufungen nicht nur die intendierte Folgerung zu, daß die eigenen Zielsetzungen ihre geschichtliche Würde besitzen und damit legitimiert seien. Ebensosehr ist der Umkehrschluß möglich, wonach der Rückgriff auf die irrationalen Wahnwelten, dem wir in diesen frühen Erscheinungen so nachdrücklich begegnen, immer mit Gefolgschaften rechnen kann, und daß ein Mittelalter existiert, das bis in unsere Tage reicht.

Dieses Mittelalter ist gegenwärtig in jeder irrationalen Reaktion auf Existenz- und Orientierungsnöte. Es wirkt als Antriebselement in den Fluchtversuchen, deren Spur über unsere Straßen geht: bei den Apologeten der Gewalt und eines aufrührerischen Anarchismus, dem hektischen Weltverbesserertum, das in die Traumwelt eines vagen Paradieses ausbricht. Ihren romantizistischen Charakter enthüllen die unterschiedlichen Bewegungen der Gegenwart nicht zuletzt dadurch, daß sie im Widerspruch gegen das Bestehende verharren, die Definition ihrer Ziele jedoch verweigern. Nach der Art von Gruppen, deren Mitglieder sich überwiegend emotional verbunden wissen, wollen sie durchweg, bei allen Abweichungen im einzelnen, Affekte pflegen und die Gegensätze zur bestehenden Ordnung eher mit ostentativ verzweifelter Gebärde aushalten als aufheben. Denn nicht erst die revolutionäre Veränderung des bestehenden, sondern schon die konkrete Beschreibung des ersehnten Gesellschaftszustandes würde die Spannung schwächen und dem eigenen hochgetriebenen Außenseitergefühl Abbruch tun. Die Revolution der Jugend oder was doch so heißt, ist in Wahrheit eine Rebellion, die vom eigenen Unbehagen ausgeht und dort auch verharrt. Sie bezieht ihre Impulse weniger aus der Glücksvorstellung einer künftigen, als aus der Unglücksvorstellung der gegenwärtigen Gesellschaft und ist, im ganzen, nur ein neues Kapitel in der Geschichte eines Geistes, der sich seit je auf sein unpolitisches Wesen einiges zugute hält.

Immerhin hat das schwärmerische Mißbehagen der Gegenwart, inbesondere soweit es sich auf Karl Marx beruft, den utopischen Charakter wiederentdeckt, der allem entschiedenen politischen Denken innewohnt. Im Konsumkult der kapitalistischen wie in der Konsumnot der sozialistischen Welt ist er auf eine eher prosaische Weise verendet. Mitunter hat es den Anschein, als sei es das Bestreben und die Funktion dieser weltweiten Unruhe, eine Ordnung der vulgären Zwecke eschatologisch zu durchsetzen und ein übriges Mal die Diagnose Karl Mannheims zu widerlegen, daß wir in einem »trockenen Zeitalter« lebten. Gewiß ist vieles an dem Aufruhr kurzsichtig, outriert und reine Selbstergriffenheit, anderes setzt, eher belustigt, das Unmögliche voraus. Wenn der Himmel einstürzt, das ist richtig, werden wir alle Lerchen fangen. Aber fehlendes Augenmaß, Selbstergriffenheit und ein Hang zum Unmöglichen gehören zum Wesen utopischen Denkens, wieviel davon auch immer in Münster und anderswo zum Vorschein gekommen sein mag.

Doch was immer als das vorherrschende, der genaueren geschichtlichen Analyse standhaltende Motiv im Münster der beginnenden Neuzeit wirksam gewesen sein mag: Der revolutionäre Aufruhr kann zwar das Recht haben, doch das »Heil«, auf das er sich mit Vorliebe beruft, hat er nicht. Was man so nennt, entzieht sich gerade, wo sich der Überschwang, der kollektive Zukunftsrausch breitmachen. Die Revolution, die es näher bringen könnte, sieht alltäglich und nüchtern aus. Und vielleicht ist es so, daß die geschichtlich bekannten Revolutionen gescheitert sind, weil nicht hinreichend bedacht oder hinreichend befolgt werden konnte, daß die Utopie vom »Heil« vernünftig ist, wie denn die Vernunft, so unansehnlich sie sich häufig ausnehmen mag, die eigentliche Utopie ist.

Zeitgenössische Berichterstatter

1. Henricus Dorpius Monasteriensis

Warhafftige historie, wie das Evangelium zu Münster angefangen / und darnach durch die Widderteuffer verstöret / widder auffgehört hat, (Wittenberg) 1536

Der Name ist fiktiv. Schon C. A. Cornelius hat festgestellt, daß der Verfasser dieser Schrift kein Münsteraner gewesen sein kann. Seine Darstellung enthält viele unrichtige Angaben über Örtlichkeiten und Ereignisse, die jedes Stadtkind kannte. Cornelius vermutete hinter diesem Namen Theodor Fabricius, wurde jedoch von Th. Vollbehr 1888 widerlegt. R. Stupperich hat 1959 auf Antonius Corvinus hingewiesen, der 1535 in Münster war und die gefangenen Täuferführer vernahm. Dieser Auffassung hat sich auch K. H. Kirchhoff angeschlossen. Die »Warhafftige Historie« erschien 1536 und wurde immer wieder nachgedruckt. Ihre Aussagen sind wichtig, weil der Verfasser noch 1535 in Münster war und auch danach an den Ereignissen teilnahm. Corvinus hat die drei gefangenen Wiedertäuferführer verhört.

2. Hermann von Kerssenbroick

Anabaptistici furoris Monasteriensium inclitam Westphalie Metropolim evertentis historica narratio.

Handschrift um 1570, gedruckt in deutscher Übersetzung Münster 1771, im Original 1899/1900.

Kerssenbroick (ca. 1520–1585) kam mit 12 Jahren auf die Domschule nach Münster, verließ sie Ende Februar 1534 und kehrte nach der Eroberung der Stadt zurück. Danach studierte er in Köln. 1550–1575 leitete er die Domschule in Münster. In dieser Zeit (ca. 1566 begonnen, 1574 vollendet) schrieb er seine Geschichte der Wiedertäufer. Dem Rat und der Bürgerschaft behagte seine Darstellung nicht, weil sie viele Münsteraner als Anhänger der Wiedertäufer belastete. Aus seinem Amt entlassen, verließ er Münster, um in Paderborn, Werl und Osnabrück zu wirken. Seine Darstellung wird oft überschätzt. Ihr Wert besteht in den zahlreichen aufgenommenen Urkunden, die z. T. nur von ihm überliefert werden. Der Bericht selbst ist nicht immer zutreffend, wie er denn auch nur bedingt als Augenzeuge gelten kann.

3. Heinrich Gresbeck

Meister Heinrich Gresbecks Bericht von der Wiedertaufe in Münster. Erstmalig veröffentlicht 1853, in: C. A. Cornelius, Augenzeugenberichte, Geschichtsquellen des Bistums Münster Bd. 2, S. 3–214.

Gresbecks Darstellung ist ein ausgesprochener Augenzeugenbericht. Er erlebte alle Ereignisse in der Stadt mit und war an der Eroberung der Stadt entscheidend beteiligt. Gresbeck war Schreiner, ein guter Beobachter, der schlicht, wenn auch unbeholfen, berichtet. Seine Darstellung, vermutlich vor 1543 geschrieben, ist durchaus ehrlich und glaubwürdig, die beste Quelle für die Geschichte des Täuferreiches, die wir besitzen. Die Entstehung der Schrift liegt völlig im Dunkel.
(St)

Bibliographie

Ausgewählte Neuerscheinungen seit 1960 zum Ausstellungsthema

Armour, Rollin S.: Anabaptist baptism. Scottdale Pa. 1966

Bakker, Willem de: Bernhard Rothmann (H.-J. Goertz, Hg., Radikale Reformatoren) München 1978, S. 167–178

Baumann, Clarence: Gewaltlosigkeit im Täufertum (Studies in the history of Christian thought) Leiden 1967

Blanke, Fritz: Brüder in Christo. Die Geschichte der ältesten Täufergemeinde, Zürich 1955, engl. Übers. Scottdale Pa. 1961

Brendler, Gerhard: Das Täuferreich zu Münster 1534/35, Berlin (Ost) 1962

Clasen, Claus-Peter: Anabaptism. A social history, Ithaca/London 1972

Deppermann, Klaus: Melchior Hoffman. Soziale Unruhen und apokalyptische Visionen im Zeitalter der Reformation, Göttingen 1979

Dülmen, Richard van: Reformation und Revolution. Soziale Bewegung und religiöser Radikalismus in der deutschen Reformation, München 1978

Fast, Heinold: Zur Taufanschauung der »Täufer«, Archiv für Reformationsgeschichte 57, 1966, S. 121–151

Friedmann, Robert: The Theology of Anabaptism. An Interpretation, Scottdale Pa. 1973

Gastaldi, Ugo: Storia dell' Anabattismo dalle origine a Münster (1525–1535), Turin 1972

Goertz, H.-J. (Hg.): Umstrittenes Täufertum 1525–1975. Neue Forschungen, Göttingen² 1977

Goertz, Hans-Jürgen: Die Täufer. Geschichte und Deutung, München 1980

Haas, Martin: Die Täuferkirche des 16. Jahrhunderts in der Schweiz und in Münster, Zwingliana 13, 1972, S. 434–462

Hershberger, Guy: Das Täufertum. Erbe und Verpflichtung, Stuttgart 1963

Hillerbrandt, H. F.: Bibliographie des Täufertums (1520–1630), Gütersloh 1962

Kirchhoff, Karl-Heinz: Die Belagerung und Eroberung Münsters 1534/35. Militärische Maßnahmen und politische Verhandlungen des Fürstbischofs Franz von Waldeck, Westf. Zeitschrift 112, 1962, S. 77–170

Kirchhoff, Karl-Heinz: Die Täufer im Münsterland. Verbreitung und Verfolgung des Täufertums im Stift Münster 1533–1550, Westf. Zeitschrift 113, 1963, S. 1–109

Kirchhoff, Karl-Heinz: Gab es eine friedliche Täufergemeinde in Münster? Jahrbuch f. Westf. Kirchengeschichte 55/56, 1962/63, S. 7–21

Kirchhoff, Karl-Heinz: Utopia 1534/35, Geschichte original – am Beispiel der Stadt Münster 3, Münster 1979

Kirchhoff, Karl-Heinz: Die Täufer in Münster (1534/35). Untersuchungen zum Umfang und zur Sozialstruktur der Bewegung, Münster 1973

Kluge, Dietrich: Kirchenordnung und Sittenzucht in Münster, Jahrbuch f. Westf. Kirchengeschichte 67, 1974, S. 219–235

Kohl, Wilhelm: Heinrich Roll. Beiträge zu seiner Biographie (Festschrift für Alois Schröer), Münster 1972, S. 185–194

Krahn, Cornelius: Dutch Anabaptism. Origin, spread, life and thought (1450–1600), The Hague 1968, Scottdale Pa. 1981

Lackner, Martin: Von Thomas Müntzer zum Münsterschen Aufstand, Jahrbuch f. Westf. Kirchengeschichte 53/54, 1960/61, S. 9–24

Lienhard, Marc (Hg.): The Origins and Characteristics of Anabaptism. Colloquium, Straßburg 1975, The Hague 1977

List, Günther: Chiliastische Utopie und radikale Reformation. Erneuerung der Idee vom Tausendjährigen Reich im 16. Jahrhundert, München 1973

Littel, F. H.: Das Selbstverständnis der Täufer, Kassel 1966

Lohse, Bernhard: Die Stellung der »Schwärmer« und Täufer in der Reformationsgeschichte, Archiv für Reformationsgeschichte, 60, 1969, S. 5–26

Petri, Franz: Das Reich der Wiedertäufer zu Münster. Festschrift für Edith Ennen, Bonn 1972, S. 623–637

Plümper, H. D.: Die Gütergemeinschaft bei den Täufern des 16. Jahrhunderts, Göppingen 1972

Porter, Jack W.: Bernhard Rothmann (1495–1535). Royal Orator of the Munster Anabaptist Kingdom, Ann Arbor/London 1964

Rammstedt, Otthein: Sekte und soziale Bewegung. Soziologische Analyse der Täufer in Münster 1534/35, Dortmunder Schriften zur Sozialforschung 34, Köln 1966

Schilling, Heinz: Aufstandsbewegungen in der Stadtbürgerlichen Gesellschaft des Alten Reiches. Die Vorgeschichte des Münsteraner Täuferreiches 1525–1534 (H.-U. Wehler, Hg., Der deutsche Bauernkrieg 1524–1526), Göttingen 1975, S. 193–239

Stayer, James: Anabaptists and the Sword, Lawrence/Kansas² 1976

Stupperich, Robert: Die Münsterische Apokalypse 1535,

Jahrbuch f. Westf. Kirchengeschichte 53/54, 1960/61, S. 25–42
Stupperich, Robert: Das münsterische Täufertum im Blickfeld des Reiches, Zeitschrift »Westfalen« 58, 1980, S. 109–116
Stupperich, Robert: Landgraf Philipp von Hessen und das münsterische Täufertum (Festgabe für W. F. Dankbaar) Amsterdam 1977, S. 98–115
Stupperich, Robert: Dr. Johann von der Wyck. Ein münsterischer Staatsmann der Reformationszeit, Westfälische Zeitschrift 123, 1973, S. 1–50
Warnke, Martin: Durchbrochene Geschichte. Die Bilderstürme der Wiedertäufer in Münster 1534/35, in: Bildersturm. Zerstörung der Kunstwerke, München 1973, S. 65–98
Wenger, John C.: Die dritte Reformation. Kurze Einführung in Geschichte und Lehre des Täufertums, Kassel 1973
Wolgast, Eike: Herrschaftsorganisation und Herrschaftskrisen im Täuferreich von Münster 1534/35, Archiv für Reformationsgeschichte 69, 1978, S. 179–201

Weitere abgekürzt zitierte Literatur

Alter Kunstbesitz der Stadt Münster, Ausstellungskatalog Landesmuseum Münster 1931
Bartsch: s. Koch
Bahlmann, Paul: Die Wiedertäufer zu Münster. Eine bibliographische Zusammenstellung, Westfälische Zeitschrift 51, 1893, S. 119–174
Cornelius, Carl A. (Hg).: Berichte der Augenzeugen über das Münsterische Wiedertäuferreich = Geschichtsquellen des Bisthums Münster (MGQ) Bd. 2, Münster 1853, Repr. Münster 1965
Detmer, Heinrich: Ungedruckte Quellen zur Geschichte der Wiedertäufer in Münster, Westfälische Zeitschrift 51, 1893, S. 90–118
Dorpius, Henricus: Die Wiedertäufer in Münster, hg. von F. Merschmann, Magdeburg 1847
Dülmen, Richard van (Hg.): Das Täuferreich zu Münster 1534–1535. Berichte und Dokumente, München 1974
Geisberg, Max: Die münsterischen Wiedertäufer und Aldegrever. Eine ikonographische und numismatische Studie. Straßburg 1907, Repr. Baden-Baden 1977
Geisberg, Max: Bau- und Kunstdenkmäler von Westfalen, Bd. 42: Die Stadt Münster, 6 Bände, Münster 1932–1941
Gresbeck in MGQ 2 = Meister Heinrich Gresbecks Bericht von der Wiedertaufe in Münster, in: Cornelius, MGQ 2 (s. o.) S. 1–214
Haenel, Erich: Alte Waffen, Berlin 1913
Hollstein, F. W. H.: German Engravings, Etchings and Woodcuts ca. 1400–1700, Bd. 1, Amsterdam 1954
Kerssenbroick, Hermann von: Anabaptistici furoris Monasteriensium inclitam Westphaliae metropolim evertentis historica narratio, hg. von H. Detmer (= Geschichtsquellen des Bistums Münster Bd. 5/6), Münster 1899/1900
Koch, Robert A. (Hg.): The Illustrated Bartsch, Bd. 14 (Wilborn), Bd. 16 (Aldegrever), New York 1980
Niesert, Joseph: Beiträge zu einem Münsterischen Urkundenbuche, Bd. I, 1, Münster 1823
Niesert, Joseph: Münsterische Urkundensammlung Bd. 1, Coesfeld 1826
Die Ordnung der Widerteuffer in Münster, in: Westfälische Zeitschrift 17, 1856, S. 240–249
Prinz, Joseph: Bernd Knipperdollinck und seine Sippe, Zeitschrift »Westfalen« 40, 1962, S. 96–116
Shestack, Alan: Some Preliminary Drawings for Engravings by Heinrich Aldegrever, in: Master Drawings 8, 1970, S. 141–148
Stupperich, Robert (Hg.): Die Schriften Bernhard Rothmanns, Münster 1970
Stupperich, Robert (Hg.): Schriften von katholischer Seite gegen die Täufer, Münster 1980
Tumbült, Georg: Die Wiedertäufer, Berlin/Leipzig 1899
Zschelletzschky, Herbert: Das graphische Werk Heinrich Aldegrevers, Straßburg 1933

KATALOG

Gliederung der Ausstellung

I. Apokalyptische Zeit
Kat. Nr. 1–41

II. Münster und seine Nachbarn vor der Wiedertäuferzeit
Kat. Nr. 42–57

III. Die Wiedertäufer in Münster

1) Machtergreifung
Kat. Nr. 58–73

2) Das Neue Jerusalem
Kat. Nr. 74–107

3) Das Königreich
Kat. Nr. 108–133

4) Belagerung, Eroberung, Strafgericht
Kat. Nr. 134–164

IV. Wiederaufbau und Restauration
Kat. Nr. 165–178

V. Beispiele künstlerischer Verarbeitung des Themas bis heute
Kat. Nr. 179–202

I. Apokalyptische Zeit

1–16 Die Apokalypse

»Apocalipsis cum figuris«
(Die heimliche Offenbarung Johannis)
Holzschnittfolge von Albrecht Dürer; 1. und 2. Auflage deutsch und lateinisch 1498, 3. Auflage lateinisch 1511. Die gezeigten Blätter stammen aus den drei verschiedenen Ausgaben.

Eigenart, Verfasser

Die Apokalypse (griechisch = Enthüllung), auch Geheime Offenbarung, ist das letzte und einzige prophetische Buch des Neuen Testaments. Großartige, doch schwer deutbare Bilder schildern das, »was bald geschehen muß«, d. h. die zukünftigen Dinge, besonders die Schicksale der Christen in der ihnen feindlichen Welt, den Sieg Christi über diese Welt, ihr Ende und die Heilsvollendung in Gott. Vorgestellt werden Bilder mit Symbolen wie Lamm, Sterne, Leuchter, Frau, Tiere, Reiter usw. Auch Zahlen haben symbolische Bedeutung.

Geschrieben wurde das Buch vom Evangelisten Johannes während seiner Verbannung auf der Ägäisinsel Patmos um 95 n. Chr. In sieben Briefen schildert er seine visionären Enthüllungen, die ein Engel ihm vermittelte, damit er sie sieben Christengemeinden des westlichen Kleinasien mitteile.

Die Apokalyptik Luthers und der täuferischen Schwärmer

Immer wieder ist die Apokalypse in der Form ausgelegt worden, daß man sie auf die eigene Zeit bezog. Das hat besonders für Krisenzeiten gegolten. In unerklärlich erscheinenden Vorgängen sah man apokalyptische Gestalten und glaubte, das Ende aller Zeit sei nahe. Das sechzehnte Jahrhundert war in besonderem Maße und auf allen Lebensgebieten eine Epoche krisenhaften, revolutionären Umbruchs. Mehr instinktiv als rational merkten die Menschen, daß es mit der Welt, so wie man sie kannte, zu Ende ging, daß die bisherigen Lebensformen, die politischen und geistlichen Ordnungen brüchig wurden. Die Geschichtsschreibung hat im nachhinein für dieses Jahrhundert das Ende des Mittelalters und das Werden der Neuzeit festgestellt und durch die Epocheneinteilung angezeigt, daß sich in der Tat ein radikaler Umbruch vollzog.

Wie viele seiner Zeitgenossen glaubte auch Martin Luther, in der in der Apokalypse vorhergesagten Zeit, d. h. in der letzten Phase der Geschichte zu leben. Es war ihm die Zeit des Antichristen, seiner Herrschaft und beginnenden Vernichtung durch das Evangelium. Endgültig würde er bei der nahe bevorstehenden Wiederkunft Christi besiegt werden. Der Antichrist verkörperte sich für Luther in zweifacher Gestalt: im Papst und im Türken.

»Denn die Schrift weissaget uns von zweien grausamen Tyrannen, welche sollen vor dem Jüngsten Tage die Christenheit verwüsten und zerstören. Einer geistlich, mit Listen oder falschem Gottesdienst und Lehre wider den rechten christlichen Glauben und Evangelium. Davon Daniel schreibt am 12. Kapitel, daß er sich solle erheben über alle Götter und über alle Gottesdienst etc. Welchen auch St. Paulus nennet den Endchrist (2. Thess. 2). Das ist der Papst mit seinem Papsttum, davon wir sonst genug geschrieben. Der andere, mit dem Schwert, leiblich und äußerlich aufs greulichste ... das ist der Türke.« (Heerpredigt wider den Türcken, Wittenberg 1542).

Die Schwärmer erwarteten die baldige Vernichtung aller »Gottlosen«, d. h. besonders der Anhänger der alten und der reformatorischen Kirche sowie der Fürsten. Für manche hatte diese Vernichtung durch den Türkensturm bereits konkrete Form angenommen. Melchior Hoffman und Jan Matthys, die geistigen Väter der münsterischen Täufer, waren überzeugt, daß das Gericht unmittelbar bevorstünde. Die »Wiedergetauften« sollten überleben und in Straßburg bzw. in Münster das »Neue Jerusalem« errichten.

Die Schilderung der Apokalypse durch die Holzschnittfolge Albrecht Dürers

Durch die Jahrhunderte sind Künstler angeregt worden, die Visionen des Apostels Johannes in Bildern darzustellen. Albrecht Dürer schuf in enger Anlehnung an den biblischen Text in den Jahren 1496–98 seine großartige Holzschnittfolge von 15 Blättern. Auf den Rückseiten ist in lateinischer oder deutscher Sprache der

Text wiedergegeben. 1498 erschien die erste Auflage, 1511 die zweite nur lateinisch. Der zweiten Auflage wurde das Titelblatt hinzugefügt, das den hl. Johannes zeigt, wie er, begleitet von seinem Adler, die apokalyptischen Visionen aufschreibt.

In seinen Holzschnitten gelang es Dürer in phantastischen und doch im einzelnen realistischen Bildern das übernatürliche Geschehen zu veranschaulichen. Die Fülle der Gestalten und Formen wird durch strenge, meist axialsymmetrische oder diagonale Gliederung aufgeteilt und überschaubar gemacht. Mit sicherem künstlerischem Griff hat Dürer den Holzschnitt als technisches Mittel gewählt. Der dabei typische Schwarzweiß-Kontrast wird durch große freie weiße Flächen noch besonders betont und dient dazu, die Dramatik der Vorgänge zu erhöhen. Die beim Holzschnitt übliche lineare Zeichnung wiederum ermöglicht genaue, aber doch zeichenhafte Wiedergabe. So bleibt bei aller Naturtreue das Geschehen übernatürlich, visionär.

Dürers Bilder sind so überzeugend, daß man seither die Visionen des Johannes mit Dürers Augen schaut. Niemand mit Empfindung lassen sie unberührt.

Für Dürer und die meisten seiner Mitmenschen waren die Bilder mystische Realität. Die Holzschnittblätter sind deshalb wie wenige Zeugnisse geeignet, das Bewußtsein breitester Schichten jener Epoche zu veranschaulichen. Es ist auch die Epoche der Wiedertäufer. Für sie war die apokalyptische Endzeit geradezu handgreiflich Wirklichkeit.
(G)

1 Titelblatt: Johannes vor der Mutter Gottes

Bl.: 18,5 x 18,4 cm ohne Text

Kunstmuseum Düsseldorf

2 Martyrium des Evangelisten Johannes

Bl.: 38,8 x 28,2 cm

Kunstmuseum Düsseldorf

Die Holzschnittfolge beginnt mit dem Martyrium des Apostels Johannes. Nach der Legende ließ der Kaiser Domitian den Evangelisten ergreifen und in einen Kessel siedenden Öls setzen. Johannes erlitt wunderbarerweise keine Verletzung. Er wurde darauf nach Patmos verbannt. Dort hatte er die apokalyptischen Visionen. Darauf will Dürer hinweisen und auch andeuten, daß so wie Johannes' Leib unverletzlich war, auch sein Wort unantastbar ist.
(G)

3 Johannes erblickt den Herrn im Kreis der sieben Leuchter

Bl.: 39,5 x 28,4 cm

Kunstmuseum Düsseldorf

In der ersten Vision zeigte sich dem Seher der auferstandene Christus mit sieben Sternen in der rechten Hand inmitten von sieben Leuchtern und beauftragt ihn, an sieben kleinasiatische Gemeinden zu schreiben, was er schauen wird. Die Sterne und die Leuchter stehen für die Gemeinden Ephesus, Smyrna, Pergamon, Thyatira, Sardes, Philadelphia und Laodikeia.
(G)

4 Der Himmel öffnet sich vor Johannes

Bl.: 39,3 x 28,1 cm

Kunstmuseum Düsseldorf

Die.iij.figur begrift den ersten teyl des.vj.Capitels. V blat

Kat.-Nr. 5

Johannes schaut den Thron Gottes, umgeben von 24 Ältesten, den sieben Geistern als sieben Fackeln und vier Wesen. Gott hält ein Buch in der Hand, das die göttlichen Ratschlüsse über die Zukunft enthält. Es ist mit sieben Siegeln verschlossen. Nur das Lamm (Sinnbild Christi) kann das Buch öffnen.
(G)

5 Die vier Reiter

Bl.: 39,3 x 28,3 cm

Kunstmuseum Düsseldorf

Bei der Lösung der vier ersten Siegel kommen vier Reiter, Symbole für Sieg, Krieg, Hunger und Tod. Die beiden ersten erinnern ihrem Aussehen nach an türkische Spahis.
(G)

6 Die Verteilung der weißen Gewänder und der Sternenfall

Bl.: 39,4 x 28,3 cm

Kunstmuseum Düsseldorf

Bei Lösung des fünften Siegels rufen die um den Altar versammelten Seelen der Märtyrer um Gottes Rache. Engel überreichen ihnen weiße Gewänder, und es wird ihnen gesagt, sie sollten sich gedulden, bis ihre Zahl vollständig sei. Diese Szene spielt im Himmel. Auf Erden bringt die Lösung des sechsten Siegels Erdbeben und Sternenfall. Die Menschen allen Alters, Geschlechts und Standes sind erschrocken und suchen sich vor dem Zorn Gottes zu verbergen.
(G)

7 Die vier Windengel und die Bezeichnung der Auserwählten

Bl.: 39,5 x 28, 2 cm

Stadtmuseum Münster

144 000 Auserwählte werden von einem Engel mit dem Zeichen der Heiligkeit auf der Stirn gekennzeichnet. Vier gewaltige Engel halten währenddessen die feindlichen Elemente (Winde) in Schach.
In einem solchen Bild mochte sich die »Gemeinde Christi« in Münster wiedererkennen. In der Bezeichnung schon kommt das Bewußtsein einer Minderheit, ausgewählt zu sein, zum Ausdruck. Erwachsenentaufe und besondere Abzeichen, die sie trugen, galten als Zeichen der Auserwählung. Aus diesem Bewußtsein ließ Jan Matthys alle Andersgläubigen, die er bezeichnenderweise »Gottlose« nannte, aus Münster vertreiben. Das Neue Jerusalem sollte eine Gemeinde der Auserwählten, der Heiligen sein.
(G)

8 Die sieben Posaunenengel

Bl.: 39,3 x 28,1 cm

Kunstmuseum Düsseldorf

Die Eröffnung des siebten Siegels bringt sieben Plagen über die Erde. Sie werden von sieben Engeln jeweils mit sieben Posaunenstößen angekündigt. Dürer teilt das Geschehen auf drei Blätter auf.
Zunächst werden die Posaunen verteilt, und ein Engel opfert Weihrauch. Dann wirft er Feuer zur Erde nieder. Diese geht in Flammen auf, ein Vulkan wird ins Meer gedrückt, er löst Flutwellen aus, die Schiffe vernichten. Ein Stern fällt in einen Brunnen; er vergiftet ein Drittel der Quellen und Flüsse. Links auf dem Blatt fallen Insektenschwärme aus einer Wolke über das Land. Vom Himmel stößt ein Adler nieder und ruft sein »Wehe« über die Erde.
(G)

Kat.-Nr. 7

9 Die vier Euphratengel

Bl.: 39,4 x 28,3 cm

Kunstmuseum Düsseldorf

Der sechste Posaunenstoß löst vier bis dahin gebundene Verderben bringende Engel, worauf ein dämonisches Reiterheer ein Drittel der Menschheit tötet.
(G)

10 Johannes verschlingt das Buch

Bl.: 39,1 x 28,4 cm

Kunstmuseum Düsseldorf

Ein gewaltiger Engel erscheint, auf dessen Stimme sieben Donner antworten. Diese Antworten soll der Seher aber nicht aufschreiben. Der Engel kündigt an, daß sich mit der siebenten Posaune das »Geheimnis Gottes« vollenden werde. Er reicht Johannes ein Buch, das er in sich aufnehmen soll, damit er weiterhin weissage.
Beim siebten Posaunenstoß öffnet sich der Himmel und die Bundeslade, der Altar Gottes, wird sichtbar.
(G)

11 Das Sonnenweib und der siebenköpfige Drache

Bl.: 39,2 x 27,9 cm

Kunstmuseum Düsseldorf

Die Frau in der Gloriole der Sonne, der Mond zu ihren Füßen und ein Gestirn als Krone hat den Messias geboren. Er wird zu Gott erhöht, während der Drache, Satan, vergeblich ihn und die Frau zu vernichten sucht.
(G)

12 Michaels Kampf mit dem Drachen

Bl.: 39,4 x 28,3 cm

Kunstmuseum Düsseldorf

Im Himmel kommt es zum Kampf Michaels und seiner Engel gegen den Drachen und seine Geister, bei dem der Drache auf die Erde gestürzt wird. In großem Zorn verfolgt er die Mutter des Messias und ihre übrigen Kinder, die Christen.
(G)

13 Der siebenköpfige Drache und das Tier mit den Lammshörnern

Bl.: 39,1 x 28,1 cm

Kunstmuseum Düsseldorf

Als Helfer des Satans erscheinen zwei Tiere, eines aus dem Meer (Antichrist) und das andere vom Land (Pseudoprophet). Das Landtier verführt die Menschen, das Tier aus dem Meer anzubeten. Alle tun es bis auf jene, die im Buch des Lebens verzeichnet sind, die Auserwählten.
Gott aber erscheint mit der Erntesichel, die reif gewordene Frucht zu ernten.
(G)

14 Die babylonische Hure

Bl.: 39,2 x 28,8 cm

Kunstmuseum Düsseldorf

Dürer übergeht die Vision mit den sieben Engeln, die die Schalen des göttlichen Zornes siebenfach über die Erde ausschütten. Nur das Erdbeben, das Babylon auseinandersprengt und in Flammen setzt, ist im Hintergrund zu sehen. Im Vordergrund erscheint die babylonische Hure, die voll Unzucht und berauscht vom Blut der Christen

Kat.-Nr. 15

auf dem Tier aus dem Meer sitzt. Das Tier ist der Antichrist, die Hure die Verkörperung der Hauptstadt seines Reiches. Vor ihr stehen diejenigen, die sie geliebt haben. Bald werden sie gestraft werden. Am Himmel erscheint schon der Engel mit dem Mühlstein. Er wird ihn ins Meer werden und dabei rufen »Mit solcher Wucht soll Babylon, die große Stadt, hinabgeschleudert werden und nicht mehr zu finden sein!«
In den Wolken reitet schon der Sieger auf weißem Roß heran mit dem scharfen Schwert. Es heißt »Wort Gottes«. Ihm folgen die himmlischen Heerscharen.
(G)

15 Der Lobgesang der Auserwählten

Bl.:39,2 x 28,2 cm

Kunstmuseum Düsseldorf

Viele Heilige in weißen Gewändern versammeln sich um das Lamm und die Ältesten. Am unteren Bildrand kniet Johannes, dem einer der Ältesten erklärt, daß die Unzähligen in den weißen Gewändern diejenigen seien, die ihre Gewänder weiß gewaschen hätten im Blut des Lammes.
(G)

16 Satan wird in den Abgrund verschlossen, und ein Engel zeigt Johannes das neue Jerusalem

Bl.: 39,3 x 28,3 cm

Stadtmuseum Münster

Ein Engel läßt den gefesselten Teufel an einer Kette in den Abgrund. Mit seinem Schlüssel wird er ihn dort für 1000 Jahre verschließen.
Christus selbst lebt jetzt mit den Heiligen für tausend Jahre im Neuen Jerusalem. Der Engel zeigt Johannes die Stadt, die deutlich Züge einer deutschen Stadt des Spätmittelalters trägt. Nach der glücklichen Zeit des Tausendjährigen Reiches wird Satan noch einmal freigelassen. Mit einer unzählbaren Streitmacht wird er die heilige Stadt belagern, aber Feuer vom Himmel wird die Belagerer vernichten, während der Teufel endgültig in den Feuersee geworfen wird. Es folgt dann die Auferstehung der Toten und das Jüngste Gericht.
Die münsterischen Wiedertäufer haben dieses apokalyptische Bild vom Neuen Jerusalem, dem Tausendjährigen Reich, in dem Christus mit den Seinen lebt, direkt auf sich bezogen. Der unverdächtige Augenzeuge Heinrich Gresbeck schreibt, die täuferischen Prädikanten hätten gepredigt: »Christus werde aus dem Himmel kommen und 1000 Jahre mit ihnen auf Erden leben und werde sein Volk regieren und werde eine neue Welt errichten. Wenn die 1000 Jahre vorbei wären, so werde der Tag des Herrn kommen, und dann werde Christus sein Volk dem himmlischen Vater übergeben.«
(G)
Lit.: Gresbeck in MGQ 2, S. 82.

Kat.-Nr. 16

17–19 Die »Schedelsche Chronik«

Hartmann Schedel, Liber Chronicarum (lateinische Ausgabe), bei Anton Koberger, Nürnberg 1493
(Holzschnitte von Michel Wolgemut und Wilhelm Pleydenwurff)

Außer Dürers Holzschnittfolge zur Apokalypse kann uns auch die »Schedelsche Chronik« veranschaulichen, wie sehr die Menschen an der Wende von Mittelalter und Neuzeit durchdrungen waren von dem Bewußtsein, am Ende der Zeiten zu leben. Die Chronik war in ganz Europa, besonders aber im deutschen Sprachraum verbreitet. Exemplarisch kommt in ihr damaliges Welt- und Geschichtsverständnis zum Ausdruck. Christliche Heilslehre und weltliche Geschichte durchdringen sich. Die gesamte Geschichte ist entsprechend den sieben Schöpfungstagen in sieben Weltalter geteilt. Die ersten sechs reichen bis zur Gegenwart des Chronisten. Mit dem siebten Weltalter beginnt das Ende aller Zeit. Die Holzschnitte (Kat. 17–19) stammen aus dem Abschnitt über das Siebte Weltalter.
(G)

17 Totentanz

Holzschnitt aus: H. Schedel, Liber Chronicarum (1493)
Bl.: 44,0 x 28,2 cm

Stadtmuseum Münster

Die Toten tanzen. Ein Toter am linken Bildrand, in sein Leichentuch gehüllt, spielt dazu mit der Flöte auf. Am unteren Bildrand steigt ein weiterer aus dem Grabe, um sich dem frohen Reigen anzuschließen. Nicht der Tod also ist schrecklich; das Leben war es. Jetzt sind die Seelen vom Körper befreit und freuen sich auf das Glück der ewigen Seligkeit. Die Chronik nimmt hier eine Idee Platos auf, vermischt mit christlichem Jenseitsglauben.
(G)

18 Der Antichrist

Holzschnitt aus: H. Schedel, Liber Chronicarum (1493)
Bl.: 41,8 x 29,7 cm

Stadtmuseum Münster

Links predigt ein Mann in der Tracht der Gelehrten und Priester, d. h. mit Barett und Schaube. Ein Dämon gibt ihm die Gedanken ein. Der Redner ist der Antichrist; seine Worte verführen die Zuhörer. Rechts predigen zwei bärtige Gestalten. Es sind die Propheten Elias und Henoch, deren Wiederkunft für die Zeit vor dem Weltende vorhergesagt ist. Sie warnen vor dem Antichristen. Die beiden Gruppen trennt ein Hügel, der Ölberg, von dem der Antichrist versucht hat in blasphemischer Nachahmung Christi, in den Himmel aufzufahren. Doch der Erzengel Michael stürzt den Diener Satans mitsamt seinen Dämonen in einem Feuerregen hinab in den Abgrund.
Für die Täuferbewegung war diese Darstellung aktuelle Realität. Melchior Hoffman empfand sich als den angekündigten Elias, Jan Mattys bezeichnete sich als Henoch.
(G)

19 Das Jüngste Gericht

Holzschnitt aus: H. Schedel, Liber Chronicarum (1493)
Bl.: 41,5 x 29,2 cm

Stadtmuseum Münster

Der Holzschnitt zeigt das Jüngste Gericht. Christus als Richter sitzt auf einem Regenbogen, Zeichen der Versöhnung. Die Erde ist Schemel seiner Füße. Aus seinem Mund geht das Schwert der Verdammnis für die Schuldigen und die Lilie der glücklichen Verheißung für die Unschuldigen. Seitwärts knien Maria und Johannes der Täufer, um für die Menschen Gnade zu erflehen. Unter dem Richter schweben Posaunenengel. Auf ihre Posaunenstöße hin steigen die Toten aus ihren Gräbern. Links geleitet der hl. Petrus die Seligen zum Himmel, rechts werden die Verdammten in das Feuer der höllischen Verzweifelung geworfen.
(G)

Septima etas mūdi CCLXIIII

Imago mortis

Morte nihil melius. vita nil peius iniqua
O p̄ma mors hoīm. reqes eterna laborū
Tu senile iugum domino volente relaxas
Vinctorūqꝫ graues adimis ceruice cathenas
Exiliumqꝫ leuas. ꝛ carceris hostia frangis
Eripis indignis. iusti bona ptibus equans
Atqꝫ immota manes. nulla exorabilis arte
A primo prefixa die. tu cuncta quieto
Ferre iubes animo. promisso fine laborum
Te sine supplicium. vita est carcer perennis

Kat.-Nr. 17

Septima etas mūdi

Kat.-Nr. 18

Vltima etas mundi

Kat.-Nr. 19

20 Weltgerichtsaltar

Gemälde (Öl auf Eichenholz) von Herman tom Ring, um 1550, monogrammiert und undatiert.
Größe der Mitteltafel: 82 x 75 cm (Flügel je 80,5 x 29,5 cm)

Rijksmuseum Het Catharijneconvent, Utrecht

Das Weltgericht als Thema hat zu allen Zeiten Künstler und Auftraggeber zu Darstellungen angeregt. Von Hermann tom Ring sind zwei Fassungen des Themas bekannt. Beide wurden bald nach Beendigung der Wiedertäuferherrschaft gemalt, das eine für die Neuausstattung der von den Wiedertäufern zerstörten Kapelle der Fraterherren in Münster (heute Westf. Landesmuseum), das andere für ein Kloster in Amersfort. Das Amersforter Werk wird hier gezeigt. Es verdeutlicht, wie sehr sich die Menschen damals vom Thema unmittelbar betroffen fühlten.
Der Blick des Betrachters richtet sich sofort auf das Geschehen in der Mitte des Altarbildes. Der Tod hat seinen Bogen erhoben und zielt mit dem Todespfeil auf den Betrachter. Er steht auf der Totenbahre, deren Dekkel er abgeworfen hat, umflattert vom Leichentuch. Die übrigen Gestalten, im Vordergrund der Leichenhaufen, rechts die Verdammten, verschiedenen Lastern ergeben, links die Seligen mit ihren guten Werken und selbst der richtende Christus in den Wolken mit Maria und Johannes dem Täufer als Fürbitter für die Menschheit fallen erst nach dem zielenden Tod ins Auge. Sie bilden gleichsam einen Kranz, der kompositionell und farblich die Mitte hervorhebt. Bei näherer Betrachtung erkennt man in der Gruppe der Gerechten neben dem Engel einen bärtigen Mann mit Pilgerhut und Pilgerstab. Auf seiner Brust trägt er das Wappen von Münster.
Auf den Außentafeln sind die klugen und die törichten Jungfrauen mit ihren Öllampen dargestellt. Sie sind jeweils den Seligen bzw. Verdammten auf der Mitteltafel zugeordnet. Ein Engel führt die klugen Jungfrauen in den Himmel, ein Teufel zerrt die törichten zur Hölle.
(G)

Kat.-Nr. 20 (Ausschnitt)

Kat.-Nr. 20

21 Martin Luther, Eine Heerpredigt wider den Türcken

Wittenberg 1542; 1. Auflage 1529
Titelholzschnitt von Lucas Cranach, am rechten Rand monogrammiert, LC
Bl.: 18,3 x 14 cm

Leihgabe aus Privatbesitz

Die Türkei, das ist heute Kleinasien, ein unentwickeltes Land, Heimat von Gastarbeitern, ein Land, das Deutschland seit Generationen freundschaftlich verbunden ist. Zu Luthers Zeit war die Türkei etwas ganz anderes. Das türkische oder osmanische Reich erstreckte sich vom Euphrat und Tigris über Syrien zum Nil und nach Lybien und wieder von Kleinasien über Griechenland und den Balkan bis nach Ungarn. Zentral gelenkt vom Willen des allgewaltigen Sultans und angetrieben vom Eifer, die Herrschaft des Islam über die ganze Welt auszubreiten, unternahmen die Türken immer neue Vorstöße nach West und Ost. Sultan Suleyman I. (reg. 1520–1566), Zeitgenosse Kaiser Karl V., brachte den osmanischen Imperialismus zur vollen Entfaltung. Für die Zeit, von der diese Ausstellung berichtet, gibt schon die Aufzählung der Eroberungsdaten eine deutliche Vorstellung von der gewaltigen osmanischen Expansion.

1521 wird Belgrad genommen,
1522 Rhodos den Johannitern entrissen,
ab 1525 Algerien erobert,
1526 das ungarische Reich vernichtet, wobei in der Entscheidungsschlacht von Mohacs König Ludwig sein Leben verliert,
1529 fällt Budapest und im September und Oktober des gleichen Jahres wird Wien zum ersten Mal belagert,
1532 stoßen die Türken wieder nach Österreich vor. Güns fällt, Reiterscharen dringen in die Steiermark ein.

Panischer Schrecken ging jeweils dem osmanischen Heer voraus. Leicht bewaffnete Streifscharen (Akindschi) schwärmten vor dem eigentlichen Heer, brannten die Dörfer nieder, führten die arbeitsfähige Bevölkerung in die Sklaverei, erschlugen viele (Kat. 23, 24). Die Menschen in Mitteleuropa gerieten in Furcht. Die Türken waren militärisch so stark, daß ihnen das in sich uneinige Europa nicht gewachsen schien. Zudem verbündete sich der französische König mit dem Sultan.
Angesichts dieser »Türkennot« schrieb Luther seine »Heerpredigt wider den Türcken«. 1529, als Wien belagert wurde, erschien sie zum ersten Mal, 1542 anläßlich der Besetzung Ungarns in einer zweiten Fassung. Für Luther war der Türkensturm ein apokalyptisches Ereignis, »der Türcke« Verkörperung des Antichrist. Gestützt auf den Propheten Daniel dachte sich Luther die Weltgeschichte als Abfolge von vier Großreichen, des assyrisch-babylonischen, des persischen, des griechischen und des römischen. Die der Heerpredigt beigegebene ptolemäische Weltkarte (Kat. 22) (noch ohne Amerika und Australien) zeigt in Tiergestalten Verkörperungen dieser Weltreiche. Die Ausbreitung des osmanischen Reiches beendet die Weltgeschichte und leitet das nahe Ende der Welt und das Jüngste Gericht ein. Luther sprach aus, was viele glaubten.
(G)

21 a Türken und Endzeit

Textauszug aus: Martin Luther, Eine Heerpredigt wider den Türcken, Wittenberg 1542; 1. Auflage 1529

Leihgabe aus Privatbesitz

22 Vision des Propheten Daniel

Photographische Vergrößerung nach dem Holzschnitt in: Martin Luther, Eine Heerpredigt wider den Türcken, Wittenberg 1542; 1. Auflage 1529

Leihgabe aus Privatbesitz

23 Verschleppung in die Sklaverei

Farbphoto nach dem Holzschnitt von Erhard Schön bei Hans Guldenmundt, Nürnberg um 1530
Bl.: (original) 30,6 x 19,2 cm

Stadtmuseum Münster

Darůmb so halt feste / vnd sey sicher / Das der Tůrcke gewislich sey / der letzte vnd ergeste zorn des Teuffels / wider Christum / damit er dem Fas den boden ausstösset / vnd seinen grimme gantz ausschůttet / wider Christus Reich. Darzu auch die gröste straffe Gottes auff Erden / vber die vndanckbaren vnd Gottlosen Verechter / vnd Verfolger Christi vnd seines Worts / Vnd on zweiuel der vorlauff der Hellen vnd ewiger straffe / Denn Daniel sagt / das nach dem Tůrcken flugs das Gericht vnd die Helle folgen sol. Vnd man sihets auch wol ander that / wie grewlich er die Leute / Kind / Weiber / Jung vnd Alt erwůrget / spisset / zuhacket / die jm doch nichts gethan / vnd so handelt / als sey er der zornige Teuffel selbs leibhafftig. Denn nie kein Königreich also getobet hat / mit morden vnd wůten / als er thut / Wolan / wir wöllen das hie von dem Propheten Daniel hören.

Kat.-Nr. 21a

Kat.-Nr. 22

24 Türkengreuel

Farbphoto nach dem Holzschnitt von Erhard Schön bei Hans Guldenmundt, Nürnberg um 1530
Bl.: (original) 30,6 x 19,2 cm

Stadtmuseum Münster

25 Belagerung von Wien 1529

Farblithographie von A. Camesina, Wien 1851, nach dem kolorierten Holzschnitt von N. Meldemann, Nürnberg 1530
Bl.: 93 x 93 cm

Leihgabe aus Privatbesitz

Während der ersten Belagerung Wiens durch die Türken (27. 9. – 15. 10. 1529) zeichnete ein unbekannter Maler vom Stephansturm diese Rundansicht. Sie zeigt mit vielen Einzelheiten das türkische Lager, die Verwüstungen in der Umgebung und die Maßnahmen der Verteidiger. Auf die Wiedergabe der Häuser der Innenstadt verzichtete der Künstler, um die militärischen Vorgänge deutlich darstellen zu können. Nikolaus Meldemann aus Nürnberg fertigte nach der Zeichnung Holzschnitte auf sechs Platten. Die Abzüge erschienen 1530 mit den Wappen der Stadt Wien, des Erzherzogtums Österreich und der Königreiche Böhmen und Ungarn.
(G)

26 Philipp Melanchthon

(1497–1560)
Kupferstich von Heinrich Aldegrever, unsigniert und 1540 datiert
Bl.: 17,3 x 12,5 cm, randbeschnitten
Bartsch 185

Stadtmuseum Münster

Philipp Melanchthon (dt. Schwarzert) (1497–1560) aus Bretten (damals Pfalz), bereits in jungen Jahren angesehener Humanist, 1518 nach Wittenberg berufen. Die Zusammenarbeit mit Luther machte ihn zum Theologen und Reformator. Der universale Gelehrte übte in den Entscheidungsjahren der Reformation großen Einfluß aus. Während der Abwesenheit Luthers von Wittenberg vertrat er ihn in den Vorlesungen, schrieb 1521 die Loci communes (Theologische Hauptbegriffe), in denen er erstmalig die reformatorische Auffassung klar zusammenfaßte. Seit dem Zusammenstoß mit den Zwickauer Propheten war Melanchthon ein Gegner der Spiritualisten und Täufer, gegen die er seine Thesen und Widerlegungen richtete.
Seit dem Marburger Religionsgespräch (1529) war er an allen wichtigen Verhandlungen beteiligt. Als Verfasser des Augsburgischen Bekenntnisses (1530), des wichtigsten Bekenntnisses der Reformation und deren Apologie, übte Melanchthon überall starken Einfluß aus. Da es ihm auf Verständigung ankam, wirkte er bei der Wittenberger Konkordie (1536) mit, ebenso wie bei den Religionsgesprächen mit den Altgläubigen in Worms und Regensburg (1540/41). Nach Luthers Tod machten ihm theologische Auseinandersetzungen im eigenen Lager viel zu schaffen. Dennoch blieb er trotz aller Anfeindungen der »Lehrer Deutschlands« (praeceptor Germaniae).
Das Portrait Melanchthons bildet mit dem nachfolgenden Luthers eine Einheit; die Blätter sind als Gegenstükke gearbeitet. Abgesehen davon, daß es sich um Brustbilder handelt, erinnert der Bildaufbau an die ebenfalls als Gegenstücke entworfenen Portraits des Jan van Leiden und Bernd Knipperdolling.
(St/G)
Lit.: Zschelletzschky S. 100–103.

Ach Herre Gott in dem höchsten thron
Schaw disen grossen jamer an
So der Thürckisch wütend Thyran
Im Wiener walde hat gethan
Ellendt ermort junckfraw vnd frawen
Die kindt mitten entzwey gehawen
Zertretten vnd entzwey gerissen
An spitzig pfäl thet er sie spissen
O vnser hyrte Jhesu Christ
Der du gnedig barmhertzig bist
Deyn zoren von dem volck ab wendt
Errett es auß des Thürcken hendt.

¶ Hanns Guldenmundt
zů Nürmberg.

Kat.-Nr. 24

DEVS·PRO·NOBIS · QVIS·CONTRA·NOS·
PLVRIMA·QVI·RELEGIS·DOCTI·MONVMENTA·PHILIPPI
ILLIVS·HIC·ETIAM·QVÆ·SIT·IMAGO·VIDES·
LVSTRA·NOVĒ·VITÆ·DEMPTIS·TRIBVS·EGERAT·ANNIS
TALIS·VBI·VVLTV·CONSPICIENDVS·ERAT·
PHILIPPVS·MELANTHON·
·M·D·XXXX·

Kat.-Nr. 26

ASSERVIT·CHRISTVM·DIVINA·VOSE·LVTHERVS
CVLTIBVS·OPPRESSAM·RESTITVITQVE·FIDEM·
ILLIVS·ABSENTIS·VVLTV̄·HÆC·DEPINGIT·IMAGO·
PRÆSENTĒ·MELIVS·CERNERE·NEMO·POTEST·
MARTINVS · LVTHERVS·
·M·D·XXXX·

Kat.-Nr. 27

27 Martin Luther

(1483–1546)
Kupferstich von Heinrich Aldegrever, unsigniert und 1540 datiert
Bl.: 15,7 x 11,9 cm, randbeschnitten, obere Inschrift fehlt.
Bartsch 184

Stadtmuseum Münster

Martin Luther, als Sohn eines Bergmanns in Eisleben geboren und in Mansfeld aufgewachsen, studierte seit 1502 in Erfurt. 1505 trat er dort ins Augustinerkloster ein. Sein Orden bestimmte ihn zum Lehrer der Theologie. Er wirkte kurz in Wittenberg, ging 1510 in Ordensangelegenheiten nach Rom und wurde 1512 Doktor der Theologie und Professor der Bibelexegese. Scholastische Methoden ließ er hinter sich und betonte die Schrifterfahrung als Voraussetzung des Schriftverständnisses. Die persönliche Entwicklung zog sich bei ihm über Jahre hin. (Gottes barmherziges Handeln mit dem Sünder ist für ihn entscheidend. Wir werden nicht durch Werke gerecht, sondern allein aus Glauben an Jesus Christus, der uns den Zugang zum gnädigen Gott öffnet.) Weiten Kreisen ist Luther erst bekannt geworden, als er am 31. Oktober 1517 mit seinen 95 Thesen hervortrat, die sich mit der Kirchenlehre von der Buße und vom Ablaß beschäftigten. Nicht die guten Werke sind der Schatz der Kirche, sondern das Evangelium.
Als Kardinal Albrecht von Mainz Luther in Rom anzeigte und dieser den Widerruf gegenüber Kardinal Cajetan ablehnte, kam es im Juli 1519 zum Streitgespräch in Leipzig zwischen dem Professor Johann Eck aus Ingolstadt und Luther. Dieser erreichte, daß Luther in Rom verurteilt und ihm der Päpstliche Bann angedroht wurde. Luther aber verbrannte diese Urkunde. Auch vor dem Reichstag zu Worms (1521) lehnte er den Widerruf ab, da die Verurteilung nicht rechtmäßig sei. Als trotzdem in Worms die Reichsacht über ihn verhängt wurde, ließ sein Kurfürst ihn zu seinem Schutz auf die Wartburg bringen. Dort widmete er sich seiner theologischen Arbeit, vor allem der Übersetzung des Neuen Testaments ins Deutsche. Im März 1522 kehrte er nach Wittenberg zurück, um radikale Enthusiasten in die Schranken zu weisen. Fortan bemühte er sich selbst um Reform des Gottesdienstes, wobei er die Predigt in den Mittelpunkt stellte. Die 20er Jahre waren für Luther von theologischen Kämpfen erfüllt. Den Bauern bestritt er das Recht, das Evangelium als Mittel im sozialen Kampf zu verwenden.
In der Auseinandersetzung mit Erasmus von Rotterdam vertrat Luther den Standpunkt, daß Gott allein über das Heil des Menschen bestimme und dieser selbst dazu nichts beitragen könne. In der Auffassung des Abendmahls gingen Luther und Zwingli auseinander. Sie wechselten mehrere Schriften, kamen aber bei verschiedenartigen Voraussetzungen zu keiner Verständigung. Dem von Melanchthon verfaßten Augsburgischen Bekenntnis stimmte er voll und ganz zu. Auf Anforderung seines Kurfürsten schrieb er dann die Schmalkaldischen Artikel, die von hunderten lutherischer Theologen unterschrieben wurden. Wie er 1522 gegen die Zwickauer Propheten auftrat, so richtete er sich mehrfach auch gegen Rothmann in Münster. Die Sorge um die kirchliche Entwicklung in Münster veranlaßte Luther, zuerst an Rothmann und an den Rat der Stadt zu schreiben und sie zu warnen. Da seine Briefe unbeachtet blieben, schrieb er ein Vorwort zu der von einem Unbekannten verfaßten »Newen Zeitung«, betrübt über das Maß menschlicher Unvernunft. Die Vorrede ist Anfang 1535 geschrieben worden (vgl. Kat. Nr. 62). Diese, wie andere ähnliche Flugschriften, sind damals in großer Zahl verbreitet worden. Von dem vorliegenden Text sind 10 Nachdrucke bekannt.
(St)

Numina cœlestem nobis peperere Lutherum,
Nostra diu maius sæcla videre nihil.
Quem si Pontificum crudelis deprimit error,
Non feret iratos impia terra Deos.

Kat.-Nr. 29

28 Huldrych Zwingli

(1484–1531)
Pl.: 17,0 x 12,5 cm
Kupferstich von René Boyvin, monogrammiert und undatiert

Westfälisches Landesmuseum für Kunst und Kulturgeschichte, Münster
Portraitarchiv Diepenbroick-Grüter

Am 1. Januar 1484 als Sohn des Amtmanns in Wildhaus (Toggenburg) geboren und von dem geistlichen Bruder seines Vaters erzogen, studierte er in Wien und in Basel, wo er sich dem Humanismus verschrieb. In Konstanz zum Priester geweiht, wurde er 1506 Pfarrer in Glarus und begleitete Schweizer Söldner nach Italien. Seit 1516 Leutpriester im Wallfahrtsort Einsiedeln, wurde er 1519 in derselben Eigenschaft nach Zürich ans Großmünster gerufen. Dort erkrankte er an der Pest; im Rekonvaleszenten vollzog sich eine innere Wandlung.
Zwingli verfolgte Luthers Auftreten, doch distanzierte er sich von ihm. 1523 kam es in Zürich zur Disputation, für die er 67 Schlußreden aufsetzte. Die Reformtätigkeit nahm von hier ihren Fortgang. Es kam zu scharfen Kämpfen zwischen ihm, der alten Kirche und den Wiedertäufern. Zwingli hatte große politische Pläne, die er beim Marburger Religionsgespräch (1529) mit Philipp von Hessen besprach. In der Schweiz wurden die Gegensätze größer. Bald war Zürich isoliert; es kam zum Krieg, Zwingli fiel im Kampf. Seine Lehre setzte sich in Oberdeutschland auch weiterhin durch. Rothmann lernte sie in Straßburg kennen und vertrat sie seitdem in Münster.
(St)

29 Martin Luther

(1483–1546)
Holzschnitt von Hans Baldung-Grien, aus Luthers Traktat »De Captivitate Babylonica Ecclesiae«, 1520
Bl.: 19,6 x 14,4 cm

Stadtmuseum Münster

In dieser zweiten der drei reformatorischen Hauptschriften des Jahres 1520 wendet sich Martin Luther gegen die traditionelle katholische Lehre von den Sakramenten; durch sie werden seiner Meinung nach die Christen in geistiger »Gefangenschaft« gehalten.
Das Portrait zeigt den Reformator noch als Augustinermönch. Es ist eines der frühesten Bildnisse Luthers.
(H)

30 Luther-Bibel

Faksimileausgabe der ersten vollständigen Luther-Bibel von 1534, erschienen bei A. Foerster, Leipzig 1935

Stadtmuseum Münster

Im September 1534 erschien die erste Wittenberger Vollbibel, nachdem in den Jahren 1521–1533 Martin Luther immer wieder einzelne Bücher und Abschnitte der Bibel übersetzt und in Druck gegeben hatte. Den Anfang machte im Jahre 1522 die Herausgabe des Neuen Testaments in deutscher Sprache.
Der interessierte theologische Laie im Zeitalter der beginnenden Reformation war durch die auf biblischer Grundlage verfaßten Flug- und Streitschriften in immer größerem Maße auf für ihn benutzbare Belege aus der Bibel angewiesen. Auch die alleinige Autorität, die Luther der Bibel in Glaubensfragen beimaß, bestärkte das Bedürfnis nach einer wirklich guten, sprachlich einwandfreien Bibelverdeutschung. Der große Erfolg der Veröffentlichung des Neuen Testaments im Jahre 1522 (Nachdruck bereits nach 3 Monaten – 12 Raubdrucke allein innerhalb des folgenden Jahres) beweist, wie stark das Verlangen nach dieser deutsch übersetzten Bibel war. Selbst in Schriften gegen die Reformation wurden, mangels besserer Vorlagen, Zitate aus der Lutherübersetzung verwendet. Ob die Wiedertäufer die Bibel kannten, ist nicht nachzuweisen. Als wahrscheinlich dürfte gelten, daß, angesichts der hohen Auflagenzahl, die Übersetzung des Neuen Testaments von 1522 auch Eingang in Münster gefunden hat. Die Vollbibel erschien zur gleichen Zeit, als in Münster die Wiedertäuferunruhen ausbrachen.
(H)

IESVS · MAT · XI ·
VENITE AD ME · QVI LABORATIS · & EGO REFICIĀ VOS
HVLDRICVS · ZVINGLIVS ·
ANNO ÆTATIS · 44 ·
· B ·

Kat.-Nr. 28

31 Thomas Müntzer

(vor 1499–1525)
Kupferstich von Christoffel van Sichem, Anfang 17. Jahrhundert, signiert und undatiert
Pl.: 17,2 x 12,4 cm

Stadtmuseum Münster

Um 1490 in Stolberg am Harz geboren, studierte er in Leipzig und Frankfurt an der Oder. 1520 wurde er Prediger in Zwickau, verlor aber als Unruhestifter sein Predigeramt. Müntzer ging nun nach Prag, um seine Gedanken dort zu verwirklichen, fand aber keinen Anklang. Nach seiner Rückkehr wurde er Prediger in Allstedt in Thüringen. Als seine Predigten immer radikaler wurden und er Eingriffe der Obrigkeit befürchtete, flüchtete er in die Reichsstadt Mühlhausen, die bald auf seine Seite trat. Von dort unternahm er 1524 einige Reisen nach Nürnberg und in den Klettgau. In der Hauptsache schrieb er gegen Luther. Beeinflußt ist er von der spätmittelalterlichen Mystik und erstrebte die ideale Gemeinde der Kinder Gottes. Seine Teilnahme am Bauernkrieg endete mit seiner Gefangennahme. Am 27. Mai 1525 wurde er in Frankenhausen hingerichtet.
Das Dreiviertelportrait zeigt Müntzer in der üblichen Tracht der Gelehrten, Priester oder Prediger: der pelzbesetzten Schaube (Mantel) mit dem Barett auf dem Kopf. Im Hintergrund ist das Verlies angedeutet, in das er nach der Gefangennahme geworfen wurde; rechts seine Hinrichtung.
(St/G)

32 Melchior Hoffman

(Ende 15. Jh. – 1543 oder 1544)
Kupferstich von Christoffel van Sichem, monogrammiert und undatiert, 1605 oder 1606.
Pl.: 18,3 x 12,3 cm

Westfälisches Landesmuseum für Kunst und Kulturgeschichte, Münster

Der schwäbische Kürschner und Laienprediger Melchior Hoffman ist einer der geistigen Väter des münsterischen Täufertums. Aus Livland, Schweden und Holstein, wo er von 1523 bis 1529 predigte, wurde er wegen seiner radikalen apokalyptischen und spiritualistischen Lehren vertrieben. 1529/30 lernte er in Straßburg das Täufertum sowie eine Gruppe von Spiritualisten kennen, deren Visionen und göttliche Erleuchtungen Hoffmans apokalyptische Anschauungen präzisierten. Bis Ende 1533 würde die Endzeit noch dauern. Die mit der Glaubenstaufe versiegelten »Auserwählten« Gottes würden bis dahin grausam verfolgt werden, bis auf dem Höhepunkt der täuferischen Mission die beiden Zeugen der Apokalypse, Elias und Henoch, erschienen, die den Antichristen stürzten und in Straßburg, dem »Neuen Jerusalem«, das Evangelium verwirklichten. Die Stadt würde schwer belagert, und 144 000 »apostolische Sendboten« würden die frohe Botschaft von der nahen Erlösung über die Erde verbreiten, bis schließlich Gott in einem Strafgericht die Gottlosen vernichten würde. Ein frommer König und der Prophet würden dann in einem Friedensreich das ideale Christentum verwirklichen. »Mit der Idee, daß die Ausrottung der Gottlosen bereits *vor* dem Jüngsten Tag stattfinden müsse und mit seiner Vorstellung von der irdischen Herrschaft der Heiligen in einem theokratischen Zwischenreich, das bis zur Wiederkehr Christi dauert, hatte Hoffman die wichtigsten ideologischen Voraussetzungen für das Münsteraner Täuferreich geschaffen« (Deppermann).

Bald aus Straßburg ausgewiesen, konnte Hoffman in den Niederlanden und in Ostfriesland viele Menschen gewinnen und taufen, weil hier eine schwere Wirtschaftskrise als Folge zweier Handelskriege gegen England und Dänemark weite Bevölkerungskreise brotlos gemacht und radikalen Erlösungshoffnungen geöffnet hatte. Doch Ende 1531 verbot der Täuferprophet, der sich selbst für den neuen Elias hielt, angesichts der einsetzenden Verfolgung, die Taufe weiter zu spenden. Hoffman wurde im Mai 1533 in Straßburg verhaftet; an die Spitze der »Melchioriten« trat der Bäcker Jan Matthys, der im Februar 1534 Münster zum »Neuen Jerusalem« proklamierte (Kat. 74). Doch Hoffman beobachtete die Ereignisse in Münster eher distanziert. Das Portrait zeigt ihn im Kerker in Straßburg, wo er unbeachtet und vergessen nach 1543 verstarb.
(D)

Sichem excudit.
TOMAS MVNCER PREDIGER ZV ALSTET IN DVRINGEN.

Kat.-Nr. 31

Lit.: Kl. Deppermann, Melchior Hoffman, in: H.-J. Goertz (Hg.), Radikale Reformatoren, München 1978, S. 155–166, hier S. 163.

33 Wider den Schwärmergeist

Martin Luther, Ein brieff an die Christen zu Straßburg wieder den schwermer geyst
Nürnberg bei J. Gutknecht, 1525

Stadtmuseum Münster

Als der Bildhauer und Schwärmer Karlstadt sich nach Straßburg begab und in Basel sieben Traktate über das Abendmahl drucken ließ, waren die Straßburger verwirrt. Sie schickten daher den Diakonus Casel mit einem Bericht und Karlstadts Büchern nach Wittenberg. Am 14. Dezember 1524 traf dieser bei Luther ein. Am folgenden Tage schrieb Luther den obengenannten Brief und ließ ihn auch gleich drucken. Darin heißt es: Die Straßburger sollen sich nicht nach Luther oder Karlstadt, sondern nach Christus richten, der für die Menschen nicht nur ein Vorbild, sondern eine Gabe Gottes ist. Luther warnte vor Karlstadt und allem, was dieser »aus Vernunft und eigenem Dünken« hervorbrachte.
(St)
Lit.: W. Köhler, Zwingli und Luther, Bd. 1, Leipzig 1924, S. 215ff.

34 Reichstagsabschied zu Speyer 1529

Stadtmuseum Münster, Verein Münster Museum e. V.

Auf dem Reichstag zu Speyer 1529 wurde das Mandat gegen die Wiedertäufer beschlossen. Die Wiedertäufer wurden danach als Aufrührer behandelt und ihnen die Todesstrafe angedroht. Diese, bereits ein halbes Jahrzehnt vor den münsterischen Unruhen verabschiedete gesetzliche Regelung, wurde getroffen, um »fried und einigkeit im heiligen Reich zu erhalten«. Die Verfolgung als Aufrührer geschah unter anderem wegen der Weigerung der Wiedertäufer, öffentliche Ämter zu bekleiden, Eide oder Waffendienst zu leisten.
Der geistlichen Gerichtsbarkeit wurde damit die Verfolgung der Wiedertäufer entzogen; Wiedertäufer sollten verurteilt werden, ohne vorherige Beteiligung des geistlichen Gerichts.
(H)

Kat.-Nr. 34

Abschidt des Reichstags zu Speyer Anno M.D.xxix.
Sampt der keiserlichen Constitution Wie gebrüder oder schwister kynder jres verstorben Vatter oder mütter brüder oder schwester Erbschafft vnder sich theylen sollen.
Vnd einem Keyserliche Mandat der Widertauffer halber außgangen.
Cum gratia et privilegio Imperiali

Kat.-Nr. 32

BB
PROGENIES·DIVVM·QVINTVS·SIC·CAROLVS·ILLE
IMPERII·CAESAR·LVMINA·ET·ORA·TVLIT
AET · SVAE · XXXI
ANN · M · D · XXXI

Kat.-Nr. 35

BB
PROXIMVS·A·SVMMO·FERDNANDVS·CAESARE·CARLO
REX·ROMANORVM·SIC·TVLIT·ORA·GENAS
AET · SVAE · XXIX
ANN · M · D · XXXI

Kat.-Nr. 36

35 Karl V.

(1500–1558, Kaiser 1519–1556)
Kupferstich von Barthel Beham, monogrammiert und 1531 datiert
Bl.: 20,2 x 13,4 cm, randbeschnitten

Stadtmuseum Münster

36 Ferdinand I.

(1503–1564, Römischer König 1531, Kaiser 1556)
Kupferstich von Barthel Beham, monogrammiert und 1531 datiert
Bl.: 20,3 x 13,2 cm, randbeschnitten

Stadtmuseum Münster

Die Portraits der habsburgischen Brüder Karl und Ferdinand sind als Gegenstücke gearbeitet. Sie haben die gleiche Plattengröße und den gleichen Bildaufbau. Die im Brustbild über einer Kartusche mit lateinischer Inschrift näher bezeichneten schauen aufeinander zu. Beide tragen den Orden vom Goldenen Vlies.
Karl V. wurde als Sohn des Erzherzogs Philipp des Schönen und der Infantin Juana in Gent am 24. 2. 1500 geboren. Nach dem Tode des Vaters (1506) und der Erkrankung der Mutter, wurde er von seiner Tante Margarete in Brüssel erzogen. Seit 1516 König von Spanien, wurde er 1519 auf Wunsch seines Großvaters, des Kaisers Maximilian I., zu seinem Nachfolger gewählt. Karl verfügte nun über Spanien mit seinen amerikanischen Kolonien, über den größten Teil Italiens und die habsburgischen Besitzungen in Mitteleuropa. Es war das Reich, »in dem die Sonne nicht unterging«. Gestützt auf diese Macht, versuchte er, der mittelalterlichen Kaiseridee vom Kaiser als Schutzherr der gesamten Christenheit neue Bedeutung zu geben. Von daher war er Gegner aller reformatorischen Bestrebungen. Gegen die Wiedertäufer richteten sich seine Edikte aus den Jahren 1528 und 1529. In Briefen an den Bischof von Münster verlangte er energisches Vorgehen gegen die Wiedertäufer.
Karls Bruder Ferdinand, am 10. 3. 1503 in Alcala in Spanien geboren und zunächst als Spanier erzogen, kam schon in jungen Jahren nach Brüssel und später nach Wien. Durch die Heirat mit Anna von Ungarn erwarb er sich das Anrecht auf die beiden Königreiche Böhmen und Ungarn. Daher war er in dauernde Kriege mit den Türken verwickelt. 1531 zum Römischen König gewählt, vertrat er seinen Bruder als ständiger Stellvertreter, er verfolgte die Wiedertäufer in seinen Landen seit 1528 recht scharf. Charakterlich unterschied er sich von seinem Bruder: er war kein Krieger. 1535 verständigte er sich bald mit Landgraf Philipp und Herzog Ulrich von Württemberg. Den Bischof von Münster unterstützte er in der Überwindung der münsterischen Täufer durch die Ausschreibung der Wormser Tagung vom April 1535. Leutselig und reformfreundlich hielt er sich doch an die politische Linie seines Bruders.
Mit Urkunde vom 17. Oktober 1561 bestätigte Kaiser Ferdinand I. das Restitutionsedikt des Fürstbischofs, durch das die Stadt Münster wieder in die alten städtischen Rechte eingesetzt wurde, die sie vor der Wiedertäuferzeit gehabt hatte (vgl. Kat. 176/177).
(G/St)

37 Papst und Kaiser

Holzschnitt aus: Hartmann Schedel, Liber Chronicarum (lateinische Ausgabe), bei Anton Koberger, Nürnberg 1493.
(Holzschnitte von Michel Wolgemut und Wilhelm Pleydenwurff)
Bl.: 45 x 30,4 cm

Kunstmuseum Düsseldorf

Das abendländische Mittelalter wurde in hervorragender Weise durch den Dualismus von Papsttum und Kaisertum bestimmt. Das Miteinander wie das Gegeneinander der beiden »Schwerter Gottes« – so hatte sie Konstantin d. Gr. (274–337) genannt – entsprachen einer christlichen Reichsidee, nach welcher die beiden Gewalten, von Gott für alle Zeit in ihre Rechte eingesetzt, einander wechselseitig zugeordnet waren. Dieser alten Entsprechung von geistlicher und weltlicher Macht, die seit dem ausgehenden 15. Jahrhundert durch die Autonomiebestrebungen der Städte und fürstlichen Landesherren sowie bald auch durch die Reformation in Frage gestellt wurde, gab der

Sexta etas mundi

Dum pius Eneas fama super ether a notus

Eneas pius papa Fridericꝰ tercíꝰ romanoꝝ īperatoꝛ

Parcere proſtratis ſcit nobilis ira Leonis
Tu quoqz fac ſimile quiſquis regnabis in orbe

Kat.-Nr. 37

Nürnberger Arzt und Humanist Hartmann Schedel (1440–1514) in exemplarischer Weise Ausdruck, als er sie im sechsten Abschnitt seiner Weltchronik bildlich darzustellen versuchte: Ausgestattet mit den jeweiligen Insignien ihrer Macht und umgeben von Klerikern auf der einen und höfischem Gefolge auf der anderen Seite sitzen der 1458 als Pius II. zum Papst gewählte Enea Silvio Piccolomini (1405–1464) und Kaiser Friedrich III. aus dem Hause Habsburg (1415–1493) nebeneinander vor einer symbolisch dargestellten Schöpfungsordnung, ohne daß dabei Distanz und Spannung zwischen beiden aufgehoben wären. Das Idealbild der mittelalterlichen Weltordnung wird vorgestellt. Kaiser Karl V. versuchte es noch einmal zu verwirklichen.
(J)

Lit.: W. Levison, Die mittelalterliche Lehre von den beiden Schwertern, in: Deutsches Archiv für die Erforschung des Mittelalters 9 (1952), S. 14–42.

Kat.-Nr. 38

38 Papst Clemens VII.

(1523–1534 Papst)
Radierung von Daniel Hopfer, monogrammiert und undatiert
Pl.: 13,5 x 8,5 cm

Westfälisches Landesmuseum für Kunst und Kulturgeschichte, Münster
Portraitarchiv Diepenbroick-Grüter

Giulio de Medici, als Kardinal in staatsmännischen Geschäften erfahren und erfolgreich, wurde als Papst mit großen Erwartungen begrüßt. Gewissenhaft in der Erfüllung amtlicher Pflichten, war er doch mehr Politiker als Geistlicher. Bei schweren Entscheidungen war er oft unschlüssig. In sein Pontifikat fielen die großen Ereignisse der Reformationszeit. Wie sein Vetter Papst Leo X. (Giovanni de Medici) war er zu sehr auf Macht und Besitz aus. Reformen der Kirche unterblieben. Das Wesen der Reformation hatte er nicht erkannt und zu ihrer Überwindung zu falschen Mitteln gegriffen. Kurz vor dem Reichstag zu Augsburg krönte er Karl V. am 24. 2. 1530 in Bologna. Es war die letzte Kaiserkrönung durch einen Papst.
(St)

39 Einzug Karls V.

in die Stadt Bologna am 5. 11. 1529. Lithographisches Faksimile in Originalgröße nach dem 1530 gefertigten Holzschnitt aus den Uffizien in Florenz. Bildfolge von 16 Platten. Gedruckt durch W. Sterling-Maxwell, Florenz, London, Edinburgh 1875 (eines von 100 Exemplaren)
Bl.: 40,3 x 87,4 cm

Stadtmuseum Münster

Kaiser Karl V. großes Ziel war es, die alte Idee vom »Heiligen« Römischen Reich zu verwirklichen, an dessen Spitze Papst und Kaiser geistliche bzw. weltliche Regierung zum Wohl der Christenheit ausübten. Es mußte ihn schmerzen, daß der Papst nicht über seine italienischen Herrschaftsinteressen hinaussehen konnte und sich nicht nur der Mitwirkung entzog, sondern aus Furcht vor der Übermacht des habsburgischen Kaisers mit dessen Feinden, besonders mit König Franz I. von Frankreich verband. Nach mehreren Kriegen besiegte Karl V. schließlich diese Allianz und zwang den Papst zur Kaiserkrönung. Daß sie im kaiserlichen Bologna und nicht im päpstlichen Rom stattfand, zeigt deutlich, wo die Macht lag.

Die Holzschnittfolge gibt eine lebhafte Vorstellung vom triumphalen Einzug Karl V. am 24. Februar 1530 in die Krönungsstadt. Der Aufmarsch von Soldaten und die Parade neuzeitlicher Waffen macht sinnfällig, daß hier eine der Vergangenheit zugehörige politische Idee noch einmal mit modernen Mitteln gesiegt hatte. Die Zukunft sollte den durch egoistische Interessen miteinader konkurrierenden Staaten gehören; die große übernationale Idee Karl V. nahm sich dagegen als politische Utopie aus.

Das hier vorüberziehende Heer ist kein mittelalterliches Ritterheer, sondern eine Berufsarmee von Landsknechten, z. T. schon mit Gewehren und Artillerie. Ähnlich muß man sich die Streitkräfte bei der Belagerung Münsters 1534–35 vorstellen; es liegen nur fünf Jahre zwischen dieser Darstellung und den münsterischen Ereignissen.

(G)

Kat.-Nr. 39

40 Thomas Morus

(1478–1535)
Kupferstich (Monogrammist B), 16. Jahrhundert, undatiert
Pl.: 14,0 x 10,5 cm

Stadtmuseum Münster

Der große englische Jurist und Humanist, der sich, dem gelehrten Sprachgebrauch seiner Zeit folgend Morus nannte, wurde am 7. Februar 1478 in London geboren. Eine sorgfältige Erziehung in Oxford und spätere Studien in Paris und Löwen, wo eine lebenslange Freundschaft mit Erasmus von Rotterdam ihren Anfang nahm, qualifizierten ihn früh für eine politische Karriere. Der ehrgeizige Tudor Heinrich VIII., der 1509 den englischen Thron bestiegen hatte, berief den jungen Nachwuchspolitiker in verschiedene Staatsämter, um ihn 1529 zu seinem Lordkanzler zu machen. Doch schon zwei Jahre später, 1532, legte Sir Thomas das hohe Amt nieder, da er als Anhänger des alten Glaubens die vom König initiierte Loslösung der englischen Kirche von Rom nicht zu billigen vermochte. Seiner Weigerung, die unumschränkte Oberhoheit des Königs über die Kirche formell zu beeiden, folgte die Inhaftierung im Tower zu London. Hier wurde er in einem politischen Hochverratsverfahren zum Tode verurteilt und am 6. Juli 1535 geköpft. Die katholische Kirche hat seine mit dem Tod besiegelte Treue vierhundert Jahre später durch die Heiligsprechung gewürdigt.
Thomas Morus erweist sich in seinem Leben – und mehr noch in seinem Sterben – als eine der großen, epochalen Gestalten des Übergangs. Zwischen Mittelalter und Neuzeit vereinigt er, gläubiger Asket und kritischer Humanist zugleich, alle Widersprüche und Gegensätze seines Jahrhunderts, deren kategorische Unaufhebbarkeit sein schließliches Ende bedeuteten.
(J)
Lit.: Peter Berglar, Die Stunde des Thomas Morus. Einer gegen die Macht, Olten/Freiburg 1978.

41 Die Insel Utopia

Holzschnitt zu Thomas Morus »Utopia«, 1516 aus:
Thomae Mori, Angliae Ornamenti Eximii,
Lubricationes . . .,
Basel 1563
Bl.: 15,3 x 10 cm

Stadtmuseum Münster

1516 veröffentlichte Thomas Morus zum ersten Mal seine »Utopia« und schuf mit dem Namen den Begriff für die Darstellung eines idealen, noch nicht verwirklichten Gesellschaftszustandes. Utopia (= Nirgendland) ist ein abgelegener Inselstaat mit sozialistischer Ordnung. Es gibt weder Privateigentum noch Geld; die Menschen

Kat.-Nr. 41

werden konsequent von Staatsorganen bevormundet und kontrolliert. Was für Morus rationale gedankliche Spielerei war, versuchten in Münster wenig später irrational geleitete Menschen zu verwirklichen. Es ist nicht anzunehmen, daß sie Morus Schrift gekannt haben, und doch gibt es strukturelle Analogien. Das gilt nicht nur für die Abschaffung von Geld und Privateigentum und der Einführung von Kontrollinstanzen sondern auch von dem beflügelnden Glauben, daß man über ein noch nicht dagewesenes besseres Wissen verfüge, wie die Gesellschaft zu organisieren und die Menschheit zu beglücken sei. Interessant ist, daß man meint, diese Gesellschaft sei nur abgekapselt von der übrigen (irregeleiteten) Menschheit zu verwirklichen. Der Holzschnitt stellt Utopia deshalb als Insel dar.

Das münsterische Utopia endete mit Eroberung der Stadt am 25. Juni 1535. Es ist ein seltsamer Zufall, daß Thomas Morus wenige Tage später, am 6. Juli, hingerichtet wurde.

(G)

Kat.-Nr. 39

II. Münster und seine Nachbarn vor der Wiedertäuferzeit

42 Mitteleuropa zur Zeit Karls V.

Wandkarte des Georg Westermann Verlages

Stadtmuseum Münster

Mitteleuropa, das ist damals der Staatenbund des Heiligen Römischen Reichs Deutscher Nation, ein buntes Gemenge von geistlichen und weltlichen Fürstentümern, Stadtstaaten und Landesgrenzen übergreifender Hoheitsrechte. Das Reich erstreckte sich von der dänischen Grenze bis weit nach Oberitalien, schloß die heutigen Beneluxstaaten und weite Teile des heutigen Westfrankreich ein sowie im Südosten die heutige Tschechoslowakei und Österreich. Bedroht wurde es im Westen und Süden durch den Expansionsdrang der französischen Könige, im Südosten durch das imperialistische Ausgreifen des osmanischen Reichs und im Inneren durch die konfessionellen Gegensätze. Die Habsburger verstanden sich als Schutzmacht. Ihre Länder bildeten im Westen und Südosten den Schutzwall gegen die äußeren Feinde. Karl V. vereinigte darüber hinaus unter seiner Krone Spanien mit seinen amerikanischen Besitzungen sowie Süditalien. Gestützt auf diese gewaltige Hausmacht versuchte Karl V. nicht nur das bedrohte zu bewahren, sondern der mittelalterlichen Idee vom Kaiser als Vormacht der Christenheit neue Bedeutung zu geben.
Die Politik vieler deutscher Fürsten und auch des Papstes, die von eigenen Interessen geleitet wurden, empfand er als selbstsüchtig. Auch Franz von Waldeck wurde mißtrauisch beobachtet, weil bekannt war, daß dieser der Reformation zuneigte und gerne seine Fürstbistümer reformiert und damit säkularisiert, d. h. zu eigenen erblichen Fürstentümern umgewandelt hätte.
(G)

43 Nordwestdeutschland um 1534

Entwurf und Ausführung Stadtmuseum Münster

Die Karte zeigt die Lande des Bischofs Franz v. Waldeck (lila) und seiner Nachbarn. Im Süden grenzen die Gebiete des Kölner Kurfürsten Hermann v. Wied (violett) und des Herzogs von Jülich-Kleve-Berg (zitronengelb) an; im Westen die habsburgischen Niederlande (orange) und das Herzogtum Geldern (quittengelb); im Südosten Hessen (umbra) und im Osten Braunschweig-Lüneburg (hellbraun). Diese richteten ihren Appetit auf Landerwerb auf die geistlichen Staaten, deren direkte oder indirekte Kontrolle besonders den Gegnern Habsburgs notwendig erschien, weil die habsburgische Politik in den Niederlanden zwischen 1520 und 1550 sehr erfolgreich war. 1524 fiel die Herrschaft Friesland an Kaiser Karl V.; 1527/28 folgte das Bistum Utrecht mit Overijssel. Die schon seit langem erhobenen Ansprüche auf das Herzogtum Geldern mit der Drenthe und Groningen konnte der Kaiser in zwei Schritten 1536 und 1543 durchsetzen.
Das habsburgische Vordringen versuchten die benachbarten Fürsten aus eigenem Interesse zu stoppen: der Herzog von Kleve, der Kurfürst von Köln, die Herzöge von Braunschweig und der Landgraf von Hessen. Sie konnten erfolgreich die Domkapitel der größeren Bistümer – Münster, Osnabrück, Minden, Paderborn, Bremen – veranlassen, ihnen genehme Kandidaten zu Bischöfen zu wählen; die Domkapitel wiederum wollten durch Vereinigung mehrerer Bistümer widerstandsfähigere Machtblöcke schaffen, um dem Utrechter Schicksal zu entgehen.
Das Bistum Münster spielte dabei eine entscheidende Rolle. Bis Anfang 1532 regierte hier Friedrich, ein Bruder des Kölner Kurfürsten Hermann v. Wied; ihm folgte Herzog Erich v. Braunschweig-Grubenhagen, der schon Bischof von Osnabrück und Paderborn war. Nach seinem baldigen Tod wählten die Domkapitel von Osnabrück und Münster im Sommer 1532 Franz von Waldeck. Dieser war sowohl dem Herzog von Kleve genehm, in dessen Diensten er gestanden hatte, wie auch dem Landgrafen von Hessen, dessen politischer Parteigänger er war. Beide waren Gegner Karls V. Das Bistum Paderborn übernahm der Kölner Kurfürst Hermann v. Wied als Administrator.

NORDWESTDEUTSCHLAND UM 1534

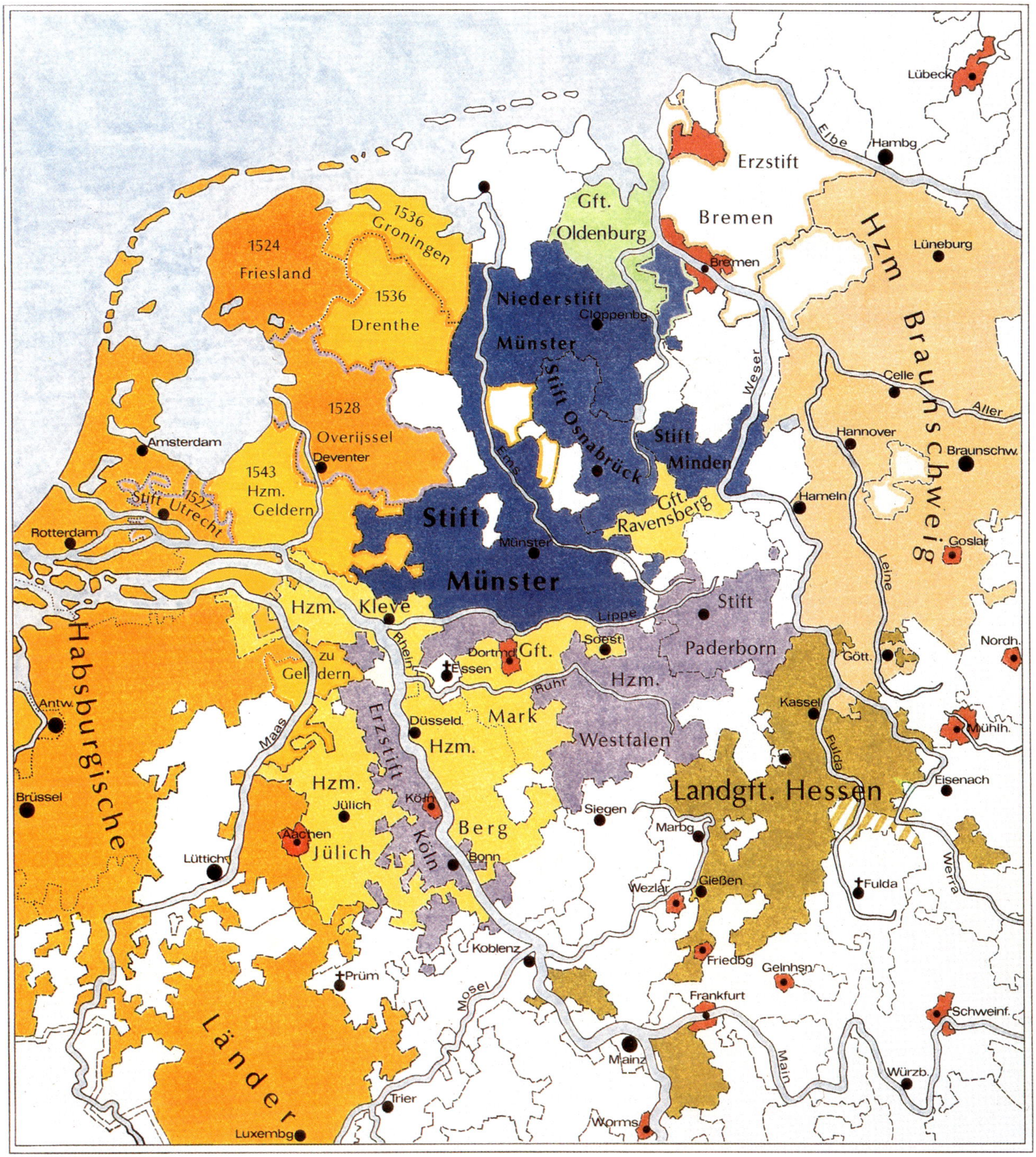

Kat.-Nr. 43

Weil die Wiedertäuferunruhen 1534/35 zum Vorwand einer habsburgischen Intervention zu werden drohten, gewährten die benachbarten Fürsten – Herzog Johann von Kleve, Kurfürst Hermann und Landgraf Philipp von Hessen – dem münsterischen Bischof massive Unterstützung bei der Belagerung der Stadt.

Das enge Bündnis mit Hessen wurde für Franz v. Waldeck später zum Verhängnis: nach der Niederlage der protestantischen Fürsten und dem Sturz Philipps bemächtigte sich der Graf von Oldenburg der Herrschaft Delmenhorst, die damit dem Bistum Münster verlorenging (1547).

(D/G)

Lit.: Köln-Westfalen 1180–1980, Landesgeschichte zwischen Rhein und Weser, Ausstellungskatalog Münster 1980, Bd. 1, S. 65–72 mit Karte S. 69.

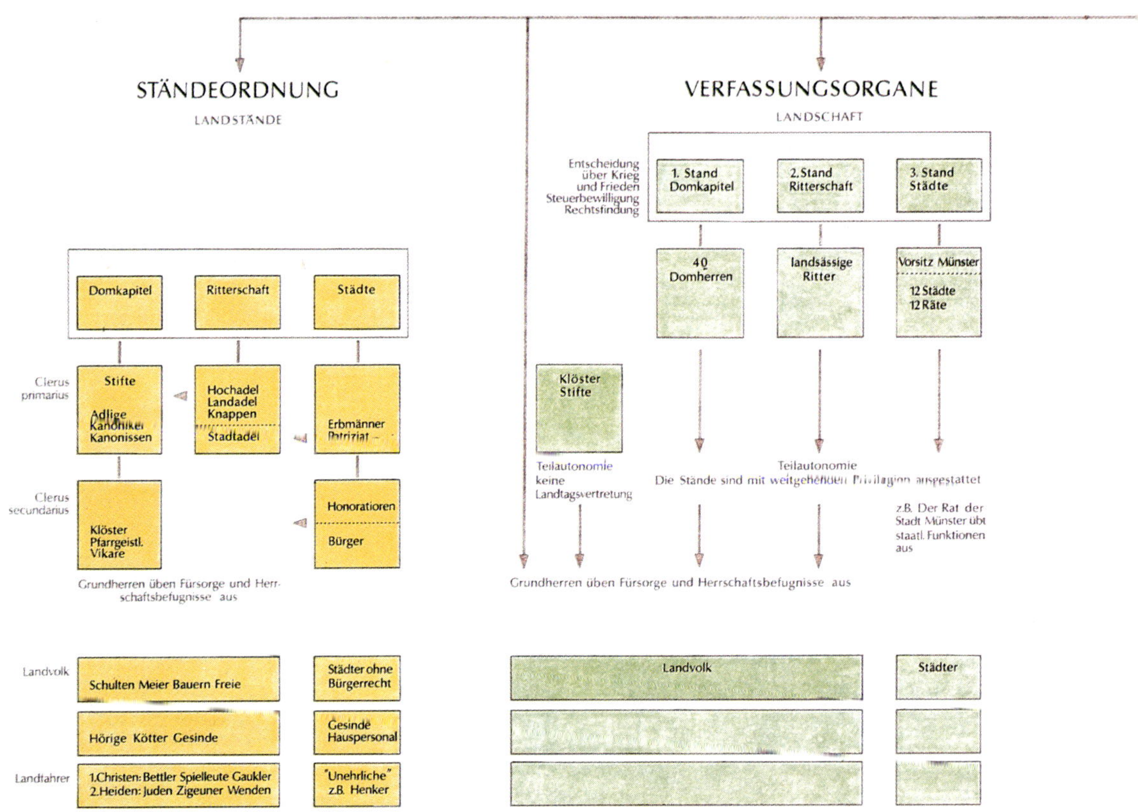

Kat.-Nr. 44

44 Verfassung und Verwaltung von Stift und Stadt Münster

Schaubild

Stadtmuseum Münster

Das Schaubild soll soziale und rechtliche Verhältnisse in Stift und Stadt Münster z. Zt. des Fürstbischofs Franz von Waldeck (1532–1553) anschaulich machen, vor allem die Einbettung der Stadt in das Land sowie die Verfassungsverhältnisse in der Stadt vor 1534 verdeutlichen.

Das »Stift Münster«, das der Bischof von Münster regierte, bestand aus dem »Oberstift« und dem »Niederstift«. Es erstreckte sich von der Lippe bis zur ostfriesischen Grenze. Bistum (= Diözese) und Stift waren nicht identisch; z. B. nahm im Niederstift der Bischof von Osnabrück die geistlichen Rechte wahr.

Die Sozialstruktur war hierarchisch. An der Spitze stand der Bischof als weltlicher und geistlicher Fürst. Die übrigen Einwohner des Stiftes waren nach Zugehörigkeit

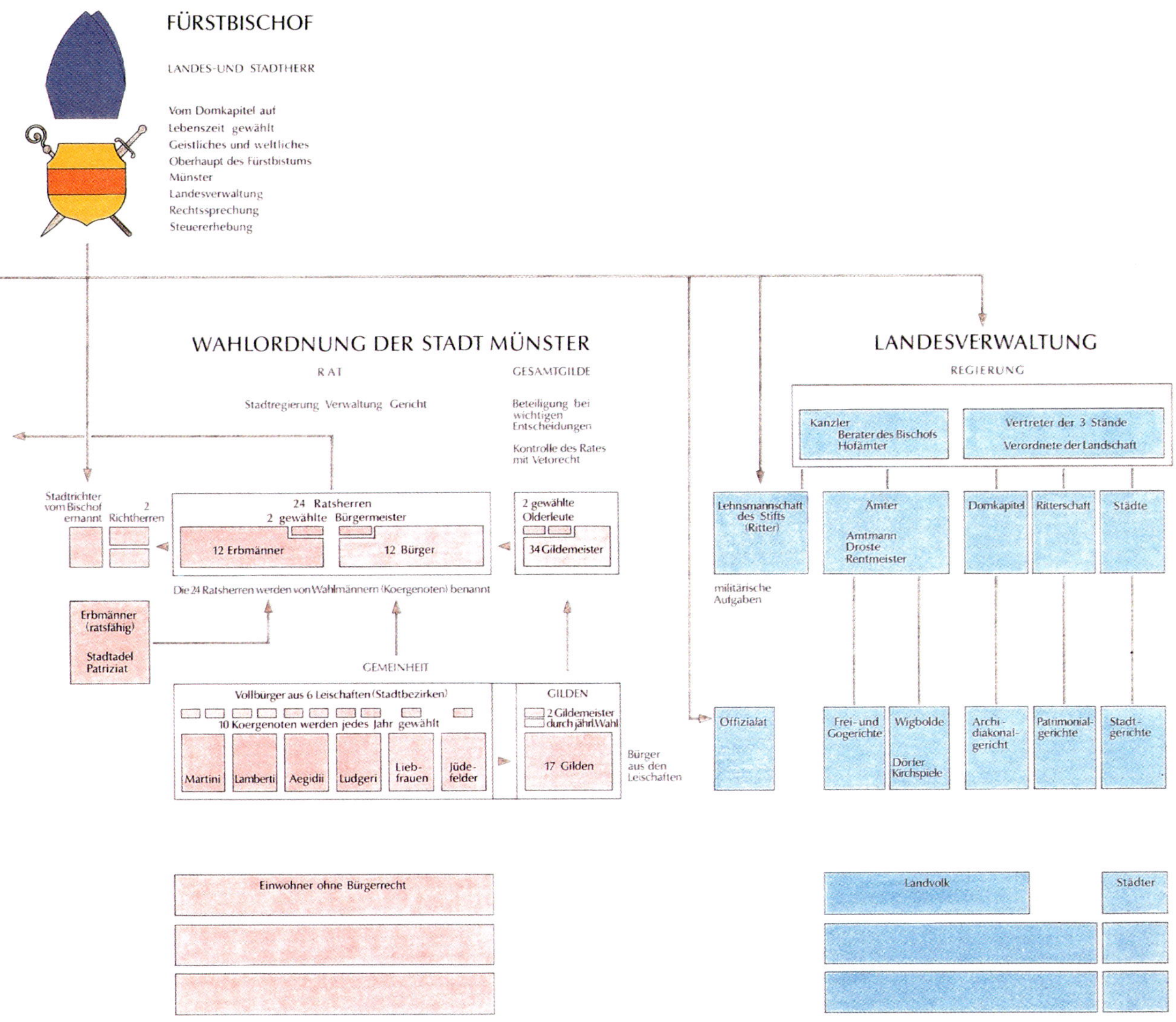

zu einer Rechtsgemeinschaft, ob sie geistlichem Recht, Landrecht oder Stadtrecht unterworfen waren, in Geistlichkeit, Landbewohner und Stadtbevölkerung eingeteilt. In allen drei Spalten waren sie gegliedert in Adel, Freie und Unfreie: Bei der Geistlichkeit in »clerus primarius«, dem Domkapitel, dem ausschließlich Adelige angehörten, in »clerus secundarius«, dem freie Kanonikerstifte, Klöster und Pfarrgeistlichkeit zugerechnet wurden, und in die »Unfreien«, ihr Gesinde. Die Landbevölkerung gliederte sich in Ritter (Adelige), freie Bauern, unfreie Bauern und Gesinde, die Stadtbevölkerung analog in Stadtadel (Patriziat, in Münster »Erbmänner« genannt), freie Bürger mit Bürgerrecht, Einwohner ohne Bürgerrecht und Gesinde. Als unterste Schicht sind diejenigen Menschen zu nennen, die keiner oder einer fremden Rechtsgemeinschaft angehörten (wie z. B. Juden) oder keinen festen Wohnsitz hatten.

Nach der Landesverfassung konnte der Bischof nicht unumschränkt regieren, sondern war auf die Zusammenarbeit mit der »Landschaft« angewiesen, der die Vertreter der drei Rechtsgemeinschaften »Geistlichkeit«, »Land« und »Stadt«, die »Landstände« Domkapitel, Ritterschaft (Besitzer »landtagsfähiger« Güter) und Städte angehörten.

Die Mitglieder der Landschaft versammelten sich auf dem Landtag, der vom Bischof einberufen werden mußte; er hatte nicht nur »Schatzungen« (Steuern) zu bewilligen, sondern auch über Krieg und Frieden zu entscheiden. Gelegentlich benannten die Landstände auch Vertreter, die als »ständischer Ausschuß« mit beschränkter Vollmacht Verhandlungen mit dem Bischof führten. Auch konnte der Bischof aus der Landschaft Berater (Landräte) heranziehen. Die drei Landstände besaßen Privilegien, die ihnen weitgehende Autonomie und Selbstverwaltung gaben.

Die Stadt als Rechtsverband zeichnete sich nicht nur dadurch aus, daß die »Bürger« »frei« waren, d. h. in der Stadt Freiheit vor auswärtigen Herrschaftsansprüchen genossen, sondern auch die Geschicke der Stadt mitbestimmten. Bürger war, wer das Bürgerrecht erwarb und den Bürgereid leistete. Voraussetzung war wirtschaftliche Selbständigkeit, d. h. im allgemeinen Haus und Grundbesitz. Der Bürger konnte auf drei Ebenen Einfluß auf die Geschicke der Stadt nehmen: in der »Gemeinheit«, in den Gilden und im Rat. Die Gemeinheit umfaßte alle Vollbürger der sechs Leischaften (= Stadtbezirk) außer Erbmännern und Ratsherren. Alle Vollbürger einer Leischaft wählten zwei bzw. einen »Koergenoten«, Wahlmänner, die ihr Vertrauen genossen. Die »Koergenoten« wiederum – insgesamt zehn unbescholtene Bürger – bestimmten die 24 Ratsherren aus den Erbmännern und besonders angesehenen Bürgern, durften sich jedoch nicht selbst ernennen. Die Ratsherren wiederum wählten aus ihrer Mitte zwei Bürgermeister. Der Rat war die Regierung der Stadt. Er amtierte ein Jahr und war gleichzeitig Gesetzgeber (Legislative), Verwaltung (Exekutive) und Appellationsinstanz für das Stadtgericht und die Gildegerichte (Jurisdiktion). Er vertrat die Stadt nach außen gegenüber dem Stadtherrn, dem Bischof, und übte die der Stadt zugestandenen Rechte, wie Münzhoheit, Militärhoheit, Steuererhebung usw. aus. Zu besonderen Entscheidungen mußte er die Gesamtgilde heranziehen. In ihr waren die 17 Gilden der Kaufleute und Handwerker zusammengeschlossen; sie bestand aus den beiden Gildemeistern jeder Einzelgilde (»Meisterleute«), aus deren Mitte die beiden »Alderleute« als Vorsitzende und Sprecher der Gesamtgilde gewählt wurden. Die Alderleute verstanden sich gegenüber dem Rat auch als Vertreter der Gemeinheit und übten ein Vetorecht aus, konnten aber auch Anträge stellen. Alder- und Meisterleute mußten ihre politischen Handlungen jederzeit vor ihren Gildebrüdern rechtfertigen, bestätigen und legitimieren lassen. Heute würde man dies als »imperatives Mandat« bezeichnen. Wer eine Mehrheit der Gildeangehörigen zu mobilisieren verstand, konnte über die Gesamtgilde den Rat unter Druck setzen. Die Mobilisierbarkeit der Gesamtgilde war jedoch beschränkt durch die Konkurrenz und starke Rivalität der Einzelgilden untereinander. Es bedurfte schon grundsätzlicher Fragen, wie der Beeinträchtigung der Gilderechte, der Bedrohung der Stadtfreiheit oder der Haltung zur Reformation, um eine gewisse Einigkeit zu erzielen.

Die vierte Spalte gibt einen Überblick über die Landesverwaltung. Auch hier herrschte der Bischof als Landesherr nicht unumschränkt; Klöster, Stifte und Landstände genossen aufgrund von Privilegien Teilautonomie und übten Herrschaftsrechte in ihrem Bereich aus, z. B. die Gerichtshoheit. Der Bischof stand an der Spitze der Verwaltung, beratend standen ihm in der »Regierung« besoldete Räte (an ihrer Spitze der Kanzler), Hofbeamte

VIGLIVS ZVICHEMVS, FRISIVS, I.C.

Ætria Iuſtitiæ haud opus eſt ſervare dracones;
Pervigil eſt Divæ Viglius ante fores.
Hinc illum ob vigiles animos, vigilesq; labores,
Præpoſuit ſummo Belgica Conſilio.

Fr. Raphelengius.

Kat.-Nr. 45

sowie die später »Landräte« genannten Verordneten der Landschaft zur Seite. Dem Bischof unterstellt war die Lehnsmannschaft des Stiftes, die in Landes- und Familienburgen die militärische Sicherheit des Stiftes garantieren sollte. Die regionale Verwaltung war in »Ämter« gegliedert, die von einem »Amtmann«, meist einem adligen »Drosten« als bischöflichem Beamten betreut wurden. Dem Amtmann stand ein »Rentmeister« für die Finanzverwaltung zur Seite; die Lokalverwaltung in Wigbolden, Dörfern und Kirchspielen, also auf der nächsttieferen Ebene, wurde von »Vögten« ausgeübt. Die Gerichtsverfassung hing mit der Amtsverfassung zusammen; mehrere Gerichtsbezirke bildeten ein Amt. Der »Gograf« (Richter am Gogericht) wurde vom Bischof ernannt. Neben den weltlichen Gerichten gab es das »Offizialat« als höchstes geistliches Gericht. Der Offizial als bischöflicher Richter durfte in der freiwilligen Gerichtsbarkeit auch weltliche Streitfälle entscheiden.
(D)
Lit.: K.-H. Kirchhoff, Exekutivorgane und Rechtspraxis der Täuferverfolgung im Münsterland 1533–1546, in: Westfäl. Forschungen 16 (1963) S. 161–180; K.-H. Kirchhoff, Landräte im Stift Münster, in: Westfäl. Forschungen 18 (1965) S. 181–190; K.-H. Kirchhoff, Gilde und Gemeinheit, ungedruckt, vorgesehen als Beitrag für die Festschrift Franz Petri zum 65. Geburtstag, 1983.

45 Viglius von Aytta van Zuichem

(1507–1577)
Kupferstich nach 1578, unsigniert und undatiert
Pl.: 17 x 11,9 cm

Stadtmuseum Münster

Während in der Stadt Münster die Wiedertäufer an die Macht kamen, nahm Bischof Franz von Waldeck im Februar 1534 den jungen, aus Friesland stammenden Rechtsgelehrten Viglius van Zuichem als bischöflich-münsterischen Offizial (Geistlicher Richter) an. Van Zuichem hatte bereits 1529 die Doktorwürde erworben und seitdem an den Universitäten Bourges und Padua Vorlesungen über römisches Recht gehalten; er war mit bedeutenden Humanisten wie Erasmus befreundet.
Das geistliche Gericht des Bistums Münster, das bisher im Paradies des Domes getagt hatte, war einer der Hauptstreitpunkte zwischen Stadt und Bischof: »Ich spreche nicht nur in kirchlichen, sondern noch viel häufiger in bürgerlichen Rechtsangelegenheiten Recht«, charakterisierte er selbst seinen Aufgabenbereich. Ihre Abneigung gegen das geistliche Gericht übertrugen die Bürger auf die dort geübte Rechtspflege, die römischrechtlichen Prinzipien folgte (vgl. Kat. 77).
Viglius van Zuichem erledigte für den Bischof auch diplomatische Aufträge; seiner Feder entstammt wohl der Bericht des Bischofs über die Wiedertäuferwirren an den neugewählten Papst Paul III. Ende 1534, eine der wichtigsten Quellen für die Haltung des Bischofs. Den ehrgeizigen Juristen hielt es nicht lange in Münster. Zwar versuchte ihn Franz von Waldeck durch Übertragung von Ämtern an Münster zu binden; bis 1539 bekleidete er das Amt eines Dechanten am Überwasserstift. Doch bereits im Sommer 1535 legte er das Offizialat nieder und ging an das Reichskammergericht nach Speyer. Später hat er jahrzehntelang als Rat und höchster Richter Kaiser Karls V. und seines Nachfolgers König Philipps II. in den habsburgischen Niederlanden die europäische Politik mitbestimmt.
(D)
Lit.: R. Schulze, Der niederländische Rechtsgelehrte Viglius van Zuichem (1507–1577) als Bischöflich-Münsterischer Offizial und Dechant von Liebfrauen (Überwasser) zu Münster (Westf.), in: Westfäl. Zeitschrift 101/102 (1953), S. 183–230.

46 Fürstbischof Franz von Waldeck

(um 1491–1553, reg. seit 1532)
Gemälde (Öl auf Leinwand), Mitte 17. Jahrhundert, unsigniert und undatiert
136,5 x 80,0 cm

Land Niedersachsen, Polizeiausbildungsstätte Bad Iburg

Als nachgeborener Sohn des Grafen von Waldeck für den geistlichen Stand bestimmt, studierte er in Erfurt und Leipzig. Mit achtzehn Jahren wurde er Domherr in Köln, seit 1521 auch in Mainz, Trier und Paderborn. 1530 zum

PROFESSUS CATHOLICAM
FIDEM ROMANAM
Francisc9. I. Comes de Waldeck, Eps. L III. Consecratur
Eps in Marienfelt Fit Eps Monast. Vbi Anabaptistas sube
git. item Eps Mind. Sub hoc Ciues Osnab. denuò tumultuan-
tur, ac noua dogmata Fidei inducunt. Princeps ipse etiam
inclinat. Tandem resipiscit abiuratis errorib9, et Catholicam
religionem restituit: Punitis a b Jmp. Carolo V. Ciuib9. præfuit
Annis XXI Obijt Anno Christi · M·D·L·III ·

Kat.-Nr. 46

Bischof von Minden gewählt, erhielt er zwei Jahre später auch die Bistümer Osnabrück und Münster. Die Kumulation der Ämter wurde durch päpstlichen Dispens geregelt. In der Wahlkapitulation von Münster wurde ihm aber jede politische Entscheidung genommen. Als die Stadt Münster sich seiner Herrschaft entziehen wollte, gelang es Philipp von Hessen zwischen dem Bischof und der Stadt zu vermitteln und einen Vertrag abzuschließen. Franz von Waldeck wurde dann aber doch im März 1534 genötigt, die Stadt, in der die Wiedertäufer die Oberhand erhalten hatten, zu belagern. Trotz der Unterstützung durch den niederländisch-westfälischen Reichskreis und später durch alle Reichskreise, konnte Münster erst am 25. Juni 1535 erobert werden. Man sprach vom Versagen des Bischofs. Franz von Waldeck war in seinen Glaubensanschauungen schwankend, wollte nach dem Vorgang des Erzbischofs von Köln, Hermann von Wied, sein Territorium nach den Grundsätzen der Augsburgischen Konfession reformieren, um es damit zu einem eigenen Fürstentum umzuwandeln. In Osnabrück gelang es ihm teilweise, in Münster nicht mehr. Nach dem Schmalkaldischen Kriege widerrief er seine Anordnungen und setzte sich für eine katholische Reform ein.
(St)

47 Wappen Franz von Waldecks

Franz von Waldeck, Bischof von Münster, Osnabrück und Minden (um 1491–1553, reg. seit 1532)
Photo von Siegel und Autograph des Restitutionsedikts (Kat. Nr. 176), 17. Mai 1553
Aufschrift des Siegels: S(igillum) FRĂCISCI: EPIS(copi): MON(asteriensis): ET : OSNAB(rugensis): ADMINIST(ratoris): MIND(ensis): ECCL(es)IARV(m): + :
Ø des Siegels: 45 mm
Unterschrift: Franciscus Manu / propria ss. (= subscripsi) = Franz, ich habe mit eigener Hand unterschrieben

Das Wappen des Bischofs Franz von Waldeck, das er als Hoheitszeichen beispielsweise auf Siegeln und Münzen (vgl. Kat. Nr. 95b) führte, vereinigt das als Herzschild (5) aufgelegte Familienwappen (in Gold ein achtstrahliger Stern) mit den Wappen der von ihm beherrschten Bistümer. Es ist »geviert«, d. h. in vier Felder geteilt. Die Felder 1 und 4 zeigen das Wappen des Bischofs von Münster (einen roten Balken in goldenem Feld), das also entsprechend seiner Größe und Bedeutung zweimal erscheint. Feld 2 enthält das Wappen des Bischofs von Osnabrück (ein sechsspeichiges rotes Rad auf silbernem Grund), Feld 3 das Wappen des Bischofs von Minden (zwei gekreuzte Schlüssel auf rotem Grund). In Minden regierte Franz von Waldeck nicht als Bischof, sondern als »Administrator« (Verwalter) des Bistums.
(D)

Kat.-Nr. 47

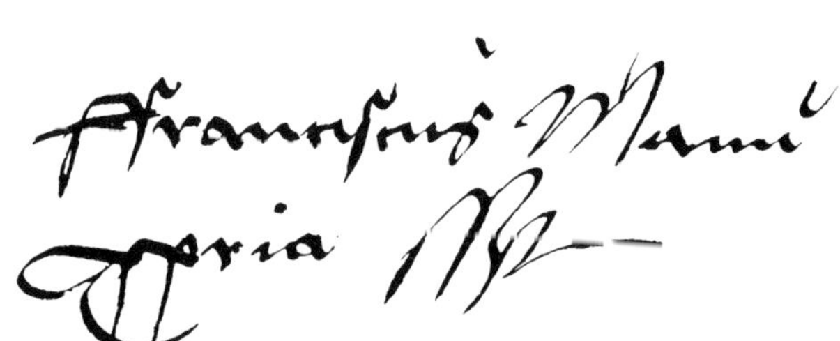

Kat.-Nr. 48

48 Hermann V. von Wied, Erzbischof von Köln

(1477–1552, reg. 1515–1547)
Gemälde (Öl auf Leinwand), unsigniert und undatiert
87,3 x 58,9 cm

Kölnisches Stadtmuseum

Mit dreizehn Jahren Domherr in Köln, seit 1503 Domkeppler, 1515 zum Erzbischof von Köln gewählt. Als regierender Fürst kümmerte er sich um Verwaltung und Gerichtswesen, seine geistlichen Pflichten nahm er wenig wahr. Nach dem Reichstag von Augsburg 1530 änderte sich seine Haltung: 1536 hielt er eine Provinzialsynode in Köln und ließ einige Reformen beschließen. Das Motiv für seine Annäherung an die Reformatoren bleibt undeutlich. Im Münsterischen Krieg gewährte er Franz von Waldeck seine Hilfe, doch nahm er keinen stärkeren Anteil. Seit 1542 bemühte er sich um die Reformation des Erzstiftes. Mit Zustimmung des Landtages berief er dafür Martin Bucer nach Bonn, der gemeinsam mit Melanchthon eine neue Kirchenordnung ausarbeitete. Diese wurde von Hermann geprüft und vom Landtag anerkannt. Das Eingreifen Karls V. verhinderte die Durchführung. Hermann verzichtete 1547 auf sein Amt und zog sich nach Neuwied zurück.
(St)

49 Landgraf Philipp von Hessen

(1504–1567)
Kupferstich von D. Custos aus: J. Schrenck von Notzing, Augustissimorum Imperatorum ... imagines, Innsbruck 1601
Pl.: 43,5 x 28,7 cm

Stadtmuseum Münster

Am 13. 11. 1504 in Marburg geboren, hoch begabt, durch Kaiser Maximilian frühzeitig zur Regierung zugelassen, begegnete Philipp auf dem Reichstag zu Worms 1521 dem Reformator Luther. Er entschied sich bald für die Reformation und betrieb die Neuordnung des hessischen Kirchenwesens. Dabei bemühte er sich um eine Einigung zwischen Wittenberg und Zürich. 1529 veranstaltete er das Marburger Religionsgespräch, das eine Verständigung in allen kirchlichen Fragen, außer dem Abendmahl, brachte. Seit dem Augsburger Reichstag von 1530 trat Philipp immer stärker als politischer Führer der Protestanten auf. Als unter seiner Mitwirkung der Schmalkaldische Bund begründet wurde, gelang ihm auch die Rückführung Herzog Ulrichs von Württemberg. Sein Angebot, sein Heer gegen die Täufer in Münster einzusetzen, wurde abgelehnt aus der Befürchtung heraus, daß er einen zu starken Einfluß gewinnen würde. Philipp von Hessen trat in einen Schriftwechsel mit den münsterschen Täufern. Seine Bemühungen, das Täufertum mit friedlichen Mitteln zu überwinden, gelangen ihm nur in seinem eigenen Lande.
Seine Nebenehe hatte schwere politische Folgen. Als er sich dem Kaiser unterwarf, mußte er fünf Jahre lang Gefangenschaft erdulden. Von 1552 bis zu seinem Tode 1567 widmete er sich nur noch der Sorge für sein Land.
(St)

50 Johann III. Herzog von Kleve

(1490–1539)

a. Großes Siegel (1514)
   Abguß, Ø 83 mm
   Nordrhein-Westfälisches Hauptstaatsarchiv Düsseldorf
b. Großes Siegel (1532)
   Abguß, Ø 88 mm
   Nordrhein-Westfälisches Hauptstaatsarchiv Düsseldorf

Herzog Johann III. von Kleve hat sich als Nachbar des Stifts Münster ebenfalls am Kampf gegen das münsterische Wiedertäuferreich beteiligt. Er hatte 1511 die Herzogtümer Jülich und Berg sowie die Grafschaft Ravensberg von seinem Schwiegervater geerbt und diese Länder 1521 nach dem Tode seines Vaters mit Kleve und der Grafschaft Mark vereinigt. Die Wappen seiner Territorien (vgl. die Karte Kat. 43) sind auf den Siegeln, Mei-

Kat.-Nr. 49

sterwerken der Stempelschneidekunst, vereinigt: in der Mitte das Wappen von Jülich, darunter von links die Wappenschilde von Kleve, Mark, Ravensberg, noch einmal Jülich (nur auf dem älteren Siegel) und Berg.
(D)

51 Anbetung der Könige

Eichenholzrelief (Teil eines Altares), um 1480, unsigniert und undatiert (Fassung 19. Jahrhundert)
49,5 x 51,0 x 8,0 cm

Stadtmuseum Münster

Die im Hochrelief gegebene Szene veranschaulicht die Bildschnitzkunst der Spätgotik vor den Wiedertäufern. Maria sitzt ganz rechts auf einer profilierten Bank mit dem Kind auf ihrem Schoß, das sie dem bereits niedergeknieten alten König zur Huldigung entgegenhält. Dahinter befinden sich die beiden anderen Könige mit ihren Geschenken sowie Joseph, aufgrund seiner Physiognomie und seinem Gewand mit der weit nach hinten gerutschten Kapuze eindeutig zu bestimmen. In seiner rechten Hand hält er ein Öllämpchen, aus der oben eine Flamme herauslodert, mit der Linken hat er die Gabe des alten Königs bereits in Empfang genommen.
Die Komposition des Reliefs ist recht einfach: im Vordergrund Maria, Christus und der anbetende König, in der Schicht dahinter die drei stehenden Figuren nebeneinander gereiht und kaum gestaffelt; die sehr unplastische flächenbetonende Faltengebung macht eine Entstehung um 1480 wahrscheinlich.
Ursprünglich gehörte das Relief sicherlich in den größeren Zusammenhang eines Schnitzaltares, seine genaue Herkunft läßt sich allerdings nicht mehr ermitteln. Ebenfalls unklar ist, wann das Relief nach Münster gekommen und wie es dann in das Eigentum der Stadt gelangt ist, zu deren Kunstwerken es seit alter Zeit gehört. Die farbige Fassung entstammt dem vorigen Jahrhundert.
(K)
Lit.: Alter Kunstbesitz (1931) Nr. 11.

52 Engel mit Leidenssymbolen

Eichenholz mit Fassungsresten, Anfang 16. Jahrhundert, unsigniert und undatiert
Höhe: 59 cm

Stadtmuseum Münster

Der frontal dem Betrachter zugewandte schwebende Engel hält in seinen Händen ein Wappenschild, auf dem verschiedene Sinnbilder der Passion plastisch dargestellt sind: In der Mitte das von der Lanze des Longinus durchstochene Herz Christi, daneben die drei Kreuzesnägel und schließlich ganz oben die 30 Silberlinge, mit denen Judas für seinen Verrat bezahlt wurde. Derartige Darstellungen von Engeln mit den sogenannten Leidenswerkzeugen Christi finden sich im späten Mittelalter häufig – zum Teil als Einzelfiguren, zumeist aber in szenischen Zusammenhängen, in Epitaphien oder z. B. als Begleitfiguren eines Schmerzenmannes.
Der hier gezeigte Engel gehörte allerdings wahrscheinlich ursprünglich einem weiteren Bildtypus an: einer frei im Kirchenraum hängenden Doppelfigur mit Strahlen- und Rosenkranz, meist einer Doppelmadonna. Seine streng vertikale Ausrichtung sowie der Schild mit dem Herzen Christi zeigt, daß es sich bei ihm um den obersten von fünf Engeln gehandelt haben dürfte, die auf der Einfassung eines solchen Strahlenkranzes befestigt waren. Die anderen vier Engel trugen Wappenschilde mit den übrigen Wundmalen, also den beiden Händen und Füßen Christi, daneben aber wohl auch noch weitere Leidenswerkzeuge. Bei dem Engel handelt es sich also um den erhaltenen Rest eines Kunstwerkes vorreformatorischer Prägung, bei dem sich christologische und marianische Bezüge vermischen und ergänzen. Die harte Faltenbrechung des Gewandes weist ihn als ein charakteristisches Werk des frühen 16. Jahrhunderts aus.
Den Engel gehört zum alten Kunstbesitz der Stadt Münster; seine genaue Herkunft ist nicht mehr festzustellen.
(K)
Lit.: Alter Kunstbesitz (1931) Nr. 8.

53 Hl. Agnes

Silber, vergoldet, Anfang 16. Jahrhundert
Höhe: 42,2 cm

Domkammer Münster

Die Figur der heiligen Agnes aus dem münsterischen Domschatz ist eine der schönsten Silberstatuetten aus der Zeit der Spätgotik im Übergang zur Renaissance.
Die Heilige ist reich und modisch gekleidet. Über einem enganliegenden Kleid mit darunterliegendem gefältelten Mieder, trägt sie einen offenen Mantel, der vorn von einer doppelten Kordel gehalten wird. Der Umschlag des Mantels sowie die Borten von Kleid und Mieder sind reich mit Ornamenten verziert. Auf dem Kopf trägt sie eine durchbrochene Goldhaube, unter der ihr langes Haar hinten hervorquillt und auf den Rücken herabfließt. Der Brautring, den die Heilige in der Rechten hält und das Lamm (Symbol Christi), das an ihr emporspringt und zu dem Ring aufschaut, weisen auf eine Legende aus ihrem Leben hin, die besagt, daß sie sich wünschte, mit Christus ein Verlöbnis einzugehen. Auf diese Legende weist auch ein lateinischer Vers an der Unterseite des Sockels hin.
Die virtuose Drapierung des Gewandes, das sich in viele knittrige, umbrechende Hebungen und Senkungen legt, weist die Statue als Werk der letzten Phase der Spätgotik aus. Wie aus einer Inschrift am sechsseitigen Sockel hervorgeht, ist die Figur ein Geschenk des berühmten Humanisten Rudolph von Langen. Rudolph von Langen, 1438 in Everswinkel geboren, wurde nach Studienjahren in Erfurt und Basel 1462 Dompropst in Münster. Nach seiner Rückkehr von einem Aufenthalt in Rom 1469 lebte er bis zu seinem Tode 1520 in Münster. Im Sinne des aufkommenden Humanismus führte er hier bedeutende Umgestaltungen des Schulwesens durch und machte die münsterische Domschule zur bedeutendsten humanistischen Schule neben der von Deventer. Auch gab er eine Reihe von Schriften heraus; 1486 erschien eine Sammlung seiner Gedichte. Bedeutend war vor allem auch seine für wissenschaftliche Zwecke jedem zugängliche Bibliothek. Sie wurde 1534 von den Wiedertäufern verbrannt.
(Gr)

Kat.-Nr. 53

Lit.: K. Löffler, in: Westfälische Lebensbilder I, Münster 1930, S. 344–357; Kerssenbroick in MGQ 6, S. 523; Geisberg V, S. 384–386, Abb. 1632; P. Pieper, Der Domschatz zu Münster, Münster 1981, Nr. 37.

54 Schrank

2. Viertel 16. Jahrhundert
Eiche, 136 cm hoch, 72 cm breit, 36 cm tief (einschließlich Ergänzungen) Deckplatte und Füße sind ergänzt.

Westfälisches Landesmuseum für Kunst und Kulturgeschichte, Münster

Der hochrechteckige Schrank besitzt an seiner Frontseite übereinander zwei Türen, die von langen Eisenbeschlägen gehalten werden. Die Seitenbretter dienen gleichzeitig als Füße. Ein ornamentiertes und leicht vorspringendes profiliertes Brett schließt den Schrank oben waagerecht ab. Dieser Abschluß und die beiden Türen sind durch fleischige Rankenschnitzereien geschmückt. Die Schnitzerei oben an der Frontseite besteht aus zwei antithetisch aufgebauten Ranken, die im Detail jedoch unterschiedlich geformt sind und an beiden Enden aus Menschenköpfen entspringen. An den Schmalseiten des Schrankes befindet sich jeweils eine dieser Ranken, die an der linken Seite aus einem Vogelkopf, an der rechten Seite aus einem Hundekopf herauswächst. Die Türen tragen außer derartigen Ranken Medaillons, in denen sich Inschriften befinden: oben das Christus-Monogramm »IHS«, auf der Tür darunter »Maria«. Diese Inschriften deuten auf den sakralen Charakter des Schrankes hin und lassen auf eine Verwendung im kirchlichen Bereich, etwa als Sakristeischrank, schließen.
Die originalen Beschläge mitsamt ihren Schlössern und den zweifingrigen Griffen sind noch vorhanden. Innen ist der Schrank in vier Fächer unterteilt. Aufbau und Ornamentik legen es nahe, den Schrank in das zweite Viertel des 16. Jahrhunderts zu datieren. Nach Material und Stil ist davon auszugehen, daß der Schrank in Münster, oder zumindest in Westfalen, hergestellt wurde.
(K)

Kat.-Nr. 54

55 Myrren Bundeken

1 verso/2 recto aufgeschlagen
Gebetssammlung im Niederdeutsch der Zeit, hergestellt im Fraterherrenhaus zu Münster, ca. 1480

Universitätsbibliothek Münster

Das Bewußtsein, zunächst Individuum zu sein, das in der Neuzeit typisch für den europäischen Menschen ist, bildete sich erst seit dem Mittelalter heraus. Die Tendenz meldete sich zunächst religiös. Sie trieb den einzelnen zu persönlicher Gotteserfahrung. Das Gespräch mit Gott sollte sich nicht mehr nur in der versammelten Gemeinde unter Leitung von Klerikern vollziehen, sondern auch und immer mehr in der privaten Abgeschiedenheit des Hauses als persönliche, direkte oft mystische Gotteserfahrung vollziehen (devotio moderna). Erbauungs- und Gebetbücher wie das vorliegende dienten dazu als Hilfen. Sie entstanden als möglichst kunstvolle Handschriften besonders in Nordfrankreich, im heutigen Belgien und in den Niederlanden, aber auch in Münster. Die münsterische Buchproduktion geschah im Fraterherrenhaus (im Bereich des heutigen Amtsgerichts). Die Fraterherren gehörten als Bewegung selbst zur devotio moderna. Es handelte sich um eine Laienbewegung der »Brüder vom gemeinsamen Leben« d. h. von Männern, die sich zur persönlichen religiösen Vervollkommnung zum gemeinsamen Leben zusammengeschlossen hatten. Ihren Lebensunterhalt verdienten sie z. T. mit der Herstellung von Büchern. Das vorliegende Beispiel zeigt den hohen künstlerischen Standard der Produktion. Die in Münster vorhandenen Bücher wurden zum größten Teil im Bildersturm vernichtet.
Mit ihrem Individualismus und auch ihren mystischen, irrationalen Wesenszügen gehört die devotio moderna mit zu den geistigen Voraussetzungen der Reformation. Vieles Irrationale der Wiedertäufer hat dort seine Wurzel.
(G)

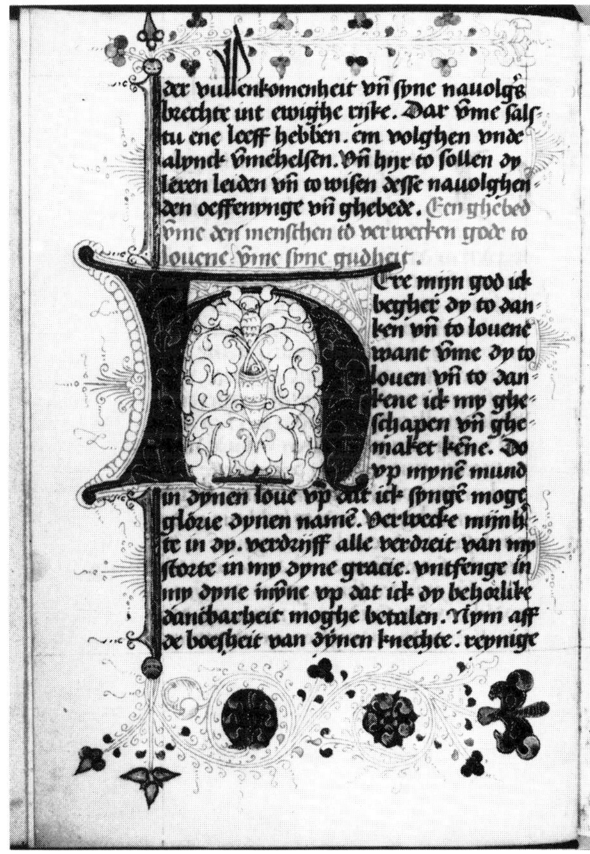

Kat.-Nr. 55

56 Lektionar

Blindgeprägter Schweinsledereinband auf Eichenholz, Handschrift auf Pergament mit gemalten Initialen, 244 Seiten. Osnabrück, 1. Drittel 16. Jahrhundert

Leihgabe aus Privatbesitz

Das Lektionar (lectionarium missae) enthält die täglich wechselnden lateinischen Texte für den Gebrauch in der Messe, die »lectiones“, d. h. Abschnitte aus der Heiligen Schrift und aus Lehrschriften der Kirchenväter, und zwar für das ganze Kirchenjahr, von Advent bis zum letzten Sonntag nach Pfingsten (Temporale). Hier handelt es sich um eine Anordnung, wie sie für Kathedralkirchen üblich war.

Das aufgeprägte Osnabrücker Rad sowie spätere Eintragungen »Osnabrück« lassen vermuten, daß der Lektionar im Dom von Osnabrück benutzt wurde. 1532 wurde Franz von Waldeck Bischof von Osnabrück und von Münster. Vielleicht weisen die auf der Rückseite aufgeprägten beiden Sterne, die dem Stern von Waldeck ähneln, auf ihn.

Die fotografierte Seite trägt den Text: »Hütet euch vor den falschen Propheten. . .«

(G)

Kat.-Nr. 56

Kat.-Nr. 56

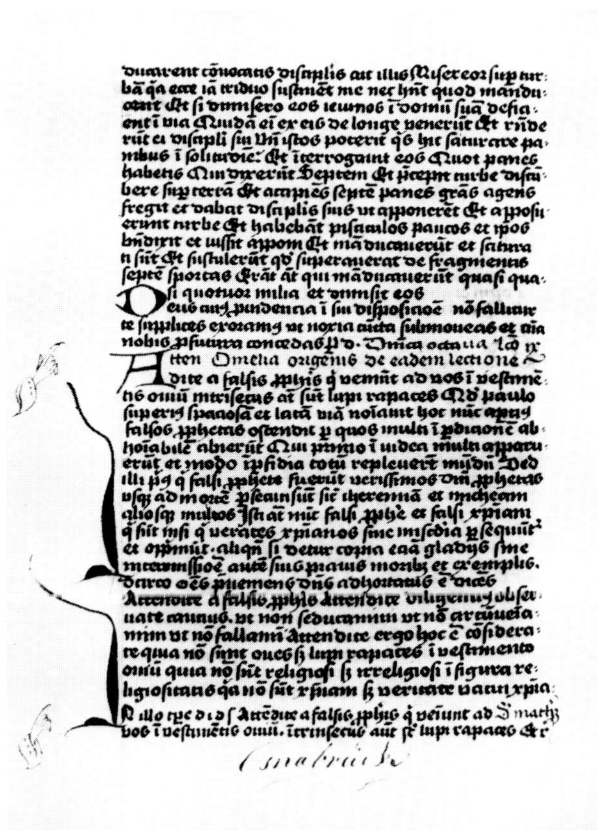

57 Jan-Baegert-Altar

14 Altartafeln aus einer Folge von 16 Tafeln
Flügelaußenseiten: Szenen aus dem Marienleben
Flügelinnenseiten: Passionsszenen
Größe der Tafeln je 85 x 64 cm
Mitteltafel: unbekannt
Gemälde (Öl auf Eichenholz) von Jan Baegert, um 1510
unsigniert und undatiert

Stadtmuseum Münster

Dieser Zyklus wird als Beispiel für spätgotische Malerei vor der Wiedertäuferzeit in der Ausstellung gezeigt. Die 16 Altartafeln, von denen 14 im Besitz der Stadt Münster und 2 in Privatbesitz sind, stammen aus dem 1754 gegründeten Clemenshospital. Wie sie in den Besitz des Clemenshospitals kamen, läßt sich nicht mehr feststellen.
Das Werk läßt sich nach kunsthistorischen Kriterien eindeutig Jan Baegert, dem Meister von Cappenberg, zuschreiben. Er wurde 1465 in Wesel als Sohn des Malers Derick Baegert geboren und ist seit 1492 als Meister nachweisbar. Nach dem Tode seines Vaters führte er dessen Werkstatt weiter und starb vor 1530 oder kurz danach. Zahlreiche Aufträge aus dem Gebiet des Niederrheins und aus Westfalen beweisen, daß Jan Baegert großes Ansehen genoß.
Die Altartafeln gehören zu Jan Baegerts Frühwerken. Die allgemein schematische Behandlung der Formen läßt allerdings vermuten, daß seine Werkstatt in nicht geringem Maße an der Herstellung beteiligt war. Die acht Tafeln, die das Marienleben darstellen, bildeten ursprünglich wohl die Außenseiten der Flügel, während das Passionsgeschehen an den Innenseiten angeordnet war. Das Mittelstück des Altares enthielt demnach die Hauptthemen der Passion, vielleicht handelte es sich um einen Kalvarienberg mit den Nebenszenen, Kreuztragung, Kreuzabnahme oder Beweinung, Grablegung und Auferstehung.
Betrachtet man im Überblick die Kompositionen der einzelnen Tafeln, so fällt auf, daß Jan Baegert häufig symmetrische Kompositionen mit betonter Bildmitte bevorzugt. Als Beispiele sind die Tafeln „Verlobung Mariens“, „Christus erscheint den Jüngern“, „Himmelfahrt und Pfingsten“ zu nennen. Die bei einigen Tafeln kreisförmig angeordneten Köpfe und die für den Künstler typischen weisenden Hände tragen dabei viel zur Symmetrie der einzelnen Tafeln bei. Bei einigen Bildern, in denen Jan Baegert sich bemüht, ein Interieur zu schildern, versucht er, die Tiefenwirkung des Raumes durch schräg in den Bildraum führende Versatzstücke zu erreichen. Der Tisch bei der „Geburt Mariens“, das Betpult in der Verkündigungstafel sowie die Thronwände bei der „Marienkrönung“ sind Beispiele für dieses Bestreben. Sowohl bei den Innenszenen, bei denen meistens auf die Zimmerdecken verzichtet wird, als auch bei den Außenszenen, bei denen Jan Baegert einfache, sich in die Ferne erstreckende Landschaftsausschnitte und Tore zur Verstärkung der Tiefenwirkung einsetzt, überwiegt noch das Flächenhafte. Die Komposition, die sich besonders im Marienleben auf wenige gestrafft komponierte Figuren beschränkt, zeigt dabei aber eine Liebe zum Detail, die sich etwa in der sorgfältig aber nicht übertrieben reich wiedergegebenen Wochenstube bei der „Geburt Mariens“ zeigt.
Im Marienleben herrschen kühle, rote und blaue Farbtöne vor, wobei weiß, gelb, hellgrau, olivgrün und ein mit hellbraunen Tönen vermischtes Violett aus belebende Elemente hinzutreten. Die in der Farbigkeit zurückhaltenden Passionsszenen zeigen besonders bei der Tafel „Christus erscheint den Jüngern“, als auch beim „Pfingstfest“ eine dem Marienleben ähnliche Farbgebung.
Stilistisch ist Jan Baegert deutlich der Bildvorstellung und den Kompositionsprinzipien der deutschen Spätgotik verhaftet. Er zeigt noch nichts von den neuen Prinzipien der Renaissancekunst. Nicht die perspektivische Raumtiefe ist das Ziel seiner Komposition, sondern primär die Figurenkomposition, der einzelne eingefügte Versatzstücke zur Erreichung einer Raumtiefe beigefügt werden.
Trotz der Individualisierung der Personen und trotz des Realismus in der Darstellung ist Jan Baegert doch weit entfernt von einer wissenschaftlichen Auffassung der künstlerischen Tätigkeit, wie sie etwa bei Dürer auftaucht.
Anregungen für seine Werke fand Jan Baegert am Niederrhein, am Oberrhein und in den Niederlanden. Die

„Ölbergszene“ zum Beispiel lehnt sich eng an einen 1512 entstandenen Holzschnitt des Jacob Cornelisz von Amsterdam an, die „Verspottung“ ist auf einen 1509 entstandenen Kupferstich des Lucas von Leyden zurückzuführen. Diese Tatsachen sowie die Einordnung in die Chronologie des gesamten Werkes Jan Baegerts legen eine Entstehungszeit unseres Altares um 1510 nahe.
Die Tafeln „Tempelgang Mariens“ und „Abendmahl“ können in der Ausstellung nicht gezeigt werden, da sie sich in Privatbesitz befinden.
(Gr)

Lit.: Geisberg VI, S. 448–450, Abb. 2109–2123; G. T. van Oyen, Jan Baegert – Der Meister von Cappenberg, Baden-Baden 1972, S. 22–24, S. 94–98, Tf. X–XIII; Ausstellungskatalog Schloß Cappenberg 1972, Jan Baegert, Der Meister von Cappenberg, S. 9, 17, T. 18–21; K. Steinbart, Der Meister von Cappenberg und die holländische Graphik, in: Sonderheft Westfalen 22, 1937, S. 255–264.

Folge der Szenen des Baegert Altars

Leben Mariae

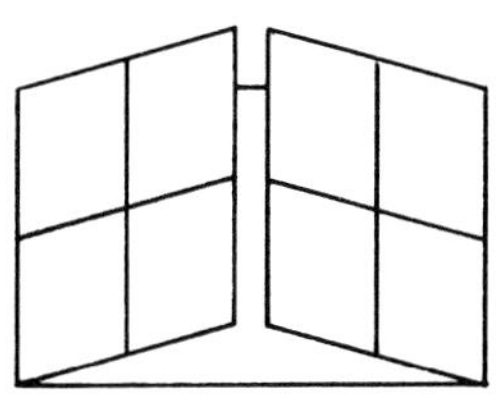

Passion Christi

Mitteltafel verschollen

Leben Mariae

1 Geburt Mariens	2 Tempelgang Mariens	5 Heimsuchung	6 Geburt Christi
3 Verlobung Mariens	4 Verkündigung	7 Darbringung im Tempel	8 Marienkrönung

Passion Christi

1 Einzug in Jerusalem	2 Abendmahl	5 Christus erscheint den Jüngern	6 Himmelfahrt
3 Christus am Ölberg	4 Verspottung Christi	7 Pfingsten	8 Jüngstes Gericht

Verkündigung
Kat.-Nr. 57

Marienkrönung
Kat.-Nr. 57

Jüngstes Gericht
Kat.-Nr. 57

III. Die Wiedertäufer in Münster

1. Machtergreifung

58 Bernhard Rothmann

Beschreibung im Steckbrief des Rates der Stadt Lübeck vom 6. Juni 1537

Plach tho Munster im regimento tho hethen Stuten Bernt, und is de erst tho Munster de wedderdope und alle rumor anhof. Is van personen ein drungen verkant man, under ogenen wit, bleck, brun strack haer kort, dricht int gemein eine Spaniske kappen unbosettet.

Man nannte ihn in Münster allgemein »Stuten Bernt« und er war der erste, der in Münster mit der Wiedertaufe und dem Aufruhr anfing. Er ist von Gestalt ein untersetzter stämmiger Mann, weiß unter den Augen, blaß, hat braunes, glattes, kurzes Haar, trägt meistens ein schlichtes Barett.

Aus: C. A. Cornelius, Berichte der Augenzeugen über das münsterische Wiedertäuferreich, Münster 1853, S. 411.

Um 1495 in Stadtlohn geboren, besuchte Rothmann die Domschule in Münster, wurde Lehrer in Warendorf und erwarb 1524 in Mainz den Magistergrad. Ob er in Köln studiert hat, ist nicht sicher. Als Kaplan im St.-Mauritz-Stift bei Münster begann er mit der evangelischen Predigt. Mit Unterstützung einiger Bürger besuchte er Marburg, Wittenberg und Straßburg. Dort kam er mit Schwenckfeld und anderen Spiritualisten und Täufern zusammen. Als Zwinglianer kehrte er nach Münster zurück, wegen seiner Abendmahlsauffassung »Stutenbernd« genannt. Die Reformatoren warnten ihn und die Stadt vor den Folgen. Rothmann aber schloß sich den Wassenberger Prädikanten an und vertrat in der Disputation vom 7. August 1533 deren Ansichten gegen die Lutheraner. Die Lage in Münster wurde kritisch. Am 7. 1. 1534 ließ sich Rothmann durch holländische Anhänger Melchior Hoffmans zur Wiedertaufe bestimmen. Während der Täuferherrschaft verlor er zwar die Leitung, blieb aber »Worthalter« des »Königs«. In umfangreichen Traktaten rechtfertigt er die Auffassung der Täufer mit allen ihren Folgerungen. Bei der Eroberung Münsters am 24. Juni 1535 ist Rothmann vermutlich umgekommen. Nach einer anderen Überlieferung ist er jedoch entkommen und hat noch lange in Friesland im Verborgenen gelebt.
(St.)

59 Brief Bernhard Rothmanns

an den Landgrafen Philipp von Hessen
Münster, 12. Januar 1534, eigenhändig

Staatsarchiv Marburg

Landgraf Philipp von Hessen wollte Rothmann nach Marburg holen, um ihn dem Täuferaufstand zu entziehen. Er schrieb an Rothmann, daß dieser sich beim Bischof um einen Geleitbrief bemühen sollte. Rothmann war bereits wiedergetauft. Er hat den Geleitbrief beim Bischof gar nicht beantragt. Offenbar wollte er aus Münster nicht fortgehen, um den Einfluß, den er noch hatte, nicht zu verlieren.
(St)

60 Bernhard Rothmann – Eyn kortte Bekantnisse

Münster (?) 1532
Bahlmann 1532–1

Universitätsbibliothek Münster

Sein lateinisch abgefaßtes Bekenntnis soll Rothmann den Stadtgeistlichen zugeleitet haben. Erhalten ist es nicht. Der Ratsherr Langermann hat es ins Niederdeutsche übertragen und drucken lassen. Von dieser kleinen Schrift ist nur ein Bruchstück überliefert. Es enthält noch keine typischen Lehren der Täufer.
(St)

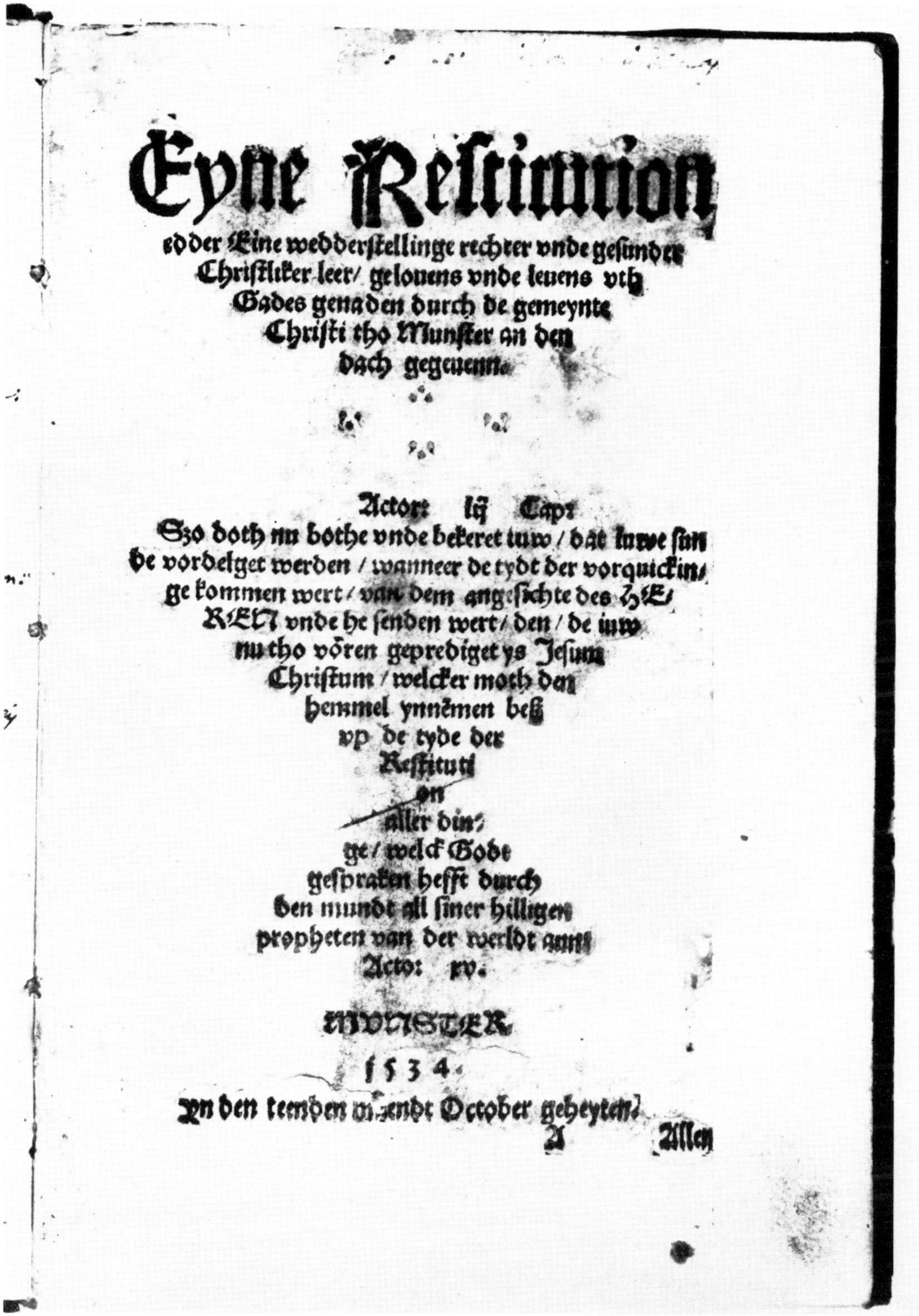

Eyne Restitution
edder Eine wedderstellinge rechter vnde gesunder
Christliker leer/ gelouens vnde leuens vth
Gades genaden durch de gemeynte
Christi tho Munster an den
dach gegeuen.

Actor: iij Capi
Szo doth nu bothe vnde bekeret iuw / dat iuwe sun
de vordelget werden / wanneer de tydt der vorquickin-
ge kommen wert / van dem angesichte des HE
REN vnde he senden wert / den / de iuw
nu tho voren gepredigет ys Jesum
Christum / welcker moth den
hemmel ynnemen beß
vp de tyde der
Restituti
on
aller din-
ge / welck Gode
gesproken hefft durch
den mundt all siner hilligen
propheten van der werldt ann
Acto: rv.

MVNSTER
1534.
Yn den temden maendt October geheyten.
A Allen

Kat.-Nr. 61

61 Bernhard Rothmann, Restitution

Eyne Restitution edder Eine wedderstellinge rechter unde gesunder Christliker leer, gelovens unde levens, uth Gades genaden durch de gemeynte Christi tho Munster an den dach gegevenn...
Münster 1534
Bahlmann 1534-5

Universitätsbibliothek Münster

Dieser umfangreiche im Herbst 1534 von Rothmann, angeblich mit Hilfe anderer täuferischer Prediger verfaßte Traktat ist in Münster zweimal gedruckt. Satz und Schreibweise sind verschieden; der eine zählt 62, der andere 48 Blätter.
Landgraf Philipp von Hessen ließ einen Nachdruck veranstalten um die täuferischen Irrlehren überall, vor allem in Oberdeutschland, bekannt zu machen. Daraufhin erschienen mehrere Entgegnungen.
(St)

62 Urbanus Rhegius

Widderlegung der Münsterischen newen Valentinianer..., Wittemberg 1535, mit einer Vorrede von Martin Luther
Titelholzschnitt von Lucas Cranach, am rechten Rand monogrammiert L C
Bl.: 18,3 x 14 cm
Bahlmann 1535–3a

Staatsarchiv Münster

Da die Stadt Osnabrück durch die Täufer gefährdet war, schrieb Rhegius auf Bitten des Sekretärs seines Herzogs diese Schrift. In der Auseinandersetzung mit den Täufern seit langem erfahren, wies Rhegius nach, daß sie alte Ketzereien wiederholten. Für die Abfassung brauchte er nur kurze Zeit. Die Schrift ist auf Hornung 1534 datiert, lag aber gedruckt erst im Frühjahr 1535 vor. Landgraf Philipp schickte sie den Kriegsraten vor Münster zu, diese ließen sie durch einen Boten dem „König" am Jüdefelder Tor übergeben.
(St)

63 Philipp Melanchthon

Verlegung etlicher unchristlicher Artikel: Welche die Widerteuffer furgegeben
Bahlmann 1535–6c

Staatsarchiv Münster

Diese Thesen hat Melanchthon zuerst zum Zweck der Disputation lateinisch drucken lassen. Später sind sie auch in deutscher Fassung erschienen. Der aktuelle Text wurde in Nürnberg in erweiterter Fassung zweimal nachgedruckt. Wahrscheinlich stammt die Erweiterung von Melanchthon selbst. Für diese Ausgabe hat er auch eine besondere Vorrede geschrieben. Die Thesen sind gegen Rothmanns Darstellung des Tausendjährigen Reiches gerichtet, gegen die Ablehnung der Obrigkeit, gegen die Anwendung der Gewalt bei der Durchsetzung der Gütergemeinschaft und der Vielehe.
(St)

64 Brief Bernd Knipperdollings

mit eigenhändiger Unterschrift, 13. August 1534

Staatsarchiv Münster

65 Bernd Knipperdolling

(um 1490–1536)
Kupferstich von Nikolaus Wilborn, monogrammiert und 1536 datiert
Bl.: 15,5 x 11 cm
Bartsch 1

Westfälisches Landesmuseum für Kunst und Kulturgeschichte, Münster, Portraitarchiv Diepenbroick-Grüter

Bernd Knipperdolling, geboren um 1490 als Sprößling einer wohlhabenden Kaufmannsfamilie, heiratete die Witwe eines Gewandschneiders (Tuchhändlers) und übernahm dessen Geschäft. „Ein stolzer Mann, kühn und dreist" (Gresbeck), führte er 1527 eine antiklerikale bürgerliche Oppositionsbewegung an und wurde dafür vom

WAERHEAFTICH · GHEKONTERFE · BERT KNIPPERDOLLIG
DER XII · HERTOGEN · EYN · THO · MONSTER ·
NW
1536
IGNOTVS · NVLLIS · KNIPPERDOLLINGIVS · ORIS ·
TALIS · ERĀ · SOSPES CVM · MIHI · VITA · FORET ·

Kat.-Nr. 65

Bischof verhaftet. Die ihm auferlegten Bußgelder bedeuteten seinen finanziellen Ruin. Als einflußreicher Anführer der Bürgeropposition gegen Bischof und Rat schloß er sich Rothmann an und zählte zu den radikalen Befürwortern der Reformation. Sein Haus wurde im Januar 1534 Versammlungsort der Wiedertäufer; im Februar wählte man ihn als Führer der Radikalen zum Bürgermeister. Gegen den Einfluß der Prediger konnte er sich als einer der führenden Köpfe der Wiedertäuferbewegung in Münster behaupten, weil er sich durch Visionen und ekstatische Auftritte als Erleuchteter auszuweisen vermochte. Ihm unterstand unter dem Regiment der Ältesten der Justizvollzug, Jan van Leiden ernannte ihn zu seinem „Statthalter". Im Oktober 1534 versuchte Knipperdolling vergeblich, dem König gleichgestellt zu werden. Bei der Erstürmung der Stadt gefangen, zeigte er in den Verhören und Gesprächen eine unnachgiebige Haltung. Am 22. Januar 1536 wurde er in Münster verurteilt und gemeinsam mit Jan van Leiden und Bernd Krechting öffentlich hingerichtet.

Wegen des starken Interesses an den münsterschen Ereignissen fertigten mehrere Künstler Nachstiche der Wiedertäuferportraits von Aldegrever an, unter ihnen auch der in Nürnberg ansässige Kupferstecher Nikolaus Wilborn. Er hat dieses Blatt unter dem Wappen mit seinen Initialen N. W. signiert. Es ist vielleicht der früheste aller Nachstiche und zeigt die gegenseitige und verkleinerte Kopie des Stiches von Aldegrever. Die Darstellung ist etwas vergröbert, aber sonst in Bild und Text identisch. Das Pendant mit dem Portrait Jan van Leidens ist verschollen.

(D/G)

Literatur: Prinz, Knipperdollinck; Koch, The Illustrated Bartsch 14 S. 251 mit Abb. des Exemplars im British Museum, London.

66 Haus des Bernd Knipperdolling

Prinzipalmarkt 41
Photo von Max Geisberg (um 1910)
22,6 x 14,4 cm

Stadtmuseum Münster

Das Haus Knipperdollings war bis zu seiner Zerstörung im Zweiten Weltkrieg erhalten. Der Giebel wurde wenige Jahre vor der Wiedertäuferzeit errichtet. Zwischen den Fenstern des zweiten Obergeschosses sind die Jahreszahlen 1517 und 1523 angebracht sowie die Hausmarke des Fernkaufmanns Thies Hangesbeke, dessen Witwe Knipperdolling um 1525 heiratete. Die zentrale Lage des Hauses „unter dem Bogen" und der reichgeschmückte Giebel belegen die Zugehörigkeit Knipperdollings zu den angeseheneren und wohl auch wohlhabenderen Bürgern Münsters. Vor diesem Hintergrund stellt sich die Frage nach dem politischen Ehrgeiz dieses Mannes, der sein Ansehen dem Engagement in der innerstädtischen Oppositionsbewegung gegen den Rat und für den Reformator Rothmann verdankte.

(D)

Lit.: Geisberg III, S. 123–125; Prinz, Knipperdollinck.

Kat.-Nr. 66

Kat.-Nr. 68

67 Bürgerkrieg

Farbphoto einer lavierten Federzeichnung, frühes 18. Jh., unsigniert und undatiert
Bl.: 20 x 32 cm

Original in der Staatsbibliothek Preußischer Kulturbesitz, Berlin, Libri Picturati A 96, Bl. 22

Der Text in der Schriftkartusche lautet auf deutsch: »Die Wiedertäufer bemächtigen sich der Geschütze und Kriegsgeräte und nehmen dann das Rathaus ein. Die anderen – katholisch und evangelisch Gesinnten – verschanzen sich an einem anderen Ort.«
Gemeint sind die Ereignisse vom 9.–11. Februar 1534. Auf das Gerücht des Anmarsches bischöflicher Truppen hin erschienen die »Wiedertäufer« bewaffnet auf dem Markt, weil sie von den lutherischen und altgläubigen Bürgern Verrat befürchteten. Daraufhin zogen sich Bürgermeister, viele Ratsherren und die Gegner der Wiedertäufer auf den Überwasserkirchhof zurück.
Die Partei der »Wiedertäufer« setzte sich zusammen aus Getauften und aus den Bürgern, die mehr als die Belagerung ein Nachgeben gegenüber dem Bischof und Stadtherrn und den Verzicht auf städtische Privilegien fürchteten. Die Argumente der antibischöflichen Kriegspartei, die von den Gilden angeführt wurde, überzeugten viele Ratsherren und den auf die Verteidigung der Stadtprivilegien vereidigten Bürgermeister Tilbeck: Die Strafe des Bischofs würde unterschiedslos alle Bürger treffen. Man schloß einen Vertrag, der allen religiösen Gruppen in der Stadt Toleranz garantierte: auch den Wiedertäufern. Das bedeutete jedoch einen Verstoß gegen das Reichsrecht.
(D)
Lit.: Detmer, Ungedruckte Quellen, S. 97–107.

68 Landsknecht und sein Weib

Radierung von Daniel Hopfer (um 1470–1536), monogrammiert und undatiert
Pl.: 20,2 x 14,8 cm

Stadtmuseum Münster

Nicht ohne Grund erwarteten die Münsteraner eine Belagerung: Am 18. Februar 1534 nahm Bischof Franz von Waldeck die ersten Söldnerführer in seinen Dienst, nachdem er bereits am Vortag die Ritterschaft des Bistums Münster, die zum Kriegsdienst verpflichtet war, für den 23. Februar »aufs stärkste gerüstet« aufgeboten hatte. An diesem Tag eröffnete der Bischof die Belagerung mit der Blockade der Zufahrtsstraßen nach Münster.
Die Ritterschaft, insgesamt 115 Adlige und 26 Erbmänner mit jeweils 2–3 Mann in ihrer Begleitung, genügte jedoch nicht allein, um größere kriegerische Unternehmen erfolgreich durchzuführen. Der Bischof mußte vielmehr auch Landsknechte anwerben, Berufssoldaten, die mit »Sack und Pack«, also auch in Begleitung ihrer Frauen, »dem Kriege folgten«. Sie waren nicht nur den ungeübten Rittern und Knechten überlegen, sondern auch zuverlässiger – solange sie regelmäßig und gut bezahlt wurden. Im Verlauf der Belagerung sind später nicht wenige zu den Wiedertäufern übergelaufen.
(D)
Lit.: Kirchhoff, Belagerung und Eroberung Münsters, S. 78–79.

69 Bildnisgrabstein des Drosten Dietrich von Merveldt

(† 1564)
Baumberger Sandstein
295 x 150 cm

Photo nach dem Grabstein in der Kath. Pfarrkirche St. Nikolaus zu Wolbeck

Seit 1528 stand Dietrich von Merveldt als Droste im Dienste des Bischofs von Münster. Sein Amtssitz war das Schloß zu Wolbeck, das zugleich bischöfliche Burg war. Als es am 9. Februar 1534 in der Stadt Münster zu einer Spaltung in Täufer und Nichtgetaufte kam und beide Gruppen zu den Waffen griffen, wurde Dietrich von Merveldt vom Rat der Stadt um Hilfe gebeten. Er zog daraufhin mit einer großen Anzahl bewaffneter Bauern nach Münster, um in die Ereignisse einzugreifen. Als es aber durch Vermittlung des Rates zunächst zu einer friedlichen Einigung kam, zog er mit seinen Soldaten wieder ab.

Kat.-Nr. 69

Während der Belagerung 1534/35 war das Schloß zu Wolbeck Hauptquartier des Bischofs. Hier befanden sich auch die Arsenale, Magazine und das Gefängnis. Hille Feicken, die einen Anschlag auf den Bischof ausgeübt hatte, wurde hier verhört und Heinrich Gresbeck fertigte hier sein Erdmodell der Befestigungswerke Münsters an, aufgrund dessen der Angriff auf das Kreuztor beschlossen wurde.
Bei der Eroberung erhielt der Droste von Merveldt vom Bischof für seine Verdienste die goldene Königskette des Jan van Leiden als Geschenk. Sie befindet sich noch heute im Besitz der Familie von Merveldt.
Die umlaufende Inschrift seiner Grabplatte lautet: »Anno Domini 1564, sonntags nach Petri in Vincolae, den 6. August, ist in Gott verstorben, der edle und ehrenfeste Dietrich von Merveldt, des Amts zu Wolbeck 36 Jahr gewesener Drost und Burgmann, daselbst welches Seele der Allmächtige wollt in Ewigkeit erfreuen.«
Der in Frontalansicht dargestellte Tote trägt seine volle Rüstung mit Schwert und Dolch, zu seinen Füßen befinden sich Helm und Handschuh. Über der Rüstung trägt er an dreifacher Kette ein Kreuz in runder Fassung als Anhänger. Entgegen der allgemeinen Annahme handelt es sich nicht um eine der erbeuteten Königsketten des Jan van Leiden. Diese haben sich erhalten und sind in ihren Anhängern durchaus anders. Ähnlichkeit besteht nur bei den Kettengliedern. Das besagt aber nicht viel, da dreifache Ketten in ähnlicher Form in zahlreichen zeitgenössischen Portraitdarstellungen zu finden sind.
Die vier Ecken des Grabsteins füllen Wappen mit aufgesetzter Helmzier: oben die Wappen seiner Eltern, unten die Wappen der Großmütter väterlicherseits und mütterlicherseits. Die gesamte Ornamentik des Grabsteins zeigt reiche Renaissanceformen. Den Kopf umgibt eine muschelförmige Konche. Die Gestalt ist seitlich von verzierten Pilastern eingerahmt, die auf löwenkopfbesetzten Postamenten aufsitzen. Die von Putten gehaltenen Schriftbänder und die Wappen sind reich mit Rollwerk verziert.
(Gr)
Lit.: H. Glasmeyer, Das Geschlecht der Grafen von Merveldt, in: Münsterland, Monatsschrift für Heimatpflege, Jg. 7, Juli 1920, S. 181–186, hier S. 182; Ders.: Das Geschlecht von Merveldt zu Merfeld, in: Westfälisches Adelsblatt, Jg. 8, 1931, S. 1–84; A. Ludorff, Bau- und Kunstdenkmäler von Westfalen, Kreis Münster Land, Münster 1897, S. 190ff.; Cornelius in: MGQ 2, S. 218ff.

70 Wetterhahn vom alten Lambertiturm

Kupfer, feuervergoldet; 80 x 77 cm
datiert 1664, erneuert 1842, restauriert 1982

Stadtmuseum Münster

Bis zum 11. Februar hatten die Wiedertäufer befürchtet, von dem lutherischen Rat mit Hilfe des bischöflichen Erzfeindes aus der Stadt ausgewiesen und »auf die Fleischbank geliefert« zu werden. Die Abwendung dieser Gefahr erschien ihnen als ein Wunder: »Denn der Allmächtige hat sich unserer Unschuld lassen erbarmen und mit sichtlichem Wunder unseren Feind geschlagen und vertrieben« (Rothmann). Die Erfahrung des unmittelbaren Eingriffes Gottes führte zu ekstatischen Szenen auf den Straßen Münsters. Überall meinten die Täufer Zeichen Gottes zu sehen: am Himmel Feuer und drei Sonnen, einen Mann auf einem weißen Pferd mit einem Schwert, nachts vor der Stadt zwei Schwerter zwischen Feuern. Gresbeck und Kerssenbroick berichten übereinstimmend, daß ein die Sonne spiegelnder Wetterhahn für die geöffneten Pforten des Himmels gehalten wurde.
(D)
Lit.: Alter Kunstbesitz der Stadt Münster (1931), Nr. 54; Gresbeck in MGQ 2, S. 25–26; Kerssenbroick in: MGQ 6, S. 501–502; Stupperich, Schriften Rothmanns S. 207.

71 Glaubensgrundsätze

Geständnis des Jacob von Osnabrück, um den 28. Februar 1534

Staatsarchiv Münster

Der Handwerksgeselle Jacob Huffschmidt aus Osnabrück hatte Mitte Februar 1534 Münster verlassen, um als Laienmissionar Verstärkung nach Münster zu holen, doch geriet er mit 40 Anhängern auf dem Rückweg bei Neuss in Gefangenschaft.
Das Protokoll seines Verhörs ist deshalb besonders wertvoll, weil es als erstes authentisches Zeugnis Inhalte der

täuferischen Lehren in Münster wiedergibt. Seine Aussagen wurden in der bischöflichen Kanzlei zu 21 Artikeln thesenhaft zusammengefaßt und zur Diskriminierung der Täufer in Flugblättern verbreitet. Die Hauptpunkte der Lehre waren: Ablehnung der traditionellen kirchlichen Bräuche von der Messe bis zur Kindertaufe; nur die Wiedergetauften gelten als Christen; Verachtung der Andersgläubigen als Gottlose und Heiden; ihre Bestrafung wird bis Ostern 1534 erfolgen, bei der Gott nur ein Zehntel der Menschheit verschonen wird; strikte Absonderung von den »Gottlosen«; Verbot der Ehe zwischen ihnen und Wiedertäufern; die Ehe eines Taufgesinnten muß nach Empfang der Taufe bestätigt werden, sonst ist sie ungültig; wiedergetaufte Christen dürfen nicht über Andersgläubige regieren und keine weltlichen Ämter bekleiden; die Obrigkeit wird nur anerkannt, wenn sie die Täufer schützt; Verbot des Handels um Geld; Verbot der Zinserhebung für geliehenes Geld.
(D)
Lit.: Niesert, Münsterische Urkundensammlung I, S. 154–166; van Dülmen, Täuferreich, S. 81–86.

72 Flucht von Bürgern

Farbphoto einer lavierten Federzeichnung, frühes 18. Jh., unsigniert und undatiert
Bl.: 20 x 32 cm

Original in der Staatsbibliothek Preußischer Kulturbesitz, Berlin, Libri Picturati A 96, Bl. 24

Am 11. Februar war entschieden worden, den Kampf gegen den Bischof aufzunehmen. Die Belagerung der Stadt, der Krieg stand unausweichlich bevor, denn der Bischof mußte nach Reichsrecht die Wiedertäufer bekämpfen. Die ekstatischen Auftritte der Wiedergetauften trugen das ihre zur Einschüchterung und Verunsicherung vieler Bürger bei. Der Augenzeuge Hermann Ramers berichtet: »Am 11. Februar trat der Rat mit Alder- und Meisterleuten (d. h. den Gildevertretern) nachmittags um ein Uhr zusammen und beriet über einen Vertrag zwischen den Geistlichen (d. h. den Wiedertäufern) und den Weltlichen (d. h. den übrigen Bürgern), den man durch den Stadtboten von Haus zu Haus verkünden lassen wollte. Unterdessen ist das Volk durch ein Gerücht stark beunruhigt worden, daß der Rat mit Alder- und Meisterleuten darüber beriet, ob diejenigen, die sich nicht taufen lassen wollten, noch am selben Abend die Stadt verlassen oder totgeschlagen werden sollten. Aus Furcht davor zog an diesem Tag viel Volk aus der Stadt. Jeder hat soviel von seiner Habe mitgenommen, wie er konnte, und man hat jedem das seine folgen lassen außer Lebensmitteln, die in der Stadt gelassen werden mußten. Solches hat man den Bürgern bis zum 22. Februar erlaubt.«
(D)
Lit.: Detmer, Ungedruckte Quellen S. 105.

73 Zug in die verheißene Stadt

Farbphoto einer lavierten Federzeichnung, frühes 18. Jh., unsigniert und undatiert
Bl.: 20 x 32 cm

Original in der Staatsbibliothek Preußischer Kulturbesitz, Berlin, Libri Picturati A 96, Bl. 23

Ihr unerwarteter Erfolg bei den Auseinandersetzungen am 9.–11. Februar gab den Wiedertäufern ungeahnten Auftrieb und bestärkte sie in ihrer Überzeugung, Gott werde ihnen als seinen Auserwählten auch weiterhin helfen. Sie sandten Boten aus und verschickten Briefe, um die Glaubensgenossen in den umliegenden Städten und in den Niederlanden nach Münster zu rufen: Hier könnten sie die Vernichtung der Gottlosen überleben. Das Versprechen, »nur binnen Münster sollte Friede und Sicherheit sein, das sei die Stadt des Herrn und das neue Jerusalem, da solle der Herr die Seinen erhalten und sollten alle genug haben«, daß »die Ärmsten ... durch Gottes Gnade reich geworden (sind) wie die Bürgermeister oder die Reichsten der Stadt«, diese Versprechungen spielten bei der Werbung eine große Rolle.
Der zweite Grund für ein intensives Bemühen um Verstärkung darf in der Notwendigkeit gesucht werden, Ersatz für die auswandernden Bürger zu bekommen.
(D)
Lit.: Kl. Löffler, Die Wiedertäufer zu Münster 1534/35, Jena 1923, S. 41; Niesert, Urkundenbuch, S. 246–249; Ders. Münsterische Urkundensammlung, I, S. 157; van Dülmen, Täuferreich, S. 79, 82.

74 Jan Matthys

(† 1534)
Kupferstich von Christoffel van Sichem, um 1605/06
monogrammiert und undatiert
Pl.: 18,3 x 12,3 cm

Stadtmuseum Münster

Bei der Ratswahl am 23. Februar 1534 gelangten Wiedertäufer und ihnen nahestehende Bürger an die Macht. In diesen Tagen traf auch der Prophet Jan Matthys in Münster ein. Matthys war Bäcker in Haarlem gewesen und bereits 1528 als »Sakramentarier«, der die heilsstiftende Bedeutung des Meßopfers ablehnte, mit Durchbohren der Zunge bestraft worden. Im November 1533 nahm er die von Melchior Hoffman wegen der einsetzenden Verfolgung unterbrochene Spendung der Erwachsenentaufe wieder auf: Gott habe ihm offenbart, er sei der zweite in der Apokalypse angekündigte Zeuge Henoch. Widerstände der Amsterdamer Melchioriten konnte er durch die Ausstrahlung seiner Persönlichkeit brechen.
»Johan Matthias was ein groet langh Man und hadde einen groten schwarten Bart«, so beschreibt ihn Gresbeck. Das Porträt van Sichems, das erst 70 Jahre später entstand, zeigt ihn mit einem Schwert umgürtet und mit einem Spieß in der Hand. Das ist eine Anspielung auf seine militante Verkündigung, die über die Ideen Melchior Hoffmans weit hinausging. Während Hoffman von den Täufern Gewaltlosigkeit forderte und die Vernichtung der Gottlosen der christlichen Obrigkeit zudachte, sollten nach Matthys die Täufer selbst das Schwert in die Hand nehmen, um mit Gottes Hilfe die Erde zu reinigen und die Gemeinde der Heiligen wiederherzustellen.
Bald nach seinem Eintreffen in Münster riß Jan Matthys die Führung der Gemeinde an sich. Sein erstes Ziel war es, die Gemeinde von allen gottlosen Elementen zu reinigen und sie damit auf das Gottesgericht vorzubereiten. Der Bildersturm und die Vertreibung der noch ungetauften Bürger aus der Stadt; die Abschaffung des Geldes und das Verbot des Handels um Geld; die Bußrituale, die den Zwangsgetauften auferlegt wurden; die Bücherverbrennung und die Ermordung des Schmiedes Hubert Ruescher, der das Regiment der Prädikanten kritisiert hatte: dies alles sind Elemente des von Jan Matthys propagierten Reinigungsaktes. Teilweise wurden diese Maßnahmen auch durch den Belagerungszustand gerechtfertigt und besaßen militärische Bedeutung.
Als die bis Ostern 1534 prophezeite Vernichtung der Gottlosen ausgeblieben war, versuchte Jan Matthys am Ostertag (5. April) in einem Ausfall die Entscheidung herbeizuführen, wurde jedoch von den Landsknechten erstochen und in Stücke gehauen. Diese Szene ist im Hintergrund dargestellt.
(D)
Lit.: Deppermann, Melchior Hoffman (1979), v. a. S. 280–301; Cornelius in MGQ 2, S. 40, 399 u. ö.

75 Bücherverbrennung

Photo einer lavierten Federzeichnung, frühes 18. Jh., unsigniert und undatiert
Bl.: 20 x 32 cm

Original in der Staatsbibliothek Preußischer Kulturbesitz, Berlin, Libri Picturati A 96, Bl. 30

Neben Urkunden, Schuldbriefen, Privilegien und Geschäftsbüchern waren Bücher als Erzeugnisse der traditionellen Wissenschaft und Gelehrsamkeit eine besondere Zielscheibe des täuferischen Reinigungsstrebens. Die in der Apostelgeschichte (Kap. 19, 19) erwähnte Bücherverbrennung wurde zum Vorbild genommen. Nach dem nicht immer zuverlässigen hessischen Theologen Antonius Corvinus, der 1536 unter dem Pseudonym »Henricus Dorpius« eine Wiedertäufergeschichte veröffentlichte, gebot Jan Matthys zu »Mitfasten« (15. März), niemand dürfe andere Bücher als Bibeln und Testament besitzen, »was sonst weiter von Büchern vorhanden wäre, sollte man auf den Domplatz bringen und verbrennen«. Die Augenzeugen bestätigen dies so nicht. Schwerpunkte der Bücherverbrennung waren vielmehr die Bibliotheken in geistlichem Besitz, die Bücher des Dom-

IOHAN MATHYS VAN HAERLEEM EEN PROPHEET DER GEESTDRYVERS.

Kat.-Nr. 74

kapitels, der Klöster, der Geistlichen, etwa die berühmte Sammlung des Domscholasters Rudolf von Langen († 1520), aber auch das Lager der Buchhändler im Domparadies und die Bücher der vertriebenen Bürger. Im übrigen war wohl der private Bücherbesitz kaum der Rede wert; mit den »Büchern und Briefen«, die nach Gresbeck verbrannt werden sollten, sind vor allem geschäftliche Aufzeichnungen gemeint.

Die Bücherverbrennung war also mehr ein Angriff auf das Bildungsmonopol, das bisher die Geistlichkeit in Münster besessen hatte. Die münsterische Domschule galt als Hochburg des nordwestdeutschen Humanismus, wo die klassische Bildung, die Philologie als Textanalyse und die lateinische Beredsamkeit in hoher Blüte standen. Der spätere Chronist Hermann von Kerssenbroick war selbst 1533 bis Februar 1534 Schüler der Domschule gewesen. Die Wiedertäufer jedoch lehnten diese Schulgelehrsamkeit ausdrücklich ab: als Laien reagierten sie höchst empfindlich auf das Selbstbewußtsein und den Stolz der »gottlosen Theologen«. Rothmann, der in Deventer selbst humanistische Bildung empfangen hatte, äußerte später zur richtigen Methode, sich der biblischen Weisheit zu nähern: »Der Schlüssel der Schrift ist eigentlich nichts anderes, als Gottes Gebot und Willen im Glauben zu vollbringen ... Die Gelehrten haben sich eine Kunst der schönen Rede (Walspreckenheit) ausgedacht, welche man Rhetorica nennt. Derselben Kunstart ist es, mit beweislichen geschmückten Worten einem Menschen etwas vorzugaukeln (wat wißmaken) ... Nun haben die Gelehrten die heilige göttliche Schrift auch unter die Regeln dieser Kunst beugen wollen, als besonders zu dieser Zeit Philipp Melanchthon, der aus dem heiligen Paulus einen kunstreichen Rhetoren macht ... Alleine laßt uns fleißig das tun, was (Gott) geboten hat, und also mit dem rechten Schlüssel die Schrift aufschließen, so werden wir auch wohl verstehen, daß uns in der Schrift die Hilfe der lügenhaftigen Rhetorik nicht vonnöten ist, denn mit menschlicher Weisheit kann man Gottes Weisheit nicht begreifen.«

(D)

Lit.: Die Ordnung der Widerteuffer zu Münster (Flugblatt nach Bericht des H. Ramers); Gresbeck in MGQ 2, S. 46–47; Dorpius, ed. Merschmann, S. 15; Kerssenbroick in MGQ 5–6, S. 5–10, 543, 564; A. Bömer, Der münsterische Buchdruck vom zweiten Viertel bis zum Ende des 16. Jahrhunderts, in: Westfalen 12 (1924–25), S. 25–76, v. a. S. 32; R. Schulze, Der niederländische Rechtsgelehrte Viglius van Zuichem, in: Westf. Zeitschrift 101/102 (1953), S. 183–230, hier S. 195/96; A. Hartlieb v. Wallthor, Höhere Schulen in Westfalen vom Ende des 15. bis zur Mitte des 19. Jahrhunderts, in: Westf. Zeitschrift 107 (1957), S. 1–105, hier S. 18–21; Stupperich, Schriften Rothmanns S. 217, 304, 343–44.

76 Missale St. Lamberti

238 Bl.: 476 Seiten auf Pergament, mit 82 floralen Initialen, hergestellt im Fraterherrenhaus zu Münster, kurz vor der Wiedertäuferzeit

Universitätsbibliothek Münster

Der groß angelegten Bücherverbrennung im März 1534 fielen neben den Bibliotheken auch die für die Liturgie benötigten Bücher in den Kirchen zum Opfer. In der »Ordnung der Wiedertäufer«, die auf den Bericht des Juni 1534 aus der Stadt geflohenen Hermann Ramers zurückgeht, ist über die Verbrennung der Bibliothek und der liturgischen Bücher im Dom zu lesen: Die »lyberey« (Bücherei) im Kapitelshause sei »gar verderbt« worden »und alle Bücher die darauff waren, verprennet, und die auff dem Chor waren, die nit verprennet waren, dieselbigen alle zerschnitten und zerrissen«. Ähnliches geschah mit den liturgischen Büchern in den übrigen Kirchen. Um so erstaunlicher ist es, daß die Universitätsbibliothek Münster vor wenigen Jahren dieses prachtvolle Missale von einem nordamerikanischen Händler erwerben konnte. Im Text ist ausdrücklich der Hl. Lambertus als Kirchenpatron genannt; die Zugehörigkeit zur Kirche St. Lamberti ist damit unbestreitbar. Über das Schicksal des Buches gibt uns eine Eintragung Auskunft, die auf Blatt 1 verso in einer floralen Ranke zu lesen ist: „Hic liber laceratus ab impiissimis Anabaptistis, restitutus est et recuperatus anno 1535 p⁹ Jo. ba.« Zu Deutsch: „Dieses Buch, das von den gottlosen Wiedertäufern gräßlich beschädigt wurde, ist im Jahre 1535 nach dem Tage Johannes des Täufers (24. Juni, d. h. der Tag der Eroberung) wiederhergestellt und (für den gottesdienstlichen Gebrauch) wiedergewonnen worden.«

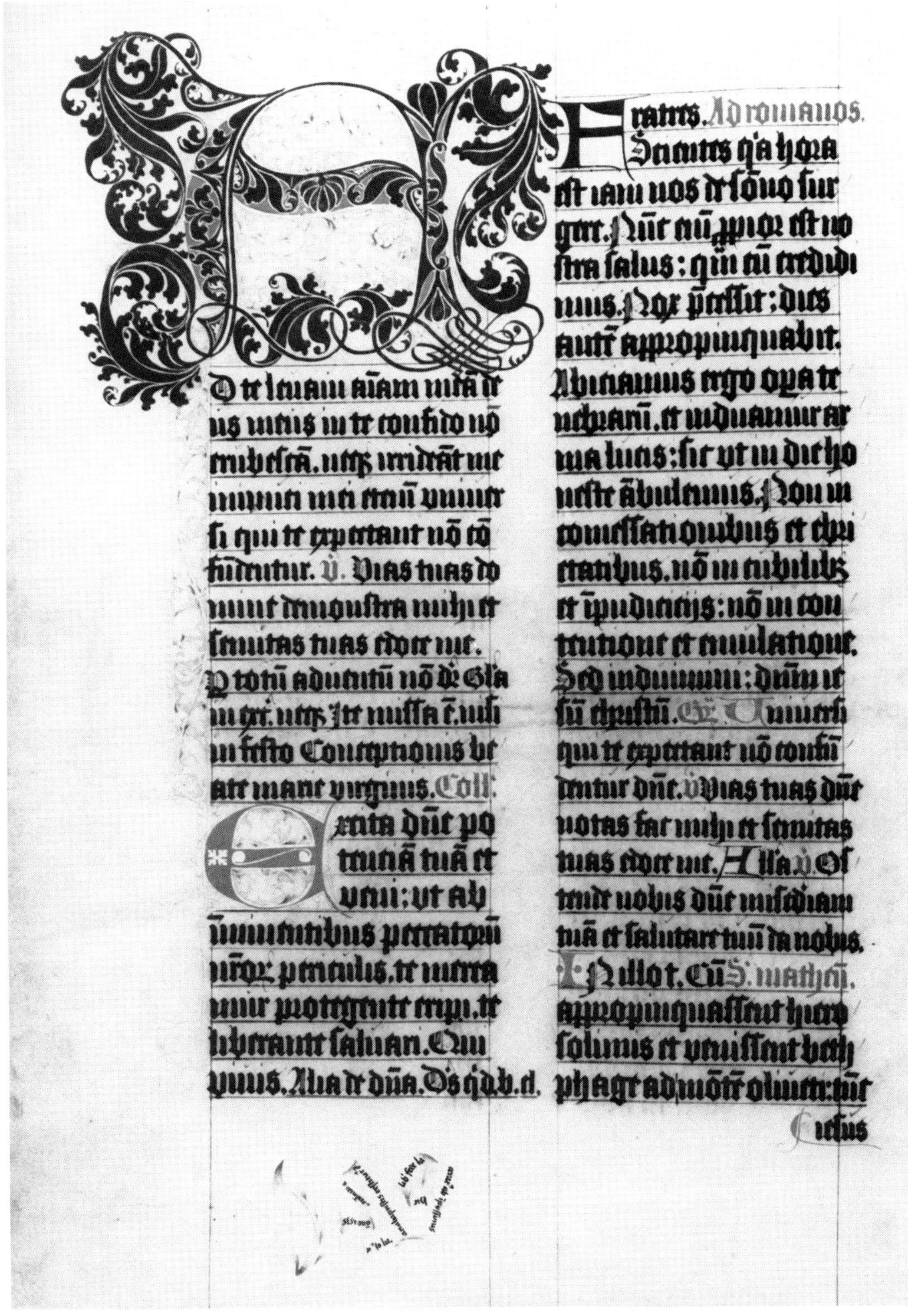

Kat.-Nr. 76

Die Beschädigung bestand darin, daß verschiedene Seiten (vielleicht diejenigen mit bildlicher Darstellung) herausgerissen worden waren. Bei der ebenfalls in der Eintragung genannten Wiederherstellung wurden die fehlenden Seiten neu eingefügt. Sie lassen sich deutlich von den ursprünglichen Seiten unterscheiden, da die Farben ihrer floralen Verzierungen verblichen sind.
Die Farbgebung und Technik der Initialmalerei läßt erkennen, daß das Missale wahrscheinlich kurz vor der Wiedertäuferzeit in der Werkstatt des Fraterherrenhauses zu Münster hergestellt worden ist. Die Restaurierung wurde ebenfalls dort ausgeführt. Der Gebrauch schlechterer Farben auf den ergänzten Seiten führte im Laufe der Jahrhunderte zu einer stärkeren Verbleichung. Das läßt darauf schließen, daß auch die Werkstatt der Fraterherren zerstört worden war und daß sie in der Eile des Wiederaufbaus nicht über qualitätvolle Farben verfügte. (Gr)
Lit.: Die Ordnung der Widerteuffer zu Münster, S. 241.

77 Verbrennung von Rechtsbüchern

Holzschnitt von Hans Weiditz, Augsburg um 1520, undatiert und unsigniert
Aus: Justinus Gobler, Der Rechten Spiegel, Frankfurt/M. (zuerst 1550) 1564, S. XII

Universitätsbibliothek Münster

»Was in der (Dom-) Herren Höfe für Brief und Siegel (Urkunden), Pflichtbücher (Gerichtsbücher), Rentbücher, Kopialbücher (Urkundensammlungen), Bullen (Papsturkunden) und dergleichen ... (vorhanden war), sind alle von ihnen verbrannt«, berichtet ein Augenzeuge. Juristische Dokumente, vor allem aus geistlichem Besitz, waren den Wiedertäufern besonders verhaßt.
Die Verbrennung von juristischen Büchern auf diesem Holzschnitt spielt an auf die tiefgreifenden Wandlungen des Rechtswesens im Deutschen Reich während des 15. und 16. Jahrhunderts: das Eindringen des gelehrten »römischen« Rechts, das die Formen »deutscher« Rechtspflege ablöste. Die Wandlungen betrafen vor allem Art und Weise der Prozeßführung. Nach deutschem Recht verhandelten die Gegner mündlich unter freiem Himmel; die Entscheidung fällten »Schöffen« nach ihrem Rechtsempfinden. Das römische Recht sah dagegen einen schriftlichen Prozeß nach Akten und Urkunden vor, der die Prozeßgegner zur Heranziehung eines gewandten, juristisch gebildeten Beraters zwang (Advocatus = der Herbeigerufene); ein Richter entschied nach den in Rechtssammlungen niedergelegten Grundsätzen. Beide Prozeßformen sind hier dargestellt: hinten links ein schriftlich geführter Prozeß, vorn die Verhandlung eines Schöffengerichts. »Geben« und »Gabe« in den beigesetzten Versen meinen die Rechtsfindung durch die Schöffen.
Weil das kanonische (kirchliche) Recht vom römischen Recht geprägt war, sind vor allem die geistlichen Gerichte zu Vermittlern der »gelehrten« Rechtspraxis geworden. Sie fühlten sich auch für die Rechtssprechung im weltlichen Bereich zuständig, verstand sich doch die Kirche als eine »universale Rechtsgemeinschaft«. Gegen diese weltlichen Ansprüche wandten sich die Reformatoren: Martin Luther verbrannte öffentlich am 10. Dezember 1520 neben der Bannandrohungsbulle auch die kirchlichen Rechtsbücher. Auch in Münster war das geistliche Gericht, an dem teilweise bedeutende Juristen wirkten (s. Kat. 45), Zielscheibe bürgerlicher Angriffe geworden. 1527 hatten aufgebrachte Bürger den bischöflichen Richter tätlich angegriffen; nun fiel das geistliche Gericht, das im Paradies (Vorhalle) des Domes tagte, dem Bildersturm zum Opfer. Auf dem Holzschnitt ist rechts im Hintergrund dargestellt, wie Rechtssammlungen verbrannt werden. Damit sollte die römisch-rechtliche schriftliche Prozeßführung beseitigt werden. Die Rechtssprechung der Wiedertäufer sah eine mündliche Verhandlung unter der Gerichtslinde auf dem Domplatz vor, später vor dem Königsthron Jan van Leidens: eine romantische Rückwendung zu den gelobten alten Zuständen. Tatsächlich wurde dieses Prinzip aber von willkürlichen Hinrichtungen durch den Propheten und König durchbrochen.
(D)
Lit.: Th. Rusper, die Holzschnitte des Petrarkameisters, München 1927, Nr. 521; Die Ordnung der Widerteuffer zu Münster, S. 242; K. Kroeschell, Deutsche Rechtsgeschichte 2 (1250–1650), Reinbek 1973, S. 10, 249; W. Trusen, Anfänge des gelehrten Rechts in Deutschland,

Kat.-Nr. 78

Wiesbaden 1962; J. Bartmann, Das Gerichtsverfahren vor und nach der Münsterischen Landgerichtsordnung von 1571 und die Aufnahme des römischen Rechts im Stifte Münster, Heidelberg 1909, S. 68.

78 Gregorsmesse

Gemälde (Tempera auf Kiefernholz)
umseitig signiert: Seewald
umseitig datiert: 1491
101 x 76 cm

Stadtmuseum Münster

Die Gregorsmesse ist das auf uns überkommene Beispiel eines im Bildersturm beschädigten Gemäldes. Ein zeitgenössischer Chronist berichtet über die Zerstörung von Gemälden im Dom durch die Wiedertäufer: »Die Sibillen hinder dem Chor seind alle verschimpfiert, bey der Tafeln, die Bruder Frantz von Sudfeld gemacht hat und vor dem Chor der Salvator und das Marienbild seind entzwey gesegt und ein heimlich gemach daraus gemacht.« Diese Gemälde wurden also zu Klosetts verarbeitet.

Das vorliegende Gemälde hat zum Thema die Gregorsmesse. Der Darstellung liegt eine Legende zugrunde, nach der Papst Gregor die Verwandlung der Opfergaben erflehte, um einen Zweifler zu überzeugen, daß Christus im Meßopfer leibhaftig gegenwärtig ist. Papst Gregor umgeben von Kardinälen, Bischöfen und weiteren Geistlichen, kniet vor dem Altar, auf dem Christus als Schmerzensmann erscheint. Um Christus sind die Marterwerkzeuge und Passionssymbole angeordnet. Bei allen Geistlichen und Assistenzfiguren, einschließlich dem Hl. Gregor und dem Stifter, sind die Gesichter durch Ausstechen der Augen entstellt. Nur das Antlitz Christi sowie die Gesichter zweier weiterer Personen im Hintergrund sind nicht beschädigt. Es handelt sich also um planmäßige Zerstörungen.

Die stilistischen Merkmale weisen auf süddeutsche Herkunft. Dafür spricht auch die Verwendung einer Tannenholztafel. Der Vergleich mit Gemälden eines Nürnberger Meisters, der den Notnamen »Meister des Augustineraltares« trägt, legt die Vermutung nahe, daß das Gemälde in seine Nähe zu setzen ist, oder sogar von ihm selbst stammt.

Es läßt sich zur Zeit nicht feststellen, ob das Gemälde im Spätmittelalter nach Münster exportiert und hier von den Wiedertäufern beschädigt wurde. Möglich ist auch, daß die Zerstörungen durch Bilderstürmer in Süddeutschland geschahen. Spätere Übermalungen wurden 1981 durch E. Jetter, Vreden, abgenommen.

(G/Gr)

Lit.: Die Ordnung der Widerteuffer zu Münster, S. 242; A. Stange, Deutsche Malerei der Gotik IX, München-Berlin 1958, S. 64–73, Abb. 131–147.

79 Klagrede der armen verfolgten Götzen

und Tempelpilder / über so ungleich urtayl und straffe
Flugblatt zum Bildersturm
Nachdruck des um 1530 entstandenen Einblattholzschnittes von Erhard Schoen
Bl.: 66 x 48 cm

Stadtmuseum Münster

Die Darstellung zeigt links einen Kirchenraum, in dem Männer Heiligenfiguren von den Wänden nehmen oder sie herunterschlagen. Rechts, außerhalb der Kirche, ist ein großes Feuer entfacht worden, in dem man die Figuren verbrennt. Im Hintergrund stehen zwei Bürger, die miteinander diskutieren. Aus dem Auge des einen wächst ein großer Balken, eine Anspielung auf die Bibelstelle bei Matthäus 7,3 »Was siehst du aber den Splitter in deines Bruders Auge und wirst nicht gewahr des Balkens in deinem Auge«. Dieser Mann wird begleitet von Symbolen des Lasters. Die Flasche zu seinen Füßen symbolisiert Trunksucht, der geöffnete Geldsack Geldgier, die beiden Frauen versinnbildlichen Hurerei.

Mit dieser Darstellung und einer ausgedehnten Rede, die den unteren Teil des Blattes füllt, beklagen sich die unschuldigen »Tempelpilder« über ihr Schicksal. Nicht sie, die nun der Zerstörung ausgesetzt sind, hätten Laster begangen, sondern die Pfaffen, die geflohen sind, um der Wut der Menge zu entgehen. Außerdem sei die ganze Welt noch voll von wahren Götzen, die abzuschaffen viel dringlicher sei (Beispiel des Bürgers).

Das Flugblatt spielt auf Vorgänge an, die sich nach einem Beschluß des Rates zu Wittenberg im Februar 1522 abspielten. Dieser Beschluß, der unter Einfluß Karlstadts zustandegekommen war, forderte, daß alle Bilder aus den Kirchen zu entfernen seien, um Abgötterei zu vermeiden. Es kam daraufhin zum ersten Bildersturm der Reformationszeit, der ab 1523 immer mehr um sich griff und als Ausdruck des radikalen Bruchs mit Heiligenkult und Gottesverehrung der Papstkirche verstanden wurde. Während Luther schließlich in Wittenberg der Bilderstürmerei Einhalt gebot, blieben Calvin und Zwingli bilderfeindlich. Erhard Schoen war der erste, der das Thema des Bildersturmes der Reformationszeit bildlich vorgestellt hat.

(Gr)

Lit.: H. Meucher (Hg.), Flugblätter der Reformation und des Bauernkrieges, Leipzig 1976, B. 21, Kat. S. 91; Warnke, Bildersturm, S. 73f.

80 Bildersturm

Farbphoto einer lavierten Federzeichnung, frühes 18. Jahrhundert, unsigniert und undatiert

Original in der Staatsbibliothek preußischer Kulturbesitz, Berlin, Libri picturati A 96, Bl. 38

Im März und April 1534 kam es in Münster zu Bilderstürmen. Knipperdolling befahl am 9. April, das Hohe müsse erniedrigt und das Niedrige erhöht werden, man sollte alle Kirchtürme herabwerfen, dazu alle Kirchen und Klöster der Stadt dem Erdboden gleichmachen.

Über die Zerstörung von Kirchgebäuden im Bildersturm der Wiedertäufer berichten alle Chronisten. Demnach wurden der Dom sowie verschiedene Kirchen und Klöster der Stadt beschädigt und z. T. abgebrochen. Gresbeck schreibt über die Zerstörung der Martinikirche: »Sie haben auch die Martinikirche zerstört, das Gewölbe eingeschlagen, so daß von der Kirche nichts mehr steht als die vier Wände. Die Spitze des Turmes ist abgeworfen und die Glocken sind aus dem Turm geworfen und entzwei geschlagen.« Zerstörungen in ähnlicher Weise zeigt auch diese Darstellung. In einem niedrigen gotischen Kirchenraum, der von seiner Struktur her an die Vorhalle einer Kirche erinnert, sind Männer mit Äxten und Hämmern damit beschäftigt, Löcher in Wände zu schlagen und Säulen umzuhauen. Der Text in der Schriftkartusche bezieht sich auf den Ausspruch, den Knipperdolling als Motiv für die Zerstörung der Kirchengebäude und Kirchtürme angegeben hatte: »das Hohe müsse erniedrigt und das Niedrige erhöht werden«. Nicht nur dieser Ausspruch, vor allem auch Knipperdollings Aussage in seinem Verhör vom 21. Januar 1536 läßt uns Einblick nehmen in die Geisteshaltung, die zum Bildersturm trieb. »Die babylonische Hure müsse gestürzt und Gott allein im lebendigen Tempel und Herzen der Menschen geehrt werden.« Deutlich werden apokalyptische Vorstellungen und ebenso eine spiritualistische Haltung. Tempel Gottes soll das Herz und nicht das Kirchengebäude sein.

Die münsterischen Kirchen wurden später zu Steinbrüchen erklärt. Als im Zuge der Belagerung Verstärkungen an den Befestigungswerken notwendig wurden, entnahm man ihnen das dazu nötige Steinmaterial. Grund für die Zerstörungen aber waren die Verteidigungsmaßnahmen nicht.

(Gr)

Lit.: Kerssenbroick in MGQ 6, S. 571f.; Gresbeck in MGQ 2, S. 159; Cornelius in MGQ 2, S. 408; zum Bildersturm siehe auch S. 25.

81–89 Die Hörstertor-Funde

Bei Ausschachtungsarbeiten zur Verlegung einer Fernwärmeleitung stieß man am 14. August 1979 auf die Grundmauern des Hörstertorrundells. An einer Stelle zeigten sich im Mauerverband Skulpturenfragmente. Bei der Erweiterung der Grabung an dieser Stelle wurden am Tag darauf weitere, in Mörtel eingeschlossene Architektur- und Skulpturenfragmente gefunden. Nach ersten Untersuchungen wurden die Fundstücke 1979/80 vom Mörtel befreit und konserviert. Einige Stücke wurden bereits in der Ausstellung »Erwerbungen 80« des Stadtmuseums im November/Dezember 1980 gezeigt.

Die Hörstertor-Funde sind Belegstücke für den Bildersturm, dem im Laufe der Jahre 1534/35 ein großer Teil der Kirchen und Klöster Münsters und deren Ausstat-

tung zum Opfer fiel. Das durch die Zerstörungen anfallende Steinmaterial wurde später zu Befestigungszwecken benutzt. Gresbeck schreibt dazu: »Mit den Steinen von den Kirchen und aus den Kirchen und den Altarsteinen und den großen Steinbildern und Grabmälern von den Friedhöfen haben sie gebaut und das Fundament gemacht unter die Bollwerke von den Toren und haben auch die Torhäuser damit instandgesetzt, die zerschossen waren. So haben die Bösewichte die Kirchen geschändet.«
Es stellt sich die Frage, ob die am Hörstertor gemachten Funde von den Wiedertäufern selbst an der Fundstelle eingemauert wurden oder ob sie erst bei der Neubefestigung der Stadt nach der Eroberung 1535 aus dem von den Wiedertäufern zur Verstärkung der Erdrondelle aufgeschichteten Material ausgewählt wurden. Ähnliche Funde, die Max Geisberg 1898 am Kreuztor machte, lagen anders als am Hörstertor dicht unter der Oberfläche im Erdreich und waren nicht in Mörtel eingegossen. Es ist daher wahrscheinlich, daß auch die Hörstertorfunde ursprünglich von den Wiedertäufern zur Verstärkung der Erdrondelle gegen Geschützeinschläge ins Erdreich gelegt wurden und daß sie erst bei der Neubefestigung fest in Mörtel eingefügt wurden. Dafür, daß sich die Fragmente längere Zeit im Erdreich und z. T. an der Erdoberfläche befunden haben, spricht auch, daß sich in der Gewandfalte einer Figur ein vom Mörtel gebildeter Hohlraum befand, in dem sich über die Jahrhunderte hinweg Moosbewuchs erhalten hatte. Die Länge des Mooses machte deutlich, daß mehrere Sommermonate des Wachstums vergangen sein mußten, bevor die luftdichte Mörtelmasse die Figur einschloß und so das Moos konservierte. Der Bewuchs kann nicht vor der Zerstörung entstanden sein, weil es sich, wie an der Art der Farbreste erkennbar, eindeutig um eine Figur handelt, die für einen Innenraum bestimmt war.
Max Geisberg konnte beweisen, daß seine wichtigsten Fundstücke, eine Reihe überlebensgroßer Skulpturen, ursprünglich die Portalfiguren der dem Kreuztor nahegelegenen Überwasserkirche waren. Die Hörstertor-Funde stammen aus verschiedenen Epochen und sind zumeist nicht zusammengehörig. Eine Zuordnung der Fundstücke zu einer der Kirchen Münsters ist daher schwierig. Es wäre möglich, daß die Funde aus der dem Hörstertor nahegelegenen Martinikirche stammen, allerdings ist auch eine Herkunft aus der benachbarten Minoritenkirche nicht ausgeschlossen. Nach der Fassung (z. T. Leimfarben, z. T. Mennigegrundierung) steht fest, daß die Fragmente z. T. von der Innen- und z. T. von der Außenarchitektur von Kirchen stammen.
(Gr)

81 Christuskopf

Baumberger Sandstein mit bedeutenden Fassungsresten, Ende 13. Jahrhundert
Höhe: 19,5 cm, Breite: 14 cm, Tiefe: 13 cm

Stadtmuseum Münster

Dieses Kopffragment ist das älteste Fundstück vom Hörstertor. Es verdient zugleich wegen seiner hohen künstlerischen Qualität besondere Beachtung. Durch den Einschluß in die Mörtelmasse hat sich die Fassung fast vollständig erhalten. Bei der Abnahme des Mörtels stellten die Restauratoren eine mehrfache Malschicht fest. Auf einer weißen Untergrundierung liegt eine kräftige, hellrote Mennigegrundierung. In dünnem Farbauftrag liegt als oberste Schicht das kühle, rote Inkarnat auf. An vielen Stellen schimmert die Mennigegrundierung unter dem Inkarnat hindurch. Haar- und Bartfarbe war ursprünglich braunrot; die schwarzen Farbreste stammen von einer späteren Neufassung.
Der mehrschichtige Farbauftrag mit Mennigegrundierung weist darauf hin, daß die Figur für die Außenfassade einer Kirche bestimmt gewesen sein muß. Da fast alle heute noch erhaltenen Außenskulpturen ihre Fassung im Laufe der Jahrhunderte verloren haben, ist das Kopffragment mit der größtenteils erhaltenen Originalfassung besonders wichtig. Es ist ein weiterer Beweis dafür, daß wir uns die Kirchen nicht nur im Innern, sondern auch außen farbig vorzustellen haben.
Trotz der Beschädigungen, die der Kopf im Bildersturm erlitten hat (Abbrüche im Bereich von Hinterkopf, Nase und Kinn) hat sich der eindrucksvolle Gesichtsausdruck erhalten. Das in strenger Frontalität gegebene Antlitz wirkt vor allem durch den Blick der weit geöffneten Augen hoheitsvoll und zwingend. Auch der fest geschlos-

Kat.-Nr. 81

sene Mund, die hochgezogenen Augenbrauen und die in Falten gelegte Stirn machen diesen, von innerer Spannung getragenen Ausdruck deutlich. Gespanntheit verrät auch die Haut, die sich fest über die leicht vortretenden Backenknochen sowie über die übrigen Fleisch- und Knochenpartien legt. Die summarisch wiedergegebenen Haar- und Bartpartien tragen in ihrer linearen, symmetrischen Ausformung ebenfalls dazu bei, den Ausdruck hoheitsvoller Strenge noch klarer herauszustellen.
Wenn man das Antlitz betrachtet, so fühlt man sich unwillkürlich an Darstellungen erinnert, die Christus als Weltenrichter zeigen. Mit ähnlichem hoheitsvollen Blick taucht der himmlische Richter in vielen Tympana von Kirchenportalen auf.
Stilistisch ist der Kopf der frühen Gotik zuzuordnen. Obwohl die ornamental wirkenden Haarpartien noch romanisch beeinflußt scheinen, geht doch das lebenerfüllte Antlitz weit darüber hinaus. Alles spricht für eine Entstehung im späten 13. Jahrhundert.
(Gr)

82 Engel

Baumberger Sandstein mit bedeutenden Fassungsresten, Anfang 15. Jahrhundert
Höhe: 26,5 cm, Breite: 11 cm, Tiefe: 12 cm

Stadtmuseum Münster

Die Skulptur stellt einen Engel in bewegter Haltung dar. Der untere Teil der Figur ist abgebrochen, der linke Arm fehlt vollständig, vom rechten Arm ist nur der Oberarm und die Hälfte des Unterarmes erhalten. Gewaltsame Beschädigungen zeigt auch der Kopf, die Nase ist abgeschlagen, die rechte Gesichtshälfte ist durch einen Meißelhieb entstellt. Der Mantel ist innen schwarz und außen rot. Er wird von einer ursprünglich vergoldeten Schließe zusammengehalten. Oberhalb des Faltenbausches, den der Engel mit dem rechten Arm hält, wird das Untergewand sichtbar. Wie an den erhaltenen Farbresten zu erkennen ist, war es schwarz-golden gemustert. Das rundliche Antlitz wird von einem vergoldeten Lockenkranz gerahmt, der unter einem feinen, ebenfalls vergoldeten Haarreif hervorquillt. Das Kopfhaar weist Spuren von Vergoldung auf. Es wird durch einen Haarreif gehalten und liegt in feinen Strähnen glatt auf.
Die Haltung, besonders die Stellung der Arme, lassen vermuten, daß der Engel an seiner linken Seite mit beiden Händen etwas getragen hat. Engel in ähnlicher Haltung gibt es in verschiedenen Zusammenhängen in dienenden Funktionen. In Kreuzigungsdarstellungen halten sie z. B. unter dem Kreuz schwebend einen Kelch, in dem sie das Blut Christi auffangen. Bei Marienkrönungen schweben Engel über den Häuptern Christi und Marias. Die Abbruchstellen an den Seiten weisen darauf hin, daß auch dieser Engel in einen ähnlichen Zusammenhang gehört.
Die noch recht kräftig ausgebildeten Schüsselfalten, die der Mantel unterhalb des rechten Armes ausbildet, zusammen mit den sich schon weich schlängelnden Mantelsäumen machen deutlich, daß das Werk in der frühen Zeit des weichen Stils entstanden ist. Eine Entstehung im frühen 15. Jahrhundert ist daher anzunehmen.
(Gr)

83–86 Vier Gewandtorsi

Figur 83: Gewandtorso mit Gürtel, 2. Hälfte 15. Jahrhundert
Baumberger Sandstein mit Fassungsresten
Höhe: 65 cm, Breite: 28 cm, Tiefe: 22 cm

Figur 84: Gewandtorso, 2. Hälfte 15. Jahrhundert
Baumberger Sandstein mit Fassungsresten
Höhe: 63 cm, Breite: 32 cm, Tiefe: 19 cm

Figur 85: Gewandtorso, 2. Hälfte 15. Jahrhundert
Baumberger Sandstein mit Fassungsresten
Höhe: 41 cm, Breite: 27 cm, Tiefe: 18 cm

Figur 86: Gewandtorso, 2. Hälfte 15. Jahrhundert
Baumberger Sandstein mit Fassungsresten
Höhe: 50 cm, Breite: 31 cm, Tiefe: 17 cm

Stadtmuseum Münster

Zu den Fundstücken gehören auch diese vier z. T. stark beschädigten Standfiguren.

Kat.-Nr. 82

Figur 83:
Der Kopf und der linke Arm fehlen, der rechte Arm ist bis zum Unterarmansatz erhalten. Vielfach zeigen sich Abstoßungen; ein Teil der Standfläche ist abgebrochen.
Die barfüßige Figur ist in ein langes Gewand gekleidet, das in der Mitte durch einen Gürtel mit einer einfachen Schließe zusammengefaßt wird und vorn in parallelen Falten zu Boden fällt. Über diesem auf der Brust geknöpften Gewand trägt die Figur einen Mantel. Er wird von ihrem rechten Arm hochgerafft und fällt dann in sanft schlängelnden Falten herab. Auf dem Rücken bildet der Mantel einen breiten Umschlag, so daß sich die Innenseite, deren blaue Fassung weitgehend erhalten ist, nach außen kehrt. Dieses Mantelstück wurde ursprünglich unter dem heute fehlenden linken Arm nach vorn geführt. Der Mantel zeigt außen eine ungefähr 1 cm breite Goldborte, innen ist diese Borte sehr viel schmaler. In ihrer rechten Hand trug die Figur wohl ein Attribut, wie das abgebrochene Verbindungsstück unterhalb ihrer rechten Schulter zeigt.

Figur 84:
Bei dieser Figur fehlen ebenfalls Kopf, Unterarme und Teile der Standfläche. Ihre Kleidung besteht aus denselben Teilen wie bei Figur 83. Das gegürtete Gewand ist hier allerdings bis zum einfach abgesetzten runden Halsausschnitt erhalten; im unteren Teil wird es durch den darübergezogenen Mantel verdeckt, unter dem der nackte linke Fuß sichtbar wird. Ursprünglich hielt die Figur in ihrer linken Hand ein Attribut, was an den beiden Dübellöchern zu erkennen ist.

Figur 85:
Die Skulptur ist nur bis zur Taille erhalten, die obere Hälfte fehlt. Sie ist – wie die beiden anderen – barfüßig und trägt ein Gewand mit einem Mantel darüber, unter dem beide Füße zu sehen sind. Besonders gut wird hier die Unterscheidung zwischen Standbein und Spielbein deutlich: Der rechte Oberschenkel tritt weit nach vorn vor, die Figur erscheint wie von einer leichten Schwingung erfaßt.

Diese drei oben beschriebenen Fundstücke sind ihrer Kleidung nach als männliche Figuren anzusprechen; möglicherweise handelt es sich bei ihnen um Apostelstatuen, wofür – neben der Gewandung – auch ihre wie üblich unbekleideten Füße sprechen (nach Mt. 10,10).

Figur 86:
Dieser Torso unterscheidet sich nicht nur im Erhaltungsgrad von den anderen drei Figuren (Kopf, Unterarme und das untere Stück des Gewandes fehlen), sie hebt sich auch durch ihr Gewand und den langen Bart von ihnen ab. Über einem gegürteten Gewand trägt sie ein skapulierartiges Kleidungsstück, darüber einen Mantel, der an der linken Seite mehrfach umgeschlagen wird, so daß seine blau gefaßte Innenseite zu sehen ist. Das Gewand läßt vermuten, daß es sich bei dieser Figur um einen Mönch (Antonius Eremit?) handeln könnte.

Betrachtet man die vier Figuren im Zusammenhang, so stellt man fest, daß sie in Größe, Material und Faltenstil übereinstimmen. Bei allen vier Figuren finden sich die Rückseiten ausgearbeitet. Auch die Einzelformen sind einander eng verwandt. So ist ihnen eine deutliche Unterscheidung von Stand- und Spielbein gemein. Charakteristisch ist z. B. auch, wie sich zu beiden Seiten des Knies des Spielbeines je eine Falte bildet, die zu Boden fällt und die Fläche dazwischen leicht konkav zurücktritt.

Letztlich sprechen auch die vorhandenen Fassungsreste sowie die Art der Steinbehandlung dafür, daß die Figuren aus einer zusammengehörenden Reihe stammen. Die großflächig erhaltenen Fassungsreste aus Leimfarben beweisen, daß die vier Figuren ehemals ihren Platz in einem Innenraum hatten; am ehesten wäre an eine Aufstellung in der oberen Galerie eines Lettners zu denken. Ihre schlängelnden Gewandsäume wirken wie Erinnerungen an Formen des weichen Stiles; die insgesamt beruhigte Faltengebung, das Fehlen von Stauchfalten am Boden sowie die in Ansätzen vorhandenen dreieckigen Gewandkissen weisen darüber hinaus. Hart umbrechende Falten fehlen dagegen ganz. Aufgrund dieser Stilelemente ist eine Entstehung gegen 1460 wahrscheinlich.
Ein Denkmal in der Mauritzkirche, das Epitaph des Kanonikers Johann Schenking († 1471), kommt den Figuren sehr nahe (man betrachte nur den Andreas!) – ein Vergleich, der die vorgeschlagene Datierung noch unterstützt. Aus welcher Kirche Münsters die Figuren stammen, ließ sich bisher nicht feststellen. Allerdings wurden 1449/50 in der Mauritzkirche die Geldmittel für einen Lettner gesammelt, ebenfalls von einem Schenking, wie durch Quellen belegt ist. Nimmt man hinzu, daß das Hörstertor von allen Befestigungsanlagen zur Mauritzkirche mit am nächsten liegt, so ist die Möglichkeit durchaus in Betracht zu ziehen, daß es sich bei den vier Figuren um Reste dieser Lettneranlage handeln könnte.
(K)
Lit.: Katalog »Erwerbungen 80«, Stadtmuseum Münster 1980, Nr. 4 und 5; vgl. Geisberg VI, S. 65.

87 Fragment eines Kreuzigungsreliefs, um 1500

Baumberger Sandstein
Höhe: 80 cm

Stadtmuseum Münster

Den größten Raum dieses Bruchstückes nehmen zwei stark beschädigte Figuren ein, deren Köpfe fehlen: Rechts steht der Apostel Johannes, links daneben die zusammensinkende Mutter Jesu. Johannes ist barfuß, in ein weitärmeliges Gewand gekleidet, darüber ein nach hinten zurückgeschlagener Mantel. Er umfaßt mit seinem rechten Arm Maria, seine linke Hand versucht, sie von vorne zu stützen.
Maria trägt ein gegürtetes Kleid, darüber einen Mantel, der an ihrer linken Seite lang herunterfällt (unter der Hand des Johannes) und dessen rechtes Ende einst von ihrer linken Hand vor ihr Gewand gezogen wurde (an den knittrigen Falten in diesem Bereich zu erkennen). Die genaue Form kann man allerdings nur erahnen, da besonders bei Maria ein Großteil der Oberfläche abgeplatzt ist. Unten sieht man noch ihren linken Fuß in einem runden geschlossenen Schuh.
Neben dieser Gruppe die kniende Maria Magdalena, Kopf und Körper nach rechts gewandt, wo man das Kreuz Christi ergänzen muß. Ihre Haare hängen in langen Locken frei herab, ihr Kleid wird durch eine Borte am Saum näher charakterisiert.
Ganz oben – in einem sehr viel kleineren Maßstab und nicht zum eigentlichen Geschehen gehörend – der untere Teil eines Christophorus, der durch den Fluß watet und so Christus auf seinen Schultern ans andere Ufer bringt. (Für die Verbindung einer Kreuzigung mit dem Bild des Christophorus läßt sich als erhaltenes Beispiel der Zirkelbrüderaltar aus der Katharinen-Kirche in Lübeck anführen.)
Erhalten haben sich demnach die Figuren links unterm Kreuz: Maria und Johannes sowie Maria Magdalena, die den Kreuzstamm umfaßte oder zu Christus aufblickte. Auf der rechten Seite des Kreuzes muß man die Figurengruppe mit dem Guten Hauptmann ergänzen, woraus sich eine wohl querformatige Darstellung ergibt.
Steinbehandlung, Personengruppierung sowie einzelne noch erhaltene Details der Gewandführung lassen erkennen, daß es sich bei diesem Relief um ein Werk ehemals guter Qualität handelt, das gegen 1500 in einer münsterischen Werkstatt entstanden sein dürfte. Ursprünglich bildete es wahrscheinlich das Mittelstück eines Altarretabels; eine Verwendung in einem Epitaph ist ebenfalls möglich.
(K)

Kat.-Nr. 87

88 Architekturfragmente

Baumberger Sandstein mit Fassungsresten

Stadtmuseum Münster

Bei den ersten drei Fragmenten (a) handelt es sich um das Bruchstück eines Maßwerks sowie um zwei Pfeilerbrocken. Alle weisen die gleiche rote Bemalung ohne Grundierung auf, an einigen Stellen sind noch blaue Farbreste zu erkennen. Neben der Farbgebung deuten auch die ähnlichen Proportionen und die Bearbeitungsspuren darauf, daß es sich hier um zusammengehörige Stücke handelt. Das Fehlen einer Grundierungsfarbe beweist, daß sie für das Innere einer Kirche bestimmt waren. Das Maßwerkstück kann, wie aus dem horizontal verlaufenden oberen Abschluß zu ersehen ist, nicht aus dem oberen, spitzbogig abschließenden Bereich eines Maßwerkfensters stammen. Es gehörte wohl zu einer nasenbesetzten horizontal verlaufenden Rundbogenreihe. Da die Minoritenkirche, die in der Nähe des Hörstertores liegt, als einzige benachbarte Kirche eine solche Fenstergliederung aufweist, stammen die Fragmente möglicherweise von dort. In diesem Fall wären sie auf 1508 zu datieren.

Das folgende Architekturfragment (b), das durch breite, blau gefaßte Hohlkehlen und verschiedene z. T. rot gefaßte Wülste und gratige Kehlungen profiliert ist, könnte zu einer Rahmenarchitektur, vielleicht zu einem Portal, gehört haben. Darauf deuten auch die Zapflöcher, die sich an der rechten Seite befinden.

In einen ähnlichen Zusammenhang ist wohl auch der mit einem Mauerstück verbundene dreiviertel ausgearbeitete Dienst zu setzen (c). An der zum Dienst gerichteten, schräg zulaufenden Seite des Mauerstücks haben sich rote Farbreste auf einer grauen Grundierung erhalten.

Zu einer Baldachinarchitektur scheint Fragment (d) zu gehören. An der Vorderseite laufen zwei gekehlte, mit kleinen Kugeln besetzte Stäbe schräg aufeinander zu; die Zwickel zu dem horizontal verlaufenden oberen Abschluß füllen zwei scharfgratige lappige Blätter. An einigen Stellen der Frontseite und am Baldachinhimmel haben sich blaue Farbreste erhalten.

Die weiteren Architekturstücke (e) scheinen aufgrund der Ähnlichkeiten in Proportion, Bearbeitung und der erhaltenen Fassungsspuren zusammenzugehören. Es handelt sich erstens um ein dreiseitig ausgebildetes Baldachinfragment, das mit drei profilierten, von Buckellaub besetzten Kielbögen verziert ist; das zweite, ebenfalls dreiseitig ausgebildete Fragment, trägt an zwei Seiten verschieden hoch ansetzende, profilierte Pfeilerfüße, auf denen sich schlanke profilierte Pfeiler erheben; das dritte nennenswerte Stück dieser Gruppe ist nur an einer Seite mit feinen Profilierungen (Hohlkehlen und Wülsten) verziert. Stilistisch sind diese Fragmente in das Ende des 15. Jahrhunderts oder den Anfang des 16. Jahrhunderts zu setzen.

Eine ähnliche Entstehungszeit ist auch für Architekturfragment (f) anzunehmen. Es ist nach zwei Seiten ausgearbeitet, die Frontseiten weisen Bruchteile von blattwerkbesetzten Kielbögen und Maßwerknasen auf, die Unterseite ist mit von der Ecke ausgehenden Rippen besetzt. Diese Merkmale weisen darauf hin, daß es sich um das Fragment einer Baldachinarchitektur handelt.

Als letztes sind noch drei Architekturstücke erwähnenswert (g). Es handelt sich um drei rechteckig geformte Steinblöcke, die an einer Seite glatt bearbeitet sind. Sie dienten wohl ursprünglich als Bodenplatten und beweisen, wie weitgehend die Zerstörungen der Wiedertäufer waren.

(Gr)

89 Grabsteinfragment

Baumberger Sandstein, Anfang 16. Jahrhundert
Länge: 78 cm, Breite: 126 cm, Tiefe: 29 cm

Stadtmuseum Münster

Das Fragment, wohl der obere Teil eines Grabsteins, trägt in der Mitte ein reichverziertes Wappen; an den Seiten sind Teile der Grabinschrift, rechts: ... dages na der ... und links: ... der god genedig ... zu lesen. Das Wort »genedig« ist durch Meißelhiebe beschädigt.

Das Wappen ist das der Erbmännerfamilie Travelmann. Sie führte in einem oben goldenen, unten silbernen Feld einen blauen Querbalken und als Bekrönung der Helmzier eine blaue, Silber aufgeschlagene Mütze, verziert mit Kornähren oder Bändern. Die Familie Travelmann

besaß einen Erbmannshof in der Nähe des Hörstertores, an der heutigen Lotharingerstraße, sie gehörte damit zum Kirchspiel St. Martini. Es wäre möglich, daß die Travelmanns in der Kirche eine Grablege hatten und daß der Grabstein nach dem Bildersturm von dort zum nahegelegenen Hörstertor gebracht wurde.
Die reiche, spätgotische Rankenverzierung des Wappens spricht für eine Datierung ins frühe 16. Jahrhundert. Um welches Mitglied der Familie Travelmann es sich handelt, läßt sich nicht feststellen.
(Gr)

90 Vertreibung Andersgesinnter

Farbphoto einer lavierten Federzeichnung, frühes 18. Jahrhundert, unsigniert und undatiert
Bl.: 20 x 32 cm

Original in der Staatsbibliothek Preußischer Kulturbesitz, Berlin, Libri Picturati A 96, Bl. 27

Am 27. Februar 1534 wurden die Bürger, die sich nicht taufen lassen wollten, unter unmenschlichen Begleitumständen aus der Stadt vertrieben. Anfangs soll sogar beabsichtigt gewesen sein, die »Ungläubigen« umzubringen. Gresbeck berichtet, die Wiedertäufer seien »morgens um sieben Uhr durch die Stadt gelaufen, die Straßen auf und nieder, und haben gerufen: ›Heraus, ihr Gottlosen, Gott will einmal aufwachen und will euch strafen!‹ So liefen sie durch die Stadt mit ihrer Rüstung, mit Büchsen, Spießen und Hellebarden, und schlugen die Türen auf und haben da jeden mit Gewalt aus der Stadt gejagt, der sich nicht taufen lassen wollte . . . Es ist ein schlimmes Wetter gewesen an diesem Tag mit Regen, Schnee und großem Wind. Man sollte an diesem Freitag nicht einen Hund aus der Stadt gejagt haben, so schlimm war es . . .«
Die Vertreibung der Ungetauften begründete man einerseits religiös – man wollte die »Unreinen« und »Gottlosen« nicht in der Stadt dulden – andererseits militärisch, denn man befürchtete von ihnen Verrat. Der Beginn der Belagerung rechtfertigte auch, daß den Vertriebenen die Mitnahme von Wertgegenständen und Lebensmitteln verwehrt wurde.
Die zurückgebliebenen Einwohner »sind mit Gewalt zur Taufe gezwungen worden« (Gresbeck). An die Stelle der bürgerlichen Stadtgemeinde, die durch den Bürgereid zusammengehalten wurde, trat der durch die Taufe hergestellte Bund der Auserwählten Gottes.
(D)
Lit.: Gresbeck in MGQ 2, S. 19.

91 Einführung der Gütergemeinschaft

Farbphoto einer lavierten Federzeichnung, frühes 18. Jahrhundert, unsigniert und undatiert
Bl.: 20 x 32 cm

Original in der Staatsbibliothek Preußischer Kulturbesitz, Berlin, Libri Picturati A 96, Bl. 29

Nach der Vertreibung der ungetauften Einwohner sollte die Einführung der Gütergemeinschaft der nächste Schritt auf dem Weg zur Verwirklichung eines idealen Christentums sein, das an dem Vorbild der urchristlichen Gemeinde in Jerusalem orientiert war. Die Apostelgeschichte berichtet (Kap 2, 44–45): »Alle aber, die gläubig geworden waren, waren beieinander und hatten alle Dinge gemeinsam. Sie verkauften Güter und bewegliche Habe und teilten sie aus unter alle, je nachdem einer in Not war.« Rothmann nannte die Gütergemeinschaft die »leibliche Gemeinschaft der Heiligen«, die im Abendmahl und durch die Taufe hergestellt wird und die Unterstützung der bedürftigen Gemeindeglieder fordert. Von hier aus wird der von ihm geprägte Werbeslogan verständlich: »Alle sollen genug haben.«
Neben die religiöse Begründung traten zwei praktische Bedürfnisse: Einmal mußten die nun herrenlosen Güter der vertriebenen Bürger und Geistlichen – von Häusern über Lebensmittel bis zum Geld und Altargerät – verwertet und nutzbar gemacht werden, zum anderen waren die Neuankömmlinge, denen ein sorgenfreies Leben versprochen war, zu versorgen. Dem entsprechen die getroffenen Maßnahmen.
Wie Rothmann es schon in seinem Entwurf zur Kirchenverfassung (Frühjahr 1533) vorgesehen hatte, wurden

nun als Armenpfleger sog. »Diakone« für die einzelnen Kirchspiele bestellt, die nicht nur die Güter der aufgelösten Klöster und der vertriebenen Bürger sammeln und verwalten sollten, sondern auch durch die Häuser zu gehen und die Vorräte an Lebensmitteln, später auch an Kleidung und Hausrat festzustellen hatten. Sie sollten vor allem die Versorgung der Bedürftigen und Armen sicherstellen und die Lebensmittel für die Gemeinschaftsverpflegung der Schildwachen liefern.

Theoretisch waren alle beweglichen und unbeweglichen Güter im Eigentum der Allgemeinheit. Das sollte z. B. darin sichtbar werden, daß keine Haustür verschlossen sein durfte.

Ein weiterer Aspekt der Gütergemeinschaft war die Abschaffung des Geldes und damit verbunden das Verbot, um Geld zu handeln oder zu arbeiten, Geld zu verleihen und dafür Zinsen (»Renten«) zu nehmen. Schuldbriefe und Rentverschreibungen wurden verbrannt.

(D)

Lit.: Plümper, Gütergemeinschaft, S. 160–204.

92 Gold- und Silbergeld

a. Bistum Münster, Friedrich v. Wied (1522–1532) Goldgulden o. J.
Gold 23 mm; 3,24 g; Grote –; Fund von Barneveld Nr. 230
Westfälisches Landesmuseum für Kunst und Kulturgeschichte, Münster

b. Bistum Münster, Erich v. Sachsen-Lauenburg (1508–1522) Testone (Vierteltaler) o. J.
Silber 32 mm; 9,50 g; Grote 104 a
Westfälisches Landesmuseum für Kunst und Kulturgeschichte, Münster

c. Bistum Münster, Erich v. Sachsen-Lauenburg (1508–1522) Schilling o. J.
Silber 31 mm; 3,41 g; Grote 105 (dies Ex.)
Westfälisches Landesmuseum für Kunst und Kulturgeschichte, Münster

d. Bistum Münster, Erich v. Sachsen-Lauenburg (1508–1522) Schilling o. J.
Silber 28 mm; 2,82 g; Grote 107
Westfälisches Landesmuseum für Kunst und Kulturgeschichte, Münster

e. Bistum Münster, Erich v. Sachsen-Lauenburg (1508–1522) Albus 1522
24 mm; 1,87 g; Grote 108 b
Westfälisches Landesmuseum für Kunst und Kulturgeschichte, Münster

f. Bistum Münster, Erich v. Sachsen-Lauenburg (1508–1522) Drittelschilling (?), o. J.
Silber 19 mm; 0,98 g; Grote 109
Westfälisches Landesmuseum für Kunst und Kulturgeschichte, Münster

g. Bistum Münster, Friedrich v. Wied (1522–1532) Sechstelschilling (?) o. J.
Silber 16 mm; 0,43 g; Grote 122 e var.
Stadtmuseum Münster

Mit der Einführung der Gütergemeinschaft hängt die Abschaffung des Geldes eng zusammen. In dem Leben der »Gemeinde Christi« sollte sich der Warentausch ohne Geld vollziehen; Vermögensbildung war sinnlos, wenn die Güter »gemein« waren und alles der Gemeinschaft gehörte, auch Geld, Schmuck und Edelmetall. Es war der Obrigkeit abzuliefern, damit es für die Kriegsführung zur Verfügung stand.

Damals liefen in Münster Münzen vieler verschiedener Münzherren um. In Münster selbst hatten die Bischöfe vor 1533 eine Münzstätte unterhalten und Münzen geprägt, die hier im Überblick vorgestellt werden. Man rechnete in zwei Währungen: nach Goldgulden oder nach der Silberwährung. 12 Pfennige machten einen Schilling, 12 Schillinge eine Mark. Das Verhältnis zwischen Gold- und Silberwährung war starken Schwankungen unterworfen.

(D)

Lit.: H. Grote, Die Münsterischen Münzen des Mittelalters, in: Münzstudien I, Leipzig 1857; J.-F. G. Meijer, Notice sur la trouvaille de Barneveld, in: Revue belge de numismatique 28 (1872) S. 368–391, 442–466, hier S. 450–51.

a

b

c

d

e

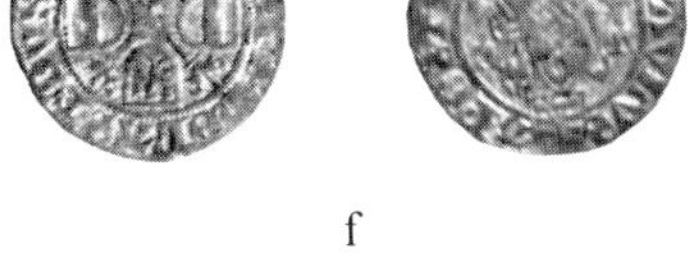

f

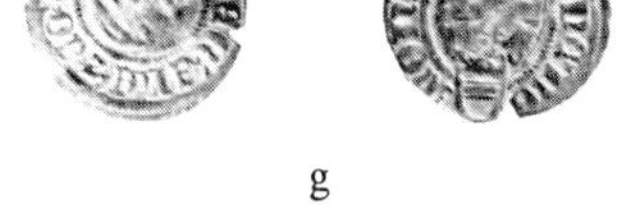

g

93 Kupfergeld des Domkapitels

a. Domkapitel Münster, Bursarienzeichen zu 12 Pfennig o. J. mit 4 Gegenstempeln: Sparren (Bursar Bernd v. Meschede 1482–1484); Rad (Bursar Hermann v. Hoerde 1508–1509); Mühleisen (Bursar Dietrich v. Schade um 1502)
Kupfer 29 mm; Weinrich 5
Westfälisches Landesmuseum für Kunst und Kulturgeschichte, Münster

b. Domkapitel Münster, Bursarienzeichen zu 3 Schilling 1543 mit 3 Gegenstempeln: Maueranker (Bursar Hermann v. Hatzfeld 1536 – nach 1543); Lilie (Bursar Wilbrand Korff gnt. Schmising 1549–1553); 3 Trinkbecher (Bursar Johann Schenking zu Bevern 1559–1562)
Kupfer 32 mm; Weinrich 9
Westfälisches Landesmuseum für Kunst und Kulturgeschichte, Münster

Neben Goldgulden und Silbergeld, dessen Wert von dem Edelmetallgehalt abhängig war, liefen in Münster auch Kupfermünzen um, die vom Domkapitel und von der Stadt ausgegeben wurden. Die domkapitularischen kupfernen »Bursarienzeichen« waren zunächst reine Verrechnungsmarken, die der Dombursar als Verwalter der Domkasse ausgab und die mit seinem Wappen gestempelt waren. Sie wurden an diejenigen Domherren verteilt, die an bestimmten Meßfeiern teilnahmen und konnten beim Bursar in Silbergeld eingewechselt werden. Die Garantie der Einlösung verlieh diesen Marken den Charakter von Kreditgeld.

Die Produktion dieses Geldes war wegen der geringen Materialkosten für den Ausgeber mit einem interessanten Gewinn verbunden. Als sich daher Ende 1532 der Streit zwischen der Stadt und dem Bischof um die Zulassung reformatorischer Prediger zuspitzte, ließ der Rat zur Bezahlung der Söldner – zum erstenmal? – eigenes Kupfergeld schlagen. Wie diese Münzen aussahen, wissen wir nicht. Nach den Stadtrechnungen sind sie in den Werten zu 6 Pfennig, 1 Schilling und 3 Schilling geprägt worden.

(D)

Lit.: H. Weinrich, Die Kupferprägung des Domkapitels zu Münster, Münster 1981; K.–H. Kirchhoff, Das erste Kupfergeld in Münster 1532, in: Westfalen 54 (1976) S. 206–207.

94 Einlösung des Kupfergeldes

Unbekannter Ausgeber (Stadt Münster?)
Einseitige Marke zu 6 Pfennig o. J.
Kupfer 24 mm; Ilisch Nr. 220

Westfälisches Landesmuseum für Kunst und Kulturgeschichte, Münster. Gefunden Februar 1970 bei Ausgrabungen in der Stiftskirche St. Mauritz

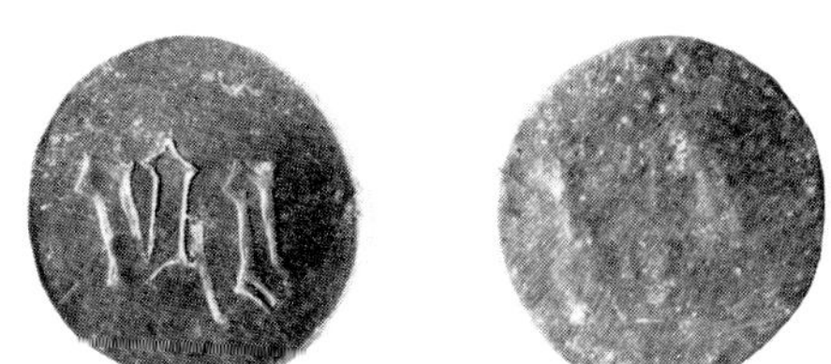

Diese einseitige Marke, zu der es ein ähnliches Stück im Werte von zwei Pfennigen gibt, kommt für das städtische Kupfergeld nicht in Frage. Diese Marken wurden zwar in einem Massengrab auf dem Domplatz bzw. in der von den Wiedertäufern zerstörten Mauritzkirche gefunden, doch ist der Nennwert der kleineren Marke zu zwei Pfennig nicht aus den Quellen zu belegen.
Über die Reaktion der münsterischen Bürger auf das städtische Kupfergeld, das ja ein Loch im Stadtsäckel stopfen sollte, ist nichts bekannt. Aus späterer Zeit, aus dem Dreißigjährigen Krieg, als man dieselbe Münzpolitik zur Geldbeschaffung praktizierte, wissen wir jedoch, daß die Gefahr einer Aufblähung der umlaufenden Geldmenge (Inflation) bestand. So fand sicher die Einlösung des Kupfergeldes in der Stadt, die der Abschaffung und Einziehung des Silbergeldes voranging, ein positives Echo. Die Einlösung geschah so vollständig, daß bis heute kein Exemplar des städtischen Kupfergeldes von 1532 erhalten oder identifiziert ist.
Gresbeck sieht die Einlösung des Kupfergeldes als populäre Maßnahme, die der Vorbereitung einer unpopulären Maßnahme diente: Die Einziehung von »Gelt, Silver und Golt«, also von gemünztem und ungemünztem Edelmetall, Schmuck usw., die sich über zwei Monate hinzog, weil die Betroffenen zum Teil passiven Widerstand leisteten. Die offizielle Begründung war, wie so viele Aktionen der Wiedertäufer, zweiseitig und sprach sowohl die religiös überzeugten Täufer einerseits wie die antibischöflich eingestellten, in der Stadt zurückgebliebenen Bürger an. Einerseits sollten alle Christen in Münster gleich sein: aus der Gleichheit vor Gott wurde die materielle Gleichheit abgeleitet und gefordert (»Der eine soll so viel hebben als der ander«); das Vorbild der christlichen Urgemeinde forderte die Armut des einzelnen (»Ey Christen en hoert gein Gelt tho hebben, et sei Silver oder Golt . . .«). Damit sollte Gottes Willen erfüllt werden. Andererseits sagte Jan van Leiden: »Datselbe Gelt, Silver und Golt, is tho unserem besten, war wy dat dan tho behoven« – es sollte der Verteidigung der Stadt dienen. (D)

Lit.: P. Ilisch, Münzfunde und Geldumlauf in Westfalen in Mittelalter und Neuzeit, Münster 1980; Plümper, Gütergemeinschaft, S. 177–187; Gresbeck in MGQ 2, S. 32–34; van Dülmen, Täuferreich, S. 97–98.

95 Der neue Taler

a. Königreich Böhmen, Stephan Graf Schlick und seine Brüder im Namen König Ludwigs II. (1516–1526)
Münzstätte St. Joachimsthal, Taler o. J. (1519–1521)
Silber 42 mm; 29,07 g; Slg. Donebauer 3747, Ilisch Nr. 213
Westfälisches Landesmuseum für Kunst und Kulturgeschichte, Münster

b. Bistum Münster, Franz v. Waldeck (1532–1553)
Taler 1535
Silber 41 mm; 28,61 g; Grote 117 d
Stadtmuseum Münster

Während die Wiedertäufer in der Stadt Münster das Geld abschafften und einzogen, modernisierte Bischof Franz v. Waldeck das Geldwesen im Bistum Münster, um die hohen Belagerungskosten aufzubringen. Er führte in einer am 1. April 1534 erlassenen Münzordnung den Taler als neue münsterische Landeswährung ein. Diese schwere Silbermünze im Wert eines Goldguldens, die

langfristig den spätmittelalterlichen Goldgulden ablösen sollte, wurde nach ihrer Herkunft, dem böhmischen Bergwerksort St. Joachimsthal, »Joachimstaler« genannt und ist aus der schriftlichen Überlieferung schon seit den 1520er Jahren für den Münzumlauf im Münsterland nachzuweisen. Der hier gezeigte Joachimstaler wurde vermutlich im Kreis Coesfeld gefunden.
Bischof Franz v. Waldeck ließ jedoch wahrscheinlich erst nach der Einnahme der Stadt 1535 in Warendorf die ersten Taler prägen, als ihm durch die Beschlagnahmung der Reste des Wiedertäuferschatzes ausreichend Silber zur Verfügung stand. Die Rückseite des Talers zeigt die Patrone der Bistümer, in denen Franz v. Waldeck regierte: St. Petrus ist Patron von Minden und Osnabrück, St. Paulus von Münster. Dieses Münzbild ist von einer päpstlichen, über 50 Jahre lang in Rom geprägten Silbermünze (Grosso, Giulio) bis in die Einzelheiten übernommen.
(D)
Lit.: E. Fiala, Beschreibung der Sammlung böhmischer Münzen und Medaillen des Max Donebauer, Prag 1888; P. Ilisch, Münzfunde und Geldumlauf in Westfalen in Mittelalter und Neuzeit, Münster 1980; H. Grote, Die Münsterschen Münzen des Mittelalters, in: Münzstudien I, Leipzig 1857; frdl. Hinweis von Herrn Lutz Ilisch M.A., Münster.

96 Erkennungszeichen der Wiedertäufer

Photographie einer Marke
Silber nielliert, 28,5 mm; Geisberg S. 76
Original im Münzkabinett Dresden

Aufschrift der Vorderseite: D. W. / W. F. Umschrift: + EIN HER. EIN GLOVBE. EIN DOEPE
Aufschrift der Rückseite: WAT/GOT. WIL/AN. VNS
Umschrift: ES SINT VIL ANSCHLEG IN EINS MANS HERTZ A D R D H B S

Die Wiedertäufer sonderten sich von den Andersgläubigen ab und bildeten eine Gemeinde im Untergrund. Damit sich die »Brüder und Schwestern« erkennen konnten, auch wenn sie einander vorher nie gesehen hatten, verteilte man Erkennungszeichen. Gresbeck berichtet: »Und sie haben Zeichen schlagen lassen, so groß wie ein Heller (Anm.: Durchmesser etwa 14 mm). Darauf stand mit vier Buchstaben: ›Das Wort wird Fleisch‹ . . . Vier Wochen danach gaben sie andere Zeichen, auch mit den vier Buchstaben ›Das Wort wurde Fleisch‹ und dieselben waren so groß wie ein halber Raderalbus (Anm.: Durchmesser etwa 20 mm) . . . Die hingen sie auch an den Hals. Die von außerhalb in die Stadt kommenden Wiedertäufer bedienten sich ähnlicher Erkennungszeichen, um sich auszuweisen.
Die Aufschrift der Vorderseite »Das Wort wurde Fleisch« stammt aus dem Johannesevangelium (Kap. 1,14) und bezieht sich auf die Erfüllung der alttestamentlichen Prophezeiungen durch die Geburt Christi. Melchior Hoffman und seine Anhänger, auch Bernd Rothmann, leiteten aus diesem Spruch ihr Christusverständnis ab: Christus sei das reine, fleischgewordene Wort Gottes; er sei durch seine Mutter Maria hindurchgegangen, ohne von ihr menschliche, also sündige Eigenschaften anzunehmen. Hier spiegelt sich die Auffassung, Irdisches und Göttliches müsse streng geschieden sein, weil eine Vermengung die Reinheit des Göttlichen verletzt hätte. Daher lehnte man auch die Auffassung ab, den Sakramenten wohne eine unmittelbare, heilspendende, göttliche Kraft inne. Im Abendmahl z. B. könne Christus nicht fleischlich in Brot und Wein anwesend sein und deshalb sei das Abendmahl ein reines Erinnerungsmahl, das nur die Gemeinde der wahren Christen sichtbar mache. Auch die Taufe bleibe ohne den Glauben eine wirkungslose Formalität.
Die Devise »Ein Herr – ein Glaube – eine Taufe« stammt ebenfalls aus der Bibel (Epheserbrief Kap. 4,5) Rothmann führt es in seinen Schriften zur Widerlegung der Kindertaufe an: Die Taufe und der Glaube seien

untrennbar verbunden und unteilbar. Ohne den Glauben bleibe die Taufe wirkungslos.
Die Aufschrift der Rückseite: »Was Gott will an uns« und »Es sind viele Anschläge in eines Mannes Herz, aber der Rat des Herrn bleibet stehen« (nach den Sprüchen Salomos Kap. 19,21) drückt das Sendungsbewußtsein der Täufer als Auserwählte Gottes aus. Trotz der Anfechtungen durch Theologen und trotz Verfolgungen wollten sie dem Willen Gottes folgen, den sie allein zu kennen glaubten.
(D)
Lit.: Geisberg, Wiedertäufer und Aldegrever, S. 76–77; Stupperich, Schriften Rothmanns, S. 112, 151, 160, 172; Deppermann, Melchior Hoffman (1979) S. 197–202, 297.

97 Die frühen Taler der Wiedertäufer

a. Münster, Wiedertäuferherrschaft vor Errichtung der Königsherrschaft (Mai–August 1534)
Halber Taler 1534
Silber 35 mm; 14,09 g; Geisberg 2
Westfälisches Landesmuseum für Kunst und Kulturgeschichte, Münster
Aufschrift der Vorderseite: (Außen) ET SI DAT IMADT VPT NIE GEBARE WERDE; (Innen) EIN HER EI GELO EIN DOEP (Mitte) THO MVNSTER
Rückseite: (Außen) SO MACH HE GADES RIKE NICHT SCHEI(en); (Mitte) DAT WORT IS FLEIS GWORDE VN WA VN VNS 1534

b. Münster, Wiedertäuferherrschaft vor Errichtung der Königsherrschaft (Mai–August 1534)
Taler 1534, früher Abguß einer Kopie (?) des 16. Jahrhunderts
Silber 41 mm; 27,03 g; Geisberg 3
Westfälisches Landesmuseum für Kunst und Kulturgeschichte, Münster
Aufschrift der Vorderseite: (Außen) WE NICHT GEBARE IS VIT DEM WATER VN GEIST; (Mitte) DAT WORT IS FLEISCH GEWORDEN VN WANET VNDER VNS 1534
Rückseite: (Außen) MACH NICHT IN GAEN IN DAT RIKE GOIDES; (Innen) EIN HER EIN GELOVE EIN DOEPS (Mitte) THO MVNSTER

In der Stadt stand auf den Besitz von Geld die Todesstrafe. Dennoch ließ man Münzen schlagen, um die Landsknechte des Belagerungsheeres in die Stadt zu locken, »und sie bekamen so auch einen Teil der Landsknechte in die Stadt« (Gresbeck).
Wie schon die Erkennungszeichen tragen die Münzen der Wiedertäufer keine Bilder, nur Schrift und illustrieren so ihre puritanische Bilderfeindlichkeit.
So ist es bezeichnend, daß Taler und Halbtaler auf dem Feld der Vorderseite, wo man eigentlich ein Bild erwartete, die Aufschrift tragen: »Das Wort ist Fleisch geworden und wohnet unter uns 1534« (Ev. Joh. 1,14). Der Spruch verweist nicht nur auf die Reinheit Christi bei seiner Menschwerdung, sondern drückt auch das Selbstverständnis der Täufer als geheiligten Menschen und Auserwählten Gottes aus. Dem Landsknecht sollte deutlich gemacht werden, daß er gegen Gottes Wort kämpfte, das in seiner Gemeinde wie in Christus Gestalt angenommen hatte!

Der zweite Spruch, der auf der Vorderseite beginnt und auf der Rückseite endet, bezieht sich auf eine Stelle des Johannesevangeliums, wo Jesus gefragt wird, ob er von Gott gesandt sei. Auf dem Halbtaler ist die Antwort nach Luthers Übersetzung wiedergegeben (Es sei denn, daß jemand von neuem geboren werde, so kann er Gottes Reich nicht sehen: Kap. 3,3), während der Spruch auf dem Taler direkt aus der Vulgata übersetzt ist (Wer nicht geboren ist aus dem Wasser und Geist, mag nicht eingehen in das Reich Gottes: Kap. 3,5). Rothmann hat sich beider Fassungen bedient.
Auf dem Halbtaler ist die Wiedergeburt der zentrale Gedanke. Um zu den Auserwählten Gottes zu zählen, muß man eine so radikale Umkehr vollziehen, daß der Neubeginn einer Wiedergeburt gleichkommt. Denn nur den Wiedergeborenen steht das Reich Gottes offen. Fazit: Wer das Reich Gottes sehen will, muß mit der Welt brechen und sich den Täufern anschließen.
Der Spruch auf dem Taler, der auf allen späteren Prägungen der Königsherrschaft übernommen wurde, erläutert zusätzlich Art und Weise der Wiedergeburt. Sie hat zwei Seiten: die äußerliche durch Wasser, also die Taufe, und die innerliche Wiedergeburt durch den neuen Geist. Weil Kinder die zweite Forderung nicht erfüllen, d. h. noch nicht glauben können, lehnte man die Kindertaufe ab. Das Entscheidende war nicht der äußere Vollzug der Taufe, sondern der Glauben, die innerliche Umkehr, die Wiedergeburt als Voraussetzung für den Taufakt.
Im Anschluß an dieses Bibelwort zitiert Rothmann einmal aus dem Römerbrief: »Paulus sagt auch, daß wir aus der Taufe auferstehen zu einem neuen Menschen oder in ein neues Leben« (nach Kap. 6,4). Diese neuen Menschen, die »Gläubigen« sind in der »Gemeinde Christi« in Münster gesammelt. Das deutet der von dem Erkennungszeichen bekannte letzte Spruch an: »Ein Herr – ein Glaube – eine Taufe zu Münster.« Den Betrachtern der Münze sollte also der Weg zum Seelenheil gezeigt werden: Anschluß an die »Gemeinde Christi« in Münster.
(D)

Lit.: Geisberg, Wiedertäufer und Aldegrever, S. 58–75; Gresbeck in MGQ 2, S. 48; Stupperich, Schriften Rothmanns S. 199, 227–29, 242, 344, 424 (Joh. 1,14) S. 104, 114, 156–59, 239 (Joh. 3,3–5); S. 239 (Röm. 6,4); Warnke, Bildersturm S. 81–82.

98 Zerstörung der Stadtsiegel

a. Großes Siegel der Stadt Münster (frühester Abdruck 1231, zerstört 1534)
Abguß, Ø 90 mm; Foto nach Original
Tumbült Tf. 77,1

b. Sekretsiegel der Stadt Münster, dritte Fassung (frühester Abdruck 1431, zerstört 1534)
Abguß, Ø 43 mm
Tumbült Tf. 84,9; Abdruck nach Fürstl. Bentheim. Archiv Burgsteinfurt, Urk. H Nr. 408 (18. 2. 1533)

c. »SIGNATH DER STADT MVNSTER 1535«
Papiersiegel auf einem Flugblatt von »Verordenten und Regenthen bynnen der Stadt Münster« vom 19. Januar 1535
Ø 37 mm
Hövel S. 156–157; Stupperich, Schriften Rothmanns S. 428–429
Nordrhein-Westfälisches Hauptstaatsarchiv Düsseldorf

d. »SIGNATH DER STADT MVNSTER 1535«
Umzeichnung nach Fr. Philippi
Tumbült Tf. 100,5

e. Sekretsiegel der Stadt Münster (1536)
Silberstempel Ø 44 mm, in Eisenfassung Ø 48 mm, Höhe 20 mm
Hövel S. 157–158
Stadtarchiv Münster

f. Sekretsiegel der Stadt Münster (1536)
Abdruck Ø 52 mm; Foto nach dem Original an der Urkunde vom 29. Januar 1537 (Kat. 175)

g. Großes Siegel der Stadt Münster (1536)
Abguß, Ø 76 mm
Hövel S. 157–158

Im Zusammenhang mit der Abschaffung des Geldes in Münster steht die Vernichtung der Rentbriefe und Schuldverschreibungen. Rothmann schrieb über die »Leibliche Gemeinschaft der Heiligen«, man habe alles aufgehoben, »was dem Eigennutz und dem Eigentum gedient hat wie Kauf und Verkauf, Arbeit um Geld, Renten oder Wucher (= Zinsen) zu gebrauchen, ja auch mit den Ungläubigen«. Der Säuberungsaktion fielen auch die Stadtsiegel zum Opfer, die zur Bekräftigung von

a

g

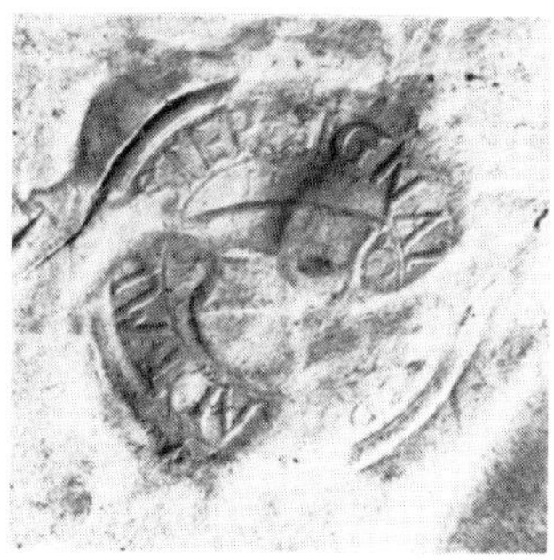

c

d

Kat.-Nr. 98

b

e

f

Urkunden in juristischen und politischen Angelegenheiten gedient hatten und damit als hervorragende Wahrzeichen der früheren, »sündhaften« und zu beseitigenden Zustände galten. Der Augenzeuge Hermann Ramers berichtete: »Was man auff dem Rathauß und auff der Schreiberey inn Kisten finden mochte, vonn Briefen, Syglen, als nemlich das gros Sigel, da Sanct Paulus' Haupt inn stund, ist zerhawen und die Bücher und Privilegia sind alle verprennt.«

Die Vernichtung des Ratsarchivs bedeutete zwar den Bruch mit der schriftlich fixierten Vergangenheit der Stadt. Dahinter steht vor allem der radikale Erneuerungswille des Propheten Jan Matthys, aber auch das Mißtrauen vieler Bürger gegenüber der »schwarzen Kunst«, dem Prinzip der Schriftlichkeit und der bisher geübten Geheimhaltung der Stadtgeschäfte durch den Rat. Das Selbstbewußtsein der in der Stadt zurückgebliebenen münsterischen Bürger blieb indes ungebrochen: Seit dem Januar 1535 wurde ein neues Stadtsiegel verwandt. Es zeigt das Stadtwappen, darüber die Jahreszahl 1535. Die Umschrift lautet: SIGNATH DER STADT MVNSTER!

Nach der Wiedertäuferherrschaft erließ Bischof Franz von Waldeck am 30. April 1536 eine neue Stadtordnung, ernannte neue Ratsherren und verlieh dem neuen Rat einige Selbstverwaltungsrechte. Noch im Sommer 1536 ließ man das Sekret- und das Große Stadtsiegel nach den alten Vorbildern neu stechen, um an die alten städtischen Traditionen und Privilegien anzuknüpfen. Die einzige Änderung bestand in der Aufnahme des Balkenschildes in das Sekretsiegel und des Balkenschildes mit dem Paulus als Schildhalter in das Große Siegel. Die Vermutung ist nicht von der Hand zu weisen, daß damit das Bistumswappen als Zeichen des bischöflichen Stadtherrn gemeint ist.

(D)

Lit.: E. Hövel, Das Stadtwappen, in: Quellen und Forschungen zur Geschichte der Stadt Münster, Bd. 4, Münster 1931, S. 135–221; G. Tumbült, Die westfälischen Siegel des Mittelalters II. Heft, Münster 1887; Stupperich, Schriften Rothmanns S. 256; Die Ordnung der Widerteuffer zu Münster, S. 243; Plümper, Gütergemeinschaft S. 169–171; E. Schulte, Haben die Wiedertäufer das Stadtarchiv Münster vernichtet?, in: Quellen und Forschungen zur Geschichte der Stadt Münster, Bd. III, Münster 1926, S. 73–75.

99 Der neue Prophet

Farbphoto einer lavierten Federzeichnung, frühes 18. Jahrhundert, unsigniert und undatiert

Original in der Staatsbibliothek Preußischer Kulturbesitz, Berlin, Libri picturati A 96, Bl. 36

100 Einsetzung der 12 Ältesten

Farbphoto einer lavierten Federzeichnung, frühes 18. Jahrhundert, unsigniert und undatiert

Original in der Staatsbibliothek Preußischer Kulturbesitz, Berlin, Libri picturati A 96, Bl. 41

Der Tod des Jan Matthys bedeutete eine schwere Krise für die Täuferbewegung in Münster, doch verstand es einer der jüngeren Prädikanten und früheren Vertrauensleute des Propheten, Jan van Leiden, die Lage zu stabilisieren. Er erklärte sich zum Nachfolger und wußte den in Münster Eingeschlossenen neuen Mut einzuflößen.

Hatte Jan Matthys durch die Ausstrahlungskraft seiner Persönlichkeit den Gang der Dinge bestimmt, so suchte Jan van Leiden seine Herrschaft durch eine neue Verfassung zu befestigen. Er ernannte kraft seines Prophetenamtes zwölf Älteste, von denen sechs nicht aus Münster stammten. Jan van Leiden beteiligte also die zugewanderten Täufer am Stadtregiment.

Die Ältestenverfassung orientierte sich nicht mehr so sehr an dem Vorbild der Apostelgemeinde, die (wie Jan Matthys) den Anbruch des Jüngsten Gerichts und der Wiederkunft Christi täglich erwartete. Die Vorstellungen der münsterischen Wiedertäufer wurden statt dessen zunehmend vom Alten Testament und der Theokratie des alten Volkes Israel bestimmt; man verstand sich immer mehr als das »neue Israel« (Gresbeck).

(D)

Lit.: Wolgast, Herrschaftsorganisation und Herrschaftskrisen S. 180–185.

Kat.-Nr. 101

101 Judith und Holofernes (Belagerung von Bethulia)

Kolorierter Holzschnitt von Erhard Schoen, 1. Hälfte 16. Jahrhundert, unsigniert und undatiert
Bl.: 18,1 x 35,8 cm

Kunstmuseum Düsseldorf

102 Folterprotokoll der Hille Feicken

Wolbeck 27. Juni 1534

Staatsarchiv Münster

Ekstatische Glaubensgewißheit und Leidensbereitschaft, Sendungsbewußtsein und tiefe Verzweiflung, wie sie die Täuferbewegung auf ihrem Höhepunkt kennzeichneten, verbanden sich in dem Plan der Hille Feicken, die eingeschlossene Stadt zu befreien. Als Vorbild diente ihr dabei die Judith des Alten Testaments, die ihre Vaterstadt Bethulia dadurch gerettet haben soll, daß sie sich ins Lager der Feinde schlich und dem feindlichen Feldherrn Holofernes, nachdem sie ihn durch ihre Schönheit verführt und trunken gemacht hatte, im Schlaf den Kopf abschlug. Als die assyrischen Belagerer das Haupt ihres toten Führers erblickten, ergriffen sie die Flucht. So wie einst Judith den Holofernes getötet und Bethulia gerettet hatte, meinte jetzt Hille Feicken, durch die Ermordung des Fürstbischofs eine siegreiche Entscheidung für die Täuferstadt herbeiführen zu können. Der mit Knipperdolling abgesprochene Anschlag mißlang, und die »sonderlich schöne« Friesin aus dem holländischen Sneek wurde, nachdem sie auf der Folter ihr Vorhaben gestanden hatte, im Lager des Bischofs geköpft.
(J)

103 Einführung der Vielweiberei

Farbphoto einer lavierten Federzeichnung, frühes 18. Jahrhundert, unsigniert und undatiert

Original in der Staatsbibliothek Preußischer Kulturbesitz, Berlin, Libri picturati A 96, Bl. 43

Kat.-Nr. 105

104 Mollenheckeaufstand

Farbphoto einer lavierten Federzeichnung, frühes 18. Jahrhundert, unsigniert und undatiert

Original in der Staatsbibliothek Preußischer Kulturbesitz, Berlin, Libri picturati A 96, Bl. 44

105 Erschießung der Aufständischen

Farbphoto einer lavierten Federzeichnung, frühes 18. Jahrhundert, unsigniert und undatiert

Original in der Staatsbibliothek Preußischer Kulturbesitz, Berlin, Libri picturati A 96, Bl. 45

Der Rückgriff auf Vorbilder des Alten Testaments fand einen vorläufigen Höhepunkt in der Einführung der Vielweiberei Ende Juli 1534. Die Neuerung hat nicht nur dem Ruf der münsterischen Täufer schwer geschadet, sondern war auch in der Stadt heftig umstritten.

Die Einführung der Vielweiberei löste unmittelbar die schwerste Krise des Täuferreiches aus. Der Aufstand ging von dem angesehenen Schmied und früheren Gildemeister Heinrich Mollenhecke aus; Ziel war die Wiederherstellung der alten bürgerlichen Ordnung und die Kapitulation. Die täuferische Obrigkeit konnte die Erhebung jedoch blutig ersticken.

Die 120 gefangenen Aufständischen wurden vor ein Gericht gestellt. Wer Zeugen beibrachte, daß er an der nächtlichen Verschwörung vor dem Aufstand nicht teilgenommen hatte, wurde freigesprochen, die übrigen hingerichtet. Dorpius schildert die Grausamkeit der Hinrichtungen: »Etlichen hieb Knipperdolling den Kopf her-

Kat.-Nr. 106

ab, etliche hieb er mitten von einander, etliche huben beide Arme auf und ließen sich die Büchse auf die Brust setzen und durchschießen. Die anderen banden sie zusammen und brachten sie zwischen die Dompfeiler und durchschossen sie.«

(D/Gr)

Lit.: Dorpius, ed. Merschmann, S. 18 f.; Weitere Einzelheiten siehe im Aufsatzteil oben S. 28/29.

106 Folterhalseisen

1. Hälfte 16. Jahrhundert
Holz, Eisen Ø 16 cm

Stadt Münster

107 Städtisches Richtschwert

Eisen, mit lederüberzogenem Griff, um 1550
Länge: 107 cm

Stadt Münster

Einer alten Überlieferung zufolge soll das hier gezeigte Folter- oder Prangerhalseisen bei der Hinrichtung Heinrich Mollenheckes verwendet worden sein. Es blieb ähnlich wie das vom Scharfrichter zur endgültigen Vollstreckung der Todesurteile gebrauchte Schwert im Besitz der Stadt und wurde nicht selten zur Abschreckung möglicher Missetäter öffentlich zur Schau gestellt.

(J)

Lit.: Geisberg II, S. 368f.

III. 3) Das Königreich

108 Jan van Leiden wird zum König proklamiert

Farbphoto einer lavierten Federzeichnung, frühes 18. Jahrhundert, unsigniert und undatiert

Original in der Staatsbibliothek Preußischer Kulturbesitz, Berlin, libri picturati A 96, Bl. 47

Am 31. August 1534 unternahm das Belagerungsheer den zweiten Versuch, die Stadt Münster im Sturm zu nehmen. Der Angriff geriet zu einer Katastrophe. 3000 Landsknechte sollen gefallen sein. Der Abwehrerfolg stärkte das Selbstbewußtsein der Verteidiger, Auserwählte Gottes zu sein. Die Erlösung, das Eingreifen Gottes, die Vernichtung der Gottlosen schien bevorzustehen. Erfüllt von der Überzeugung, keine Verheißung der Bibel bleibe unerfüllt, lasen die Wiedertäufer die alttestamentlichen Prophezeiungen: Gott werde am Ende der Welt sein zerstreutes Volk sammeln und einen König als neuen David einsetzen, der über alle Völker herrschen und Recht und Gerechtigkeit üben werde (nach Jer. 23,5 und Hes. 37,21–28). »Christus solle aus dem Himmel kommen und sollte 1000 Jahre mit ihnen auf der Erde verweilen und sollte mit seinem Volk regieren und sollte eine neue Welt anrichten.« Nach 1000 Jahren, am Tag des Herrn, würde Christus das Volk seinem Vater überliefern (nach Gresbeck). Zur Vorbereitung der »neuen Welt« proklamierte der Prophet Johann Dusentschur »in acht Tagen nach dem abgeschlagenen Sturm« Jan van Leiden zum König »über das Neue Israel und über die ganze Welt«, er »sollte sein ein König der Gerechten und sollte die Ungerechtigkeit strafen in der Welt« (Gresbeck). Wie David dem Salomon den Weg geebnet hatte, sollte Jan van Leiden als neuer David die tausendjährige Herrschaft Christi vorbereiten.
Ob die Königsproklamation vorher von den Ältesten, Propheten und Prädikanten abgesprochen war, ist ungewiß, doch nicht unwahrscheinlich. Die treibende Kraft hinter dem Gedanken, die Erlösung der Stadt durch eigene Aktionen zu beschleunigen, war Johann Dusentschur, der ehemalige Goldschmied aus Warendorf (vgl. Kat. 134). Obwohl schon Jan Matthys daran gescheitert war, schien ihm bei der Bestrafung der Gottlosen die Mitwirkung der »heiligen Gemeinde Christi« möglich. Diese Aufgabe wurde nun dem neuen, Gerechtigkeit übenden König übertragen: Damit übernahm Jan van Leiden – bisher als Prophet nur geistlicher Führer – offiziell den militärischen Oberbefehl und die Herrschaft in der Stadt. Die Machtübernahme Jan van Leidens war mit einer durchgreifenden Neuorganisation der täuferischen Gemeinde verbunden. »Alles mußte neu gemacht werden«, berichtet Gresbeck; das bedeutete nicht selten die Abkehr von bisher zentralen Überzeugungen und Idealen der Wiedertäufer.
(D)

Lit.: Wolgast, Herrschaftsorganisation und Herrschaftskrisen, S. 186–188; van Dülmen, Reformation als Revolution, S. 328–334; Dorpius ed. Merschmann, S. 19: Newe Zeitung von den Widertauffern zu Münster, in: Westfälische Zeitschrift 27 (1867) S. 255; Gresbeck in MGQ 2 (1853), S. 84; Kirchhoff, Belagerung und Eroberung Münsters, S. 110; List, Chiliastische Utopie, S. 198–231.

109 Reiterharnisch des Jan van Leiden

Eisen mit Lederschnallen, 1. Drittel 16. Jahrhundert
Höhe: 75 cm

Stadtmuseum Münster

Der seit dem letzten Kriege verschollene Harnisch des Wiedertäuferkönigs Jan van Leiden konnte 1981 im Rahmen der Inventarisation des städtischen Kunstbesitzes wieder aufgefunden werden.
Max Geisberg hat in seinem Inventarwerk nachgewiesen, daß die mündliche Tradition, die besagt, es handele sich hier um den echten Harnisch des Wiedertäuferkönigs, zu Recht besteht.

Kat.-Nr. 109

Im Stadtarchiv hat sich das Testament des bischöflichen Kanzlers Everhard v. Elen erhalten, durch das er den Harnisch schon 1558 der Stadt Münster zusammen mit dem goldenen Siegelring des Jan van Leiden, einigen Spießen und anderen Waffen, vermachte. Seitdem tauchte er, wenn Restaurierungen anstanden, immer wieder in den Kämmereirechnungen der Stadt auf. Die einzelnen Teile des Harnisch, die wohl alle aus dem ersten Drittel des 16. Jahrhunderts stammen, sind wegen ihrer unterschiedlichen Verzierung nicht unbedingt alle zusammengehörig. Mit Sicherheit gehören Brust- und Rückenteil zusammen.

Das kugelige Brustteil mit Mittelgrat und gekördelten Außenrändern ist durch Lederlaschen mit dem glatten Rückenteil verbunden. Im Bereich des Halses befand sich ursprünglich ein Harnischkragen, von dem sich aber, wie zu sehen ist, nur noch der untere Teil erhalten hat. Im Bereich des Unterkörpers enden Brust und Rückenteil in Bauch- und Gesäßreifen, die beweglich gearbeitet sind. Daran angeschnallt sind die zweimal geschobenen Beintaschen, die getriebene, zum Teil volutenförmige Verzierungen und gekördelte Ränder aufweisen. Ähnliche Randverzierungen haben auch die Arm- und Schulterstücke; die Flächenverzierungen bestehen hier aber aus einfachen dünnen Graten. Die drei Löcher in der rechten oberen Brusthälfte zeigen an, daß hier ursprünglich ein Rüsthaken befestigt war. Ein solcher Rüsthaken ist auch an dem Harnisch zu sehen, den Jan van Leiden in dem Holzschnittportrait von Hans Wandereysen trägt, er diente zum Einlegen eines Rennspießes, wie er bei »Ringelstechen« Verwendung fand.

(Gr)

Lit.: Geisberg II, S. 369–372, Abb. 529.

110 Ringelstechen

Photo eines Kupferstiches, aus: John Cruso, Militarie Instructions for the Cavallrie, or Rule and Directions for the Service of Horse, Cambridge 1632

Das Photo zeigt verschiedene Arten des »Ringelstechens«. Der Reiter sprengt in voller Rüstung auf den aufgehängten oder auf dem Boden liegenden Ring zu und muß ihn mit seinem Spieß abreißen bzw. aufnehmen. Auch Jan van Leiden und seine Trabantengarde haben auf dem Domplatz Ringelstechen gespielt.

Einerseits wollte der König damit an die ritterlichen Turniere und Feste der Fürstenhöfe anknüpfen; andererseits förderte das Ringelstechen die Geschicklichkeit der berittenen Soldaten. Nicht zuletzt diente es zur Unterhaltung und Beschäftigung des Volkes in der Stadt. Denn nach der Abwehr von zwei Großangriffen hatten die Belagerer ihre Strategie geändert: Statt auf offenen Kampf setzten sie nun auf die Blockade und Aushungerung der Stadt: Die apokalyptische Aufbruchsstimmung sollte sich totlaufen. Dem begegnete Jan van Leiden mit einer verstärkten Werbung im Münsterland und in den Niederlanden, um ein Entsatzheer zu mobilisieren – und mit einer Beschäftigungstherapie für die angesichts der feindlichen Untätigkeit wie gelähmten Verteidiger. Alte Häuser wurden abgerissen, die Zerstörung der Kirchen vollendet. Neben Exerzieren, Ringelstechen und anderen kriegerischen Übungen hielt man Spottmessen im Dom ab. An dem zeitweise zum »Spieltag« erklärten Donnerstag widmete man sich Karten- und Ballspielen, Tanz- und Sportveranstaltungen. Dabei knüpfte der König auch an das Fastnachtsbrauchtum der Stadt an, zu dem neben dem Schwertertanz auch das Ringelstechen zählte.

(D)

Lit.: Gresbeck in MGQ 2, S. 126–127, 131–139, 150–154, 158–162; Kerssenbroick in MGQ 5/6, S. 740–741, 86; N. Humburg, Städtisches Fastnachtsbrauchtum in West- und Ostfalen, Münster 1976, S. 80–92.

111 Jan van Leiden tritt als König auf

Farbphoto einer lavierten Federzeichnung, frühes 18. Jahrhundert, unsigniert und undatiert
Bl.: 20 x 32 cm

Original in der Staatsbibliothek Preußischer Kulturbesitz, Berlin, Libri picturati A 96, Bl. 49

Der Text lautet, ins Hochdeutsch übertragen: »König Jan Bockelson zeigte sich dem Volk in seiner Herrlichkeit; er hatte eine goldene Kette um den Hals, in der einen Hand trug er einen goldenen Klumpen oder Weltkugel, ganz aus Gold, das man aus den Kirchen geraubt hatte. Hinter ihm ritten zwei kleine Jungen, der eine trug die Krone und die Bibel, der andere trug ein blankes Schwert. Er führte achtundzwanzig Mann als Hellebardiere an, alle in Grün und Blau gekleidet, das ihnen eine himmlische und irdische Macht verlieh. Der Titel des Königs lautete: Der König des neuen Jerusalem, König der Gerechtigkeit über die ganze Welt.«

Zu den äußeren Abzeichen der Königsherrschaft Jan van Leidens, zu seinen Herrschaftsinsignien, zählen auch Bibel und Schwert, die zwei Edelknaben in seiner Begleitung trugen. Gresbeck liefert dazu die Interpretation: »Als der König nun auf seinem Thron gesessen hat, stand auf jeder Seite von dem König ein Junge. Der Junge auf der vorderen Seite hatte ein Buch in der Hand, das war das Alte Testament, und der andere Junge auf der linken Seite hatte ein blankes Schwert in der Hand. Daß der Junge auf der rechten Seite stand und das Alte Testament in der Hand hielt, das bedeutete, daß sich der König in Gottes Stadt setzen wollte und sich auf den Thron Davids von Davids Stadt setzen wollte, und sollte Gottes Wort aufs neue verkündigen, das so lange verdunkelt gewesen sei. Und der Junge auf der linken Seite mit dem Schwerte, das bedeutete, daß er ein König der Gerechten wäre und ein König über die ganze Welt und alle Ungerechtigkeit strafen sollte.«

Schwert und Buch sind auch die Attribute des hl. Paulus, des Patrones der Stadt und des Bistums Münster (Kat. 92). Jan van Leiden nahm sie in seine Insignien auf und deutete sie zu Zeichen der Nachfolge Davids, seines Prophetenauftrages und seines Anspruches auf die Weltherrschaft um.

(D)

Lit.: Gresbeck in MGQ 2, S. 91–92; van Dülmen, Reformation als Revolution S. 330; Kerssenbroick in MGQ 6, S. 664.

112 Taler aus der Zeit der Königsherrschaft

a. Münster, Königsherrschaft Jan van Leidens (1534–1535)
Doppeltaler 1534 (späterer Abschlag?)
Silber 48 mm; 57,9 g; Geisberg 7
Stadtmuseum Münster

Aufschrift der Vorderseite: (Umschrift) WE NICHT GEBORE IS VTH DE WAT(er) VN GEIS(t) MAC NICH; (Mitte) DAT WORT IS FLEISCH GEWORDEN VN WANET IN VNS

Rückseite: (Außen) IN GAEN INT RIKE GADES – EIN KONINCK VPREG O(ver) A(l) (zwei gekreuzte Schwerter); (Innen) EIN GODT EIN GELOVE EIN DOEPE (Mitte) 1534 THO MVNSTER

Kat.-Nr. 112a

b. Münster, Königsherrschaft Jan van Leidens (1534–1535) Taler 1534
Silber 49 mm; 28,77 g; Geisberg 17
Westfälisches Landesmuseum für Kunst und Kulturgeschichte, Münster
Aufschrift der Vorderseite: (Umschrift) WE NICHT GEBORE IS VTH DE WATE VN GEISTE MACH (Mitte) NICHT IN GAEN – DAT WORT IS FLEISCH GEWORDEN VN WANET IN VNS
Rückseite: (Außen) INT RIKE GODES – EIN KONINCK VPRECHT OVE(r) AL' (zwei gekreuzte Schwerter); (Innen) EIN GODT EIN GELOVE EIN DOEPE (Mitte) 1534 THO MVNSTER

Kat.-Nr. 112b

Nach der Errichtung der Königsherrschaft Jan van Leidens (September 1534) übernahmen die Münzen eine neue Funktion. Jan van Leiden verstand die Münzprägung als Ausübung eines königlichen Vorrechts: In seiner Hofordnung ist ausdrücklich ein Münzmeister aufgeführt. Entsprechend dem Weltherrschaftsanspruch des Königs sollte sein Geld als einziges in der Welt gültig sein, »all das andere Geld, es wäre Silber oder Gold, das sollte nicht mehr gelten in der Welt« (Gresbeck). Ein Gefangener berichtete am 23. Dezember 1534 über eine intensive Prägetätigkeit: »Sie lassen Tag und Nacht dicke Pfennige und andere Münzen schlagen.« Man erwartete damals nämlich den Befehl zum Auszug aus der Stadt, um die Vernichtung der Gottlosen einzuleiten und die Weltherrschaft anzutreten. Dabei spielte das Geld keine unerhebliche Rolle: »Das Geld, das sie schlagen ließen und noch schlagen lassen wollten, das sollte gelten in der ganzen, weiten Welt« (Gresbeck). Später dienten die Taler auch als Schmuck, etwa an den Ketten der Herzöge. Die unter dem Königtum Jan van Leidens geprägten Münzen sind an den erweiterten und leicht geänderten Aufschriften zu erkennen. Die innere Umschrift der Rückseite lautete nun »EIN GODT – EIN GELOVE – EIN DOEPE«, wodurch dieser Schlachtruf eine noch griffigere Formulierung erhielt.
Die entscheidende Korrektur liegt jedoch in dem zusätzlich angebrachten Spruch »Ein König aufrecht überall«, den Kerssenbroick interpretiert als »Ein König, gerecht über alle«. Die Vorstellung von einem gerechten König, der über alle herrschen soll, stammt aus dem Alten Testament. Einer der im Oktober 1534 ausgezogenen

Apostel, der Prediger Dionysius Vinne, führte folgende Bibelstellen dazu an: »Und daß dieses nicht dem Evangelium widerspricht, nämlich einen König aufzurichten, vermelden klarlich die Propheten, Jeremia Kap. 23, ebenso Hesekiel Kap. 37 und 30. Da steht klarlich, daß in den letzten Zeiten ein einiger gerechter König über alle auf Erden herrschen soll.« Mit denselben Bibelstellen versuchte auch Rothmann, vom Alten Testament her das Wiedertäuferreich als Vorläufer des apokalyptischen »Tausendjährigen Reiches« zu begründen.
Den Anspruch auf die Weltherrschaft veranschaulichen auch die beiden Schwerter, die entsprechend der Lehre von den zwei Gewalten (vgl. Kat. Nr. 37) geistliche und weltliche Macht des Königs verkörpern sollen.
(D)
Lit.: Geisberg, Wiedertäufer und Aldegrever; Stupperich, Schriften Rothmanns S. 273–276, 366–367; Cornelius in MGQ 2, S. 48, 277.

113 Geleitbrief

a. Geleitbrief der Ältesten der Gemeinde Christi vom 14. August 1534
Staatsarchiv Münster
b. Abzeichnung des verlorenen Siegels von Heinrich Krechting auf den Geleitbrief (in doppelter Größe) aus: Niesert, Urkundenbuch S. 241

Kat.-Nr. 113 b

Jan van Leiden übte auch das „Geleitrecht« aus; doch ist ein am 2. November 1534 von ihm ausgestellter Geleitbrief leider verschollen. Wie das Münzregal ist das Geleitrecht ein landesherrliches Hoheitsrecht. Damit ist die Ausstellung von »Geleitbriefen« gemeint, die – ähnlich einem Paß oder einem Visum – einem Reisenden auf seinem Weg Schutz durch die Soldaten des Geleitherrn, eben »sicheres Geleit« garantierten. Mit der Wahrnehmung landesherrlicher Hoheitsrechte orientierte Jan van Leiden sein Königtum an den traditionellen Formen monarchischer Herrschaft und Repräsentation.
Schon die zwölf Ältesten hatten das Geleitrecht als »verordnete Overicheit bynnen Munsther« ausgeübt; der erhaltene Geleitbrief für Johann Swerthe ist von Heinrich Krechting, ihrem Sekretär, geschrieben. Das aufgedrückte Papiersiegel ist heute verloren; Josef Niesert hat jedoch schon 1823 eine Abzeichnung des Siegels veröffentlicht. Es zeigt einen Zweig der Stechpalme mit 3 Blättern und 3 Früchten: das Wappen Heinrich Krechtings.
Der verschollene Geleitbrief Jan van Leidens für den hessischen Prediger Theodor Fabricius, der am 2./3. November 1534 in Münster mit den Führern der Wiedertäufer verhandelte und vergeblich versuchte, sie zur Aufgabe zu bewegen, überlieferte nicht nur den Titel des Königs, sondern trug auch den einzigen bekannten Abdruck des königlichen Siegels, den Tumbült 1899 publizierte (vgl. Kat. Nr. 114b) . Die Anmaßung königlicher Rechte, der stolze Königstitel und der Reichsapfel im Siegel, der ja den Anspruch auf die Weltherrschaft ausdrückte, wurden von den Gegnern der Wiedertäufer publizistisch verwertet und in Flugblättern den staunenden und entsetzten Zeitgenossen als Belege für den Hochmut der münsterischen Schwärmer präsentiert (Kat. Nr. 170).
Später bemühten sich die Wiedertäufer, im Verkehr mit der andersgläubigen Außenwelt das Königtum und die damit verknüpften Herrschaftsansprüche herunterzuspielen und nannten sich etwa »Regenten und Gemeinde der Stadt Münster«. Seit Januar 1535 wurde ein neues Siegel verwandt, das das Stadtwappen in der Umschrift »SIGNATH DER STADT MVNSTER« zeigt (Kat. Nr. 98c). Es beglaubigte auch einen heute verschollenen Geleitbrief vom 8. Mai 1535.
(D)
Lit.: B. Koehler, Geleit, in: Handwörterbuch zur deutschen Rechtsgeschichte Bd. I (1969), Sp. 1481–1489; Niesert, Urkundenbuch I,1 S. 241 (Druck des Geleitbriefes vom 14. August 1543); Cornelius in MGQ 2, Einleitung S. 20–21 (Druck des Geleitbriefes vom 2. November 1534); Tumbült, Die Wiedertäufer, Abb. 72; Van Dül-

men, Täuferreich S. 186–189; Wolgast, Herrschaftsorganisation und Herrschaftskrisen S. 188–189; Stupperich, Schriften Rothmans S. 434 (Druck des Geleitbriefes vom 8. Mai 1535).

114 Königssiegel

a. Photo der Abzeichnung eines Abdruckes vom Siegelring (etwa viereinhalbfache Größe)
Umschrift: (Außen) DE KONINCK IN DEM NIEN TEMPEL FORT
(Innen) DIT VOR EIN EXSEMPEL

b. Photo des Originalabdruckes auf dem Geleitbrief vom 2. November 1534 (etwa doppelte Größe)

Kat.-Nr. 114a

Das Königssiegel Jan van Leidens ist nicht nur durch den Originalabdruck auf dem Geleitbrief bekannt, sondern auch von einer Zeichnung aus der ältesten bekannten Abschrift der Wiedertäufergeschichte von Kerssenbroick. Kerssenbroick, der 1550–1575 in Münster als Rektor der Domschule lebte und wirkte, kannte das Siegel sicherlich aus eigener Anschauung. Der bischöfliche Kanzler Eberhard von Elen hatte den Siegelring des Königs aus der Beute erhalten und ihn 1558 testamentarisch der Stadt Münster vermacht. Der Rat der Stadt veräußerte den Ring jedoch bald wieder an den Goldschmied David Knoep, so daß er heute verschollen ist.

In der Mitte des Siegels ist das Wappen des Königs abgebildet (s. Kat. 115). Die Umschrift nennt den Titel: »Der König in dem Neuen Tempel führt dies als Zeichen«. Mit dem »Neuen Tempel« ist das »Neue Jerusalem« gemeint. Im Neuen Testament wird die neue christliche Gemeinde auch mit einem Tempel verglichen, dessen Eckstein Christus sei, »auf welchen auch ihr miterbauet werdet zu einer Behausung Gottes im Geist« (Eph. 2,19–22).

Der Königstitel ist hier zwar stark abgekürzt, doch mehrfach vollständig überliefert: etwa auf der Wappenzeichnung (Kat. 115), in der Hofordnung (Kat. 132) und in einer am 2. Januar 1535 erlassenen Verordnung. Dort heißt es in der Einleitung »Johann der Gerechte, König in dem Stuhle Davids«; die Datumsangabe lautet: »Gegeben durch Gott und Johann den Gerechten und König

Kat.-Nr. 114b

in dem Neuen Tempel, Diener des höchsten, heiligsten Gottes, seines Alters sechsundzwanzig, seines Reiches des ersten Jahrs, den zweiten Tag des ersten Monats, nach der Menschwerdung Jesu Christi, des Sohnes Gottes, tausendfünfhundertfünfunddreißig Jahre.« Dieser Titel ist nicht direkt der Bibel entnommen, sondern beruht vielmehr auf der Kombination einer Stelle aus der Apostelgeschichte (Kap. 15,16), nach welcher Gott die »Hütte Davids« neu zu erbauen verspricht, mit mehreren Prophezeiungen aus dem Alten Testament, die die Herrschaft eines neuen Davids voraussagen; eines Königs, der Recht und Gerechtigkeit auf Erden üben wird (Jer. 23,5). Die Formel »von Gottes Gnaden« ist den geläufigen Fürstentiteln entlehnt. »Diener Gottes« ist als Titel der Apostel im Neuen Testament mehrfach bezeugt und spielt hier auf die geistliche Macht des Königs an; vielleicht hat der päpstliche Titel »servus servorum Dei« (Diener der Diener Gottes) zur Kennzeichnung der höchsten geistlichen Gewalt Pate gestanden.

(D)

Lit.: Kerssenbroick in MGQ 6, S. 654; Tumbült, Die Wiedertäufer, Abb. 72; Geisberg, Wiedertäufer und Aldegrever S. 25; Stupperich, Schriften Rothmanns S. 273, 278, 366–367, 444, 447; J. A. Dabbs, Dei Gratia in Royal Titles, Den Haag/Paris 1971; R. Bäumer, Servus Servorum Dei, in: Lexikon für Theologie und Kirche, 2. Aufl., Bd. 9 (Freiburg 1964) Sp. 695–96.

115 Königswappen des Jan van Leiden

Federzeichnung, datiert 1534
Originalgröße 9 x 9 cm
Beschriftung: Arma regis catabaptistarum monasteriensium Westvalen/Domino
Gladius sp(irit)us – Gladius vindicte
Titulus regis Jo(hann)es de Leyden Holandinus / justus rex noui templi / a deo electus / anno sui regni / primo / aetatis sue XXVI Anno M D. 1534

British Museum, London

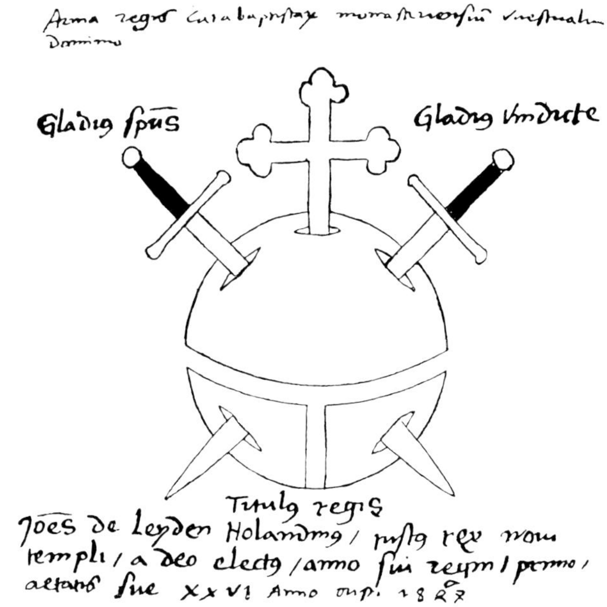

Kat.-Nr. 115

Während die übrigen Herrschaftsinsignien Jan van Leidens – Kronen, Zepter, Schwert und Königsornat – aus Beschreibungen rekonstruiert werden müssen, ist das Wappen von Abbildungen bekannt. Dazu zählen neben der vorliegenden Zeichnung der Kupferstich von und die Holzschnitte nach Aldegrever (Kat. 120–121, 124–126) sowie das Königssiegel (Kat. 114). Jan van Leiden hat den Reichsapfel mit den durchstochenen Schwertern auch als Kleinod an der Königskette getragen; ferner war das Wappen als Abzeichen auf den Prachtuniformen der Diener, der Hofbeamten und Trabanten des Königs aufgenäht.

Das Wappen nimmt Motive der römisch-deutschen Kaisersymbolik auf: Schwert und Reichsapfel. Der Reichsapfel (»der Welt Figur« nennt ihn ein gleichzeitiges Flugblatt) ist eine mit einem Kreuz besetzte Kugel und symbolisiert eigentlich als Insignie des christlichen Kaisers dessen Anspruch auf die Herrschaft über die Welt. Das Schwert ist – auch als Gerichtssymbol – Ausdruck weltlicher Macht schlechthin. In seiner Verdoppelung kann es auf eine Begebenheit zu Beginn der Belagerung zurückgeführt werden, als Jan van Leiden bei einem Kontrollgang auf den Stadtmauern vor der Stadt ein mannshohes Licht zwischen zwei Schlachtschwertern

beobachtet haben soll. Wahrscheinlicher ist jedoch der Bezug auf die »Zwei-Schwerter-Theorie« des Papstes Gelasius (vgl. Kat. 37). Danach sollten geistliches und weltliches Schwert getrennt von Papst und Kaiser geführt werden. Doch im Laufe des Streites zwischen beiden Gewalten im Hochmittelalter beanspruchte der Papst als Nachfolger des Petrus kraft göttlicher Verleihung beide Schwerter: Das weltliche Schwert verleihe der Papst als Gerichtsherr dem Kaiser mit der Auflage, es für die Kirche zu führen. So widersinnig es erscheint, daß Jan van Leiden Lehre und Symbolik des päpstlichen »Antichristen« übernahm, so soll er doch geäußert haben: »Es müsse also sein, das geistliche Schwert muß vorgehen und das weltliche nachfolgen!«
Die Beschriftung der Zeichnung als »gladius spiritus« und »gladius vindicte« – also als Schwert des Geistes und der Rache – deutet ebenfalls auf weltlichen und geistlichen Auftrag des Königs. Das Schwert der Rache (nach 3. Mose 26,25 und Jes. 1,20) meint die Bestrafung der Gottlosen und Sünder inner- und außerhalb der Stadt; das Schwert des Geistes (nach dem Epheserbrief 6,17) versinnbildlicht das Prophetenamt, dessen Vereinigung mit dem Königtum sich auch im Königszeremoniell (Kat. 111) und im Königstitel (Kat. 114) manifestiert: als zweiter David wollte Jan van Leiden zugleich König und Prophet sein.
Das Selbstverständnis Jan van Leidens als neuer David – aus der schriftlichen Überlieferung mehrfach belegt – läßt sich auch aus dem Wappenkleinod der Königskette ableiten. Auf dem Kreuz des Reichsapfels soll eine Inschrift angebracht gewesen sein: »Ein Koninck der Gerechtigkeit uberall« nach einem Bibelwort (Jer. 23,5), in dem ein Nachfolger Davids angekündigt wird, »ein König, der wohl regieren und Recht und Gerechtigkeit auf Erden üben wird«.
(D)

Lit.: Geisberg, Wiedertäufer und Aldegrever S. 18–25; P. E. Schramm, Sphaira – Globus – Reichsapfel, Stuttgart 1958; F. Merzbacher, Zwei-Schwerter-Theorie, in: LThK X (1965) Sp. 1429; Ders., Schwert in: Lexikon der christlichen Ikonographie IV, Freiburg 1972, Sp. 136–137; Stupperich, Schriften Rothmanns, S. 420.

116 Heinrich Aldegrever, Selbstbildnis

(1502–1555)
Kupferstich, monogrammiert und 1537 datiert
Bl.: 19,7 x 12,4 cm
Bartsch 189

Westfälisches Landesmuseum für Kunst- und Kulturgeschichte Münster

Heinrich Aldegrever, gebürtig aus Paderborn, arbeitete vorwiegend in Soest als Maler und Kupferstecher. Seine Bilder sind thematisch von großer Vielfalt. Besonders zahlreich sind Ornamentstiche sowie mythologische und sinnbildliche Themen. Durchweg handelt es sich um kleinformatige, minutiös durchgearbeitete Darstellungen. Beeinflußt war er von Dürer, dessen Monogramm A D bezeichnenderweise auch Vorbild für das eigene Zeichen A G war.
Nach der Eroberung Münsters in der Johannisnacht 1535 erhielt Aldegrever die Möglichkeit oder den Auftrag, die gefangenen Wiedertäufer zu portraitieren. Zwei seiner Portraitskizzen haben sich im Original erhalten (vgl. Kat. Nr. 118, 119). Die danach gefertigten Kupferstiche ragen durch Größe des Formats und künstlerische Vollendung aus dem übrigen Werk hervor (vgl. Kat. Nr. 120, 122).
Ein Jahr nach Erscheinen dieser Portraitkupfer schuf der Künstler das vorliegende Selbstportrait als Brustbild. Mit forschendem Blick schaut er den Betrachter an, so wie er als Zeichner die Täuferführer beobachtet hat. Der lateinische Text der Kartusche lautet zu deutsch:

Im Jahre 1537
Bildnis Heinrich Aldegrevers aus Soest
von ihm selbst nach dem Leben gezeichnet
als er 35 Jahre alt war

(G)

Lit.: Zschelletzschky, S. 96.

·ANNO·M·D·XXXVII·
·IMAGO· HINRICI· ALDEGREVERS·SVZATIEN·
·AB·IPSO·AVTORE·AD·VIVAM·EFFIGIE·DELINIA
·ANNO·ETATIS·SVE·XXXV·

Kat.-Nr. 116

117 Jan van Leiden und sein Hofstaat

Schwarze Kreide, mit schwarzer Kreide quadriert; Heinrich Aldegrever (?) 160 x 199 mm

Rijksprentenkabinett, Rijksmuseum Amsterdam

Jan van Leiden sitzt hinter einem Tisch, von acht Personen umgeben. Das Wappen über seinem Kopf hebt ihn deutlich hervor, ebenso Staatsgewand und königlicher Schmuck. Kleidung, Schmuck, Buch und Haltung stimmen mit Aldegrevers Portraitskizze überein. Vor dem König steht ein mit einem Maskenfries geschmückter Tisch, der die untere Körperhälfte des Königs und der benachbarten Personen verdeckt, so daß die Dargestellten im Brustbild wiedergegeben sind. Auch darin stimmt das Blatt mit der Portraitskizze überein. Rechts und links vom König befindet sich jeweils eine Frau mit Kopftuch. In Kleidung, Gestik und Anordnung erinnern sie an die traditionellen Darstellungen der Frauen unter dem Kreuz Christi. Rechts vom König, mit gefaltenen Händen, der Typ der Maria, links von ihm mit erhobenen gegeneinander gelegten Händen die Maria Magdalena vergleichbare Frau. Ist Jan van Leiden als neuer Christus dargestellt? Wahrscheinlich handelt es sich einfach um zeichnerische Unselbständigkeit. Kompositorisch verbindet die Frau in der Mitte die beiden Bildhälften: Links den König und zwei weitere Personen am Tisch, rechts eine Gruppe nackter Männer. Inmitten der nackten Männer, auf einer Bank sitzend, ein Schwertträger, wohl Bernd Knipperdolling. Zwischen ihm und dem König, die rechte Hand in Redegeste ausgestreckt, eine weitere ganzfigurige Gestalt. Wenn eine Rangordnung beabsichtigt ist, müßte es sich um den Kanzler Heinrich Krechting handeln. Warum die Männer nackt dargestellt sind ist unerfindlich. Die zeitgenössischen Quellen berichten für Münster nicht über Nudismus der Wiedertäufer. Wohl gab es dieses Verhalten in der Amsterdamer Bewegung. Dort scheint deshalb auch die Zeichnung entstanden zu sein. Die erwähnte Unselbständigkeit in der Personendarstellung sowie die zeichnerisch mäßige Leistung überhaupt machen die Zuschreibung an Aldegrever höchst fragwürdig. Die Quadrierung wurde wahrscheinlich aufgelegt, um die Zeichnung auf ein anderes Medium zu übertragen.

(G)

Lit.: Duitse Tekeningen (1400–1700) Boymans Musem, Rotterdam 1974 Appendix S 6.

Kat.-Nr. 117

Kat.-Nr. 118

118 Jan van Leiden

(um 1510–1536)
Schwarze Kreidezeichnung von Heinrich Aldegrever, z. T. rot koloriert, wahrscheinlich 1535, unsigniert und undatiert
Bl.: 27 x 23,4 cm

British Museum, London

Der König ist im Brustbild in Dreiviertelansicht dargestellt, mit klarem, ruhigem Blick nach rechts an dem Betrachter vorbeischauend. Er trägt ein Samtbarett, die hintere Partie des Kopfes ist von der Zeichnung abgeschnitten. Sein Gesicht ist länglich, aber harmonisch. Lediglich die Nase ragt etwas weit hervor. Backen, Lippen und Kinn rahmt ein gestutzter blonder Bart. Die Unterlippe erscheint leicht vorgeschoben und sinnlich voll. Bekleidet ist Jan van Leiden mit einem weiten, faltigen Mantel, dessen steif abstehender Kragen einen breiten, tiefen Brustausschnitt mit fein gefälteltem Hemd und gekräuselter Halsborte freigibt. Auf dem Hemd eine Halskette, um deren Glieder unten jeweils zwei Münzen gebogen sind und an der ein Ziergerät hängt. Es handelt sich um ein Jagdpfeifchen mit einer Art Taschenmesser daran. Über dem Mantel hängt eine weitere Kette. Ihre Glieder bestehen aus großen Ringen. Unten halten sie das bekannte Emblem des Königs, einen Reichsapfel, von zwei Schwertern durchbohrt. Die Unterarme ragen aus dem Gewand hervor. Sie stecken in Damastärmeln mit florealem Muster. Die rechte Hand stützt sich auf ein Buch, die linke hält eine Schriftrolle, auf der die Großbuchstaben A B C zu erkennen sind. (Der Augenzeuge Gresbeck berichtet, daß der König sich das Recht vorbehalten habe, den neugeborenen Kindern Namen in der Reihenfolge des Alphabets zu verleihen; s. Kat.-Nr. 123)

Die Zeichnung ist ganz mit schwarzer Kreide ausgeführt. Ohr, Stirn und Wange sind leicht mit roter Kreide übergangen. Die Lippen sind kräftig rot. Das Rot erhöht sehr die Lebendigkeit der Darstellung. Sie bestätigt die schriftliche Überlieferung, daß Jan van Leiden ein gutaussehender Mann war. Sein Blick läßt die Entschlossenheit ahnen, mit der er seine Macht ausübte. Als Vorlage für den Kupferstich genügte die schwarze Kreidezeichnung. Es scheint, daß der Künstler sie später mit Rot anlegte, um das Bildnis zu verlebendigen und so seinen Eigenwert zu erhöhen. Ein Nachbesitzer hat die Zeichnung ausgeschnitten und auf ein anderes Blatt aufgelegt. In diesem Zusammenhang steht wohl die Beschädigung am Hinterkopf und die Ergänzung einer schmalen Partie am linken seitlichen Bildrand.

Warum und wann ist die Zeichnung angefertigt worden? Max Geisberg hat in seiner nachstehend zitierten Studie wahrscheinlich gemacht, daß Aldegrever im Auftrag von Franz von Waldeck handelte. Dieser ließ den gefangenen König zusammen mit Bernd Knipperdolling und Bernd Krechting durchs Land führen, um das Ende des Täuferreiches augenfällig zu demonstrieren. Die Portraits sollten dem gleichen Zweck dienen. Aldegrever erschien geeignet, sie in Kupferstichen zu verbreiten. Er zeichnete die Portraits kurz nach Eroberung der Stadt in den ersten Julitagen des Jahres 1535. Jan van Leiden war damals 26 Jahre alt.

(G)

Lit.: Geisberg, Wiedertäufer und Aldegrever, S. 26ff., Tafel III; Shestack S. 141 ff.

119 Bernd Krechting

(† 1536)
Schwarze Kreidezeichnung von Heinrich Aldegrever, z. T. rot und ocker koloriert, um 1535, unsigniert und undatiert
Bl.: 26,5 x 18,2 cm

Stiftung Preußischer Kulturbesitz, Kupferstichkabinett Berlin

Dargestellt ist ein Mann mittleren Alters im Brustbild, mit ineinandergelegten Händen, den rechten Arm auf eine Brüstung gestützt. Er trägt einen Vollbart nach der Mode der Zeit, so wie ihn auch Jan van Leiden und Bernd Knipperdolling auf den Portraits von Aldegrever tragen. Das Kopfhaar ist auf halber Ohrhöhe gestutzt. Beherrscht wird das Gesicht von den Augen, die forschend auf den Betrachter gerichtet sind. Die leichten Kurvaturen der länglichen Nase sind durch deutliche Umrißlinien betont. Der Mund ist geschlossen, mit vollen Lippen. Insgesamt ein feines, durchgeistigtes Gesicht. Der Mantel (Schaube) ist mit einem Pelzkragen besetzt;

Kat.-Nr. 119

er gibt ein gefälteltes Hemd frei. Den Kopf bedeckt ein Barett. Die Zeichnung des Kopfes und des Brustausschnittes ist genauer ausgeführt, in den übrigen Bereichen mehr konturenhaft. Am unteren Bildrand befindet sich ein unleserlicher Schriftzug. Die Zeichnung ist von schwarzer Kreide; Mund und Wangen sind rot, der Pelzkragen bräunlich angelegt.
Unbestritten ist, daß Aldegrever dieses Bildnis gezeichnet hat. In Zusammenhang mit den Wiedertäuferportraits wurde es aber bisher noch nicht gesehen. Der Vergleich mit der vorhergehenden Londoner Portraitskizze des Jan van Leiden erbringt jedoch eine Fülle von Parallelen: beide Male ein Dreiviertelportrait kompositorisch ähnlich angelegt, gezeichnet in der gleichen Technik und Kolorierung, mit den gleichen schwarzen und roten Kreiden. Die Proportionen des Gesichtes sind identisch. Vom Bartansatz bis zum Scheitel z. b. sind es jeweils 9,6 cm, das rechte Auge mißt längs 1,3 cm. Weitere Proportionsvergleiche werden durch den einzigen wesentlichen Unterschied in der Darstellung erschwert. Der Blick ist auf den Betrachter gerichtet, während Jan van Leiden halb abgewendet vorbeischaut. Im übrigen ist die Ähnlichkeit der beiden Portraits eindeutig und damit ein sachlicher Zusammenhang anzunehmen. Aldegrever zeichnete von den gefangenen Wiedertäufern nicht nur Jan van Leiden. Daß er auch Knipperdolling zeichnete, ist sicher, weil es den entsprechenden Kupferstich gibt, wenn auch die Zeichnung verschollen ist. Wegen der aufgezeigten Übereinstimmungen in Komposition und Proportion drängt sich die Vermutung auf, daß es sich bei der vorliegenden Zeichnung um ein weiteres Wiedertäuferportrait handelt. Wer ist dann aber der Dargestellte? In Frage kommt vor allem Bernd Krechting. Jan van Leiden, Knipperdolling und Bernd Krechting galten nach der Eroberung der Stadt als prominenteste Gefangene. Ihre Leichen wurden nach der Hinrichtung in den Käfigen am Lambertiturm ausgestellt. Es wäre in der Tat seltsam, wenn Aldegrever diesen dritten Hauptgefangenen nicht dargestellt hätte. Die Vermutung wird weiter verstärkt, wenn man davon ausgeht, daß diese Zeichnung ebenso wie die Zeichnung des Jan van Leiden als Vorzeichnung zu einem Kupferstich diente oder dienen sollte. In den Ecken lassen sich tatsächlich Einstechlöcher feststellen, die von dem Pausvorgang, d. h. der Übertragung der Zeichnung auf eine Kupferplatte, herrühren müssen. Der Kupferstich ist im Verhältnis zur Zeichnung spiegelverkehrt. Stellt man die photographisch spiegelverkehrte Zeichnung mit dem Kupferstichportrait Knipperdollings zusammen, so ist das Ergebnis verblüffend. Die beiden Blätter schließen sich zu einer Gesamtkomposition, wenn man Krechting rechts und Knipperdolling links anordnet. Eindeutig erscheint dann Krechting als Pendant zu Knipperdolling. Dieser schaut von links, jener von rechts, wobei jeweils die äußere Schulter aufgestützt ist, um die Komposition zu schließen. Die Ähnlichkeit in der Art, wie beide die Hände ineinanderlegen, ist nicht zu übersehen. Ebensowenig die Streifen der Mäntel, die jeweils kompositorisch zur Mitte laufen. Wenn aber diese Portraits als Pendants gedacht waren, so fragt sich, ob es auch ein Pendant zum Portrait Jan van Leidens gab. Es sei die These gewagt, daß der Holzschnitt der Königin Divara (Kat. Nr. 127) auf einen verschollenen Kupferstich bzw. eine verschollene Zeichnung zurückgeht. Auf Seite 12 ist eine photographische Spiegelverkehrung des Holzschnittes neben das Kupferstichportrait des Königs gesetzt. Das Ergebnis ist wiederum eine kompositorische Einheit. Wenn der Augenschein nicht trügt, hat also Aldegrever vier Portraits angefertigt, wobei der König und die Königin aufeinander bezogen waren wie auch Knipperdolling und Krechting.
Bernd Krechting wurde vor 1500 in Schöppingen als Sohn des Stadtschreibers Engelbert Krechting geboren. Er erhielt, wie seine fünf Brüder, höhere Schulbildung, wurde Geistlicher, Hauslehrer beim Grafen in Bentheim und erhielt eine Pfarrstelle zu Gildehaus in der Grafschaft Bentheim. Als er dort wiedertäuferische Lehren verkündete, wurde er entlassen. Er zog mit vielen, die er überzeugt hatte, nach Münster. Dort wurde er einer der täuferischen Prädikanten. In der Hofordnung des Jan van Leiden rangiert er als Rat. Bekannter war und ist sein Bruder Heinrich Krechting, der Kanzler des Wiedertäuferreichs. Dieser entging jedoch der Gefangennahme, während Bernd Gefangenschaft und qualvolles Ende wohl auch stellvertretend für seinen Bruder auf sich nehmen mußte.
(G)

Lit.: R. Fritz, Ein Selbstbildnis Heinrich Aldegrevers, in: Berliner Museen, N. F. 10, 1961, S. 15–17 (mit anderer Deutung; dort weitere Literaturangaben); Shestack S. 141ff.

120 Jan van Leiden

(um 1510–1536)
Kupferstich von Heinrich Aldegrever (1. Zustand), signiert und 1536 datiert
Bl.: 30,5 x 23 cm, randbeschnitten

Stadtmuseum Münster

Das Kupferstichportrait entspricht im ganzen der gezeichneten Studie. Im einzelnen aber gibt es zahlreiche Abweichungen. Auffällig ist zunächst die im Verhältnis zur Zeichnung spiegelverkehrte Wiedergabe; sie ist drucktechnisch bedingt. Auch ist der Kupferstich sehr viel sorgfältiger ausgeführt. Das ist verständlich, wenn man bedenkt, daß die Zeichnung während einer »Sitzung« mit der Kreide skizziert, die Kupferplatte aber in monatelanger Arbeit mit feinem Stichel graviert wurde.
Die hauptsächlichen Abweichungen sind inhaltlich. Hinzugekommen ist oben und unten eine Inschrift. Die obere benennt den Dargestellten: IOHANN · VAN · LEIDEN · KONINCK DER · WEDERDOPER · THO · MONSTER mit dem Zusatz WAERHAFTICH · CONTER, was soviel heißt wie »wahrheitsgetreues Portrait«. Hinzugefügt ist auch links oben das Königswappen, ein durchscheinender Reichsapfel, in dem zwei Schwerter stecken. Darüber die Königskrone, dahinter eine Schriftrolle mit dem Alphabet. Das Alphabet wird links mit dem Buchstaben E sichtbar und endet rechts mit dem T. Es schließt sich somit an die Buchstaben D E an, die auf der Schriftrolle in der Hand zu lesen sind. Die Schwerter sind Symbole der geistlichen und der weltlichen Gewalt. Sie drücken allumfassende, modern gesprochen totalitäre Gewalt aus und zwar, wie die durchstoßene Weltkugel andeutet, als globalen Herrschaftsanspruch.
In seinem linken Arm trägt der König ein spätgotisch geformtes Szepter. Es fehlt auf der Zeichnung. Die Inschrift auf der Brüstung ist in Lateinisch, Griechisch und Niederdeutsch abgefaßt. Sie lautet, ins heutige Hochdeutsch übertragen: »Dieses war (mein) Antlitz, dies das Staatsgewand, als ich das Szepter führte; ich, König der Wiedertäufer, aber nur für kurze Zeit. Heinrich Aldegrever aus Soest fertigte (den Stich) im Jahre 1536«. Schließlich der Wahlspruch Jan van Leidens: »Gottes Macht ist meine Kraft«. Aldegrever hat sich durch sein Monogramm A. G. unter dem Wappen als Künstler bezeichnet.
Es fällt auf, daß der Gesichtsausdruck auf dem Kupferstich abwesend, sinnend erscheint, während er doch auf der Zeichnung selbstbewußt und kraftvoll ist. Max Geisberg sah darin einen Mangel, den er beklagte und auf das Unvermögen Aldegrevers zurückführte, die Vorlage exakt auf die Kupferplatte zu übertragen. Es entging ihm die von Aldegrever gemeinte Deutung des Blattes. Sie kommt im Text zum Ausdruck. Nur kurze Zeit war Jan van Leiden König und führte das Szepter. » . . . set breve tempus ego« heißt es nachgestellt und damit deutlich betont. Wie wesentlich dem Künstler diese Stelle war, zeigt auch, daß er auf dem Kupferstich das hier erwähnte Szepter hinzufügte. Die zeitliche Begrenztheit von irdischer Macht und von Glück und seine Vergänglichkeit, das ist das hintergründige Thema des Blattes. Jeder Mensch hat es in irgend einer Form einmal erfahren. Das Schicksal Jan van Leidens soll den Betrachter anregen, über die Wandelbarkeit des Glücks nachzudenken. Es mag sich sogar Mitgefühl einstellen. Auch wenn er die früheren Taten des Königs nicht billigt, so rührt es ihn doch an, hier einen Menschen zu sehen, der sich eben noch als König gebärdete und nach der Weltherrschaft griff, nun aber in der Gefangenschaft auf den qualvollen Tod auf dem Schafott wartet. Der Blick, den Jan van Leiden an dem Betrachter vorbei sinnend ins Leere richtet, entspricht dieser Deutung.
Das Blatt wurde 1979 für das Stadtmuseum erworben. Es ist der einzige erhaltene Abzug von der originalen Platte. Er war bisher unbekannt.

(G)

Lit.: R. Fritz, Heinrich Aldegrevers Kupferstich »Jan van Leiden« als Vanitas-Symbol, in: Zeitschrift Westfalen 47 (1969), S. 134–143; H. Galen, Neuentdeckt in London: Jan van Leiden, in: Auf Roter Erde, Nr. 222, 1979; Geisberg, Wiedertäufer und Aldegrever S. 27.

CHAN·VA·LEIDEN·EY·KONINCK·DER·WEDERDOPER·
·THO·MONSTER·WA ERHAFTICH·GOTER·
HÆC·FACIES·HIC·CVLTVS·ERAT·CV·SEPTRA·TENE
REX·αναβαπτισων·SET·BREVE·TĒPVS·EGO·
HENRICVS·ALDEGREVER·SVSATIĒ·FACIEBAT·
·ANNO·M·D·XXXVI·
GOTTES·MACHT·IST·MYN·CRACHT·

Kat.-Nr. 120

121 Jan van Leiden

(um 1510–1536)
Kupferstich von Heinrich Aldegrever (2. Zustand), signiert und 1536 datiert
Bl.: 31,3 x 23,3 cm, randbeschnitten
Bartsch 182

Westfälisches Landesmuseum für Kunst und Kulturgeschichte, Münster

Exemplare dieses Kupferstichs haben sich in einigen öffentlichen Sammlungen erhalten und sind durch Fotos bekannt. Nach ihnen hat man sich bisher im wesentlichen eine Vorstellung des Jan van Leiden gemacht. Der Vergleich mit dem 1. Zustand zeigt, daß dieser Kupferstich wesentlich schwächer im Abdruck ist und weniger nuanciert. Es handelt sich um einen späten Abzug von der bereits abgenutzten Platte. Bei näherer Untersuchung stellt man fest, daß diese überarbeitet wurde, damit sie überhaupt noch Schwärze annahm. Der Hintergrund rechts zeigt verstärkende Schraffuren. Beim Nachziehen der Augenpartie ist etwas Schlimmes geschehen. Das rechte Auge schaut jetzt tiefer als das linke und erscheint schlitzförmig. Der Gesichtsausdruck wurde dadurch gestört. Im Text der Brüstung erscheinen zwei Korrekturen. In der ersten Zeile links oben findet sich ein zusätzliches REM. Es verdeutlich die Lesung von TENE zu TENEREM. In der zweiten Zeile heißt es jetzt SED statt SET.
Es ist nicht anzunehmen, daß die Änderungen von Aldegrever stammen. Dafür sind sie zu ungelenk.
(G)
Lit.: Geisberg, Wiedertäufer und Aldegrever, S. 27–28, Tf. II; Zschelletzschky S. 92–94; Hollstein 1, S. 80.

122 Bernd Knipperdolling

(um 1490–1536)
Kupferstich von Heinrich Aldegrever, monogrammiert und 1536 datiert
Bl.: 31,5 x 23 cm, randbeschnitten
Bartsch 183

Stadtmuseum Münster, Verein Münster Museum e. V.

Knipperdolling schaut wie resigniert nach rechts am Betrachter vorbei ins Leere. Ein weiter Mantel, dessen breite abwechselnd helle und dunkle Streifen von den Seiten auf die ineinandergelegten Hände laufen, umhüllt seinen Oberkörper. Nur ein kleiner Brustausschnitt mit gefälteltem Hemd ist freigelassen. Den Kopf bedeckt ein Barett. Haar und Bart sind im Stil der Zeit breit gestutzt, ähnlich wie auf dem Portrait Jan van Leidens. Rechts neben dem Kopf erscheint ein Wappen. Aus einer Wolke ragt ein Schwert, Hinweis auf Knipperdollings Amt als oberster Scharfrichter im Wiedertäuferreich. Es ist die linke Faust, die das Schwert hält, nicht wie üblich die rechte. Man mag das als Spiegelverkehrung der Vorzeichnung erklären, es bleibt aber ungewöhnlich, weil man normalerweise doppelt spiegelte, um eine solche Verkehrung zu vermeiden. Wahrscheinlich unterlag die Darstellung dem Zwang der kompositorischen Angleichung an das zugeordnete Gegenbildnis. Diese Zuordnung findet sich im ganzen Bildaufbau, wie der Vergleich mit dem Portrait Jan van Leidens zeigt: der gleiche Wechsel von Schrift und Bild, der gleiche Portraitausschnitt, die gleichen Proportionen, die Zuordnung von Wappen und Monogramm.
Die Überschrift benennt den Dargestellten mit dem Zusatz WAERHAFTICH GEKONTERFET (= wahrheitsgetreues Abbild) und dem Hinweis, daß er »einer der zwölf Herzöge zu Münster« gewesen sei. Dieser Hinweis ist sachlich falsch. Man mag daraus entnehmen, daß Aldegrever mit den inneren Verhältnissen des Wiedertäuferreiches nicht genau vertraut war. Die untere Kartusche enthält eine lateinische Inschrift, die zu deutsch frei übersetzt lautet: »Allen bekannt, war ich, Knipperdolling von dieser Gestalt, als ich noch wohlbehalten lebte. Heinrich Aldegrever aus Soest schuf das Bild 1536.« Die Inschrift macht eindeutig klar, daß dieser Kupferstich und auch das Gegenstück nach der Hinrichtung der Täuferführer erschien.
(G)
Lit.: Zschelletzschky S. 94–95.

IOHAN·VĀ·LEIDEN·ĒY·KONINCK·DER·WEDERDOPER·
THO·MONSTER·WA ERHAFTICH·CŌTER·
HÆC·FACIES·HIC·CVLTVS·ERAT·CV̄·SEPTRA·TENE·
HENRICVS·ALDEGREVER·SVSATIĒ·FACIEBAT·
·ANNO·M·D·XXXVI·
GOTTES·MACHT·IST·MYN·CRACHT·

Kat.-Nr. 121

WAERHAFTICH·GEKONTERFET·BERNT·KNIPPERDOLLICK
DER·XII·HERTOGEN· EYN·THO·MONSTER·
IGNOTVS·NVLLIS·KNIPPERDOLLINGIVS·ORIS·
TALIS·ERA·SOSPES·CVM·MIHI·VITA·FORET·
HINRICVS·ALDEGREVER·SVSATIE·FACI
1536

Kat.-Nr. 122

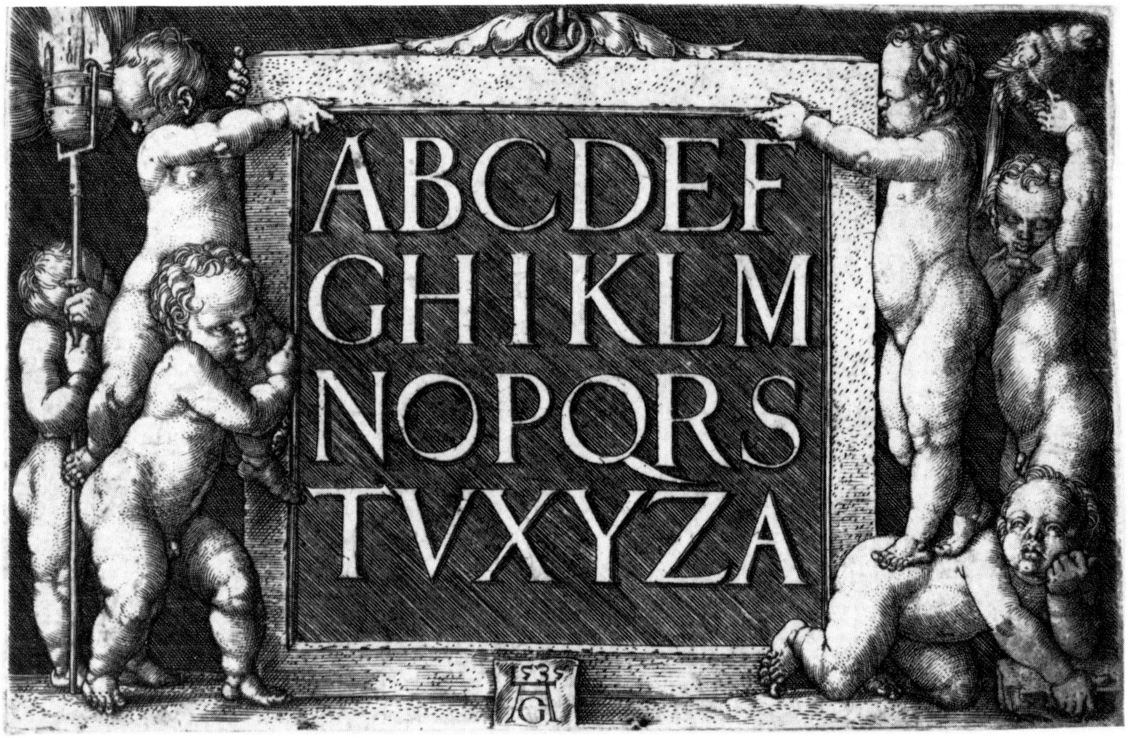

Kat.-Nr. 123a

Kat.-Nr. 123b

123 Zwei Alphabettafeln

a. Von Kindern gehaltene Kartusche mit dem Alphabet,
   Kupferstich von Heinrich Aldegrever,
   monogrammiert und 1535 datiert
   Bl.: 7,6 x 12,1 cm
   Bartsch 250
   Westfälisches Landesmuseum für Kunst und Kulturgeschichte, Münster

b. Von Putten gehaltene Kartusche mit dem Alphabet,
   Kupferstich von Heinrich Aldegrever um 1535,
   monogrammiert und undatiert
   Bl.: 12,2 x 7,4 cm, randbeschnitten
   Bartsch 206
   Stadtmuseum Münster

Die beiden Alphabettafeln Aldegrevers sind noch nie in Zusammenhang mit dem Thema Wiedertäufer gesehen worden. Und doch deutet einiges darauf hin, daß Aldegrever zu ihnen angeregt wurde, als er den Kupferstich Jan van Leidens schuf. Schon die Datierung des Alphabets mit den sechs spielenden Kindern auf 1535 gibt einen Hinweis. Es ist genau das Jahr, in dem der Künstler am Portrait des Wiedertäuferkönigs arbeitete. Dort taucht das Alphabet gleich zweimal auf: Der König hält eine Alphabetrolle in der Hand, eine andere umflattert sein Wappen. Es wird damit auf das Vorrecht hingewiesen, das der König sich nahm, die neugeborenen Kinder mit Namen in der Reihenfolge des Alphabets zu benennen. Hier umspielen Kinder bzw. kindliche Putten die Alphabettafeln, deutliche Hinweise auf das königliche Recht der Namengebung.
(G)
Lit.: Hollstein 1, S. 96, 117; Zschelletzschky S. 188.

124 Jan van Leiden

(um 1510–1536)
Holzschnitt, anonym, 1. Hälfte 17. Jahrhundert
Bl.: 27,5 x 25,2 cm
Hollstein 1, S. 144

British Museum, London

Kat.-Nr. 124

Der König ist im Brustbild dargestellt. Auf dem Kopf, der im Profil gegeben ist, trägt er ein Barett, mit nach links heruntergezogener Krempe. Auf dem Barett eine flache Krone, deren Schmuck aus einer Folge regelmäßig angeordneter Blätter besteht. Die Kleidung besteht aus einem gefältelten Hemd, das am Hals von einer reich verzierten Kragenborte umschlossen ist. Darüber trägt er ein unverziertes, kragenloses Wams, von der Königskette sind nur die Kettenglieder, nicht aber der Anhänger zu sehen. Rechts oben das Wappen, ein von zwei Schwertern durchstoßener Reichsapfel. Darunter sein Wahlspruch: »Gottes Macht ist myn Cracht (Kraft).« Die Gesichtszüge Jan van Leidens wirken im Vergleich mit dem von Aldegrever gestochenen Portrait gröber und plumper. Schon die Kontur mit der kräftig hervortretenden Nase, der zurückgenommenen, hohen Stirn, geben dem Antlitz einen veränderten Ausdruck. Vor allem sind es aber die Zeichnung der Augenpartie sowie die Falten im Bereich des Halses, der Wange und der Stirn, die uns das Gesicht gröber erscheinen lassen. Weitgehend sind diese Veränderungen auf den Holzschnitt zurückzuführen, der im Vergleich zum Kupferstich nicht so nuancenreich wiederzugeben vermag.

Die Königskrone erscheint auf Aldegrevers Kupferstich nicht. Daß Jan van Leiden tatsächlich seine Krone in Verbindung mit einem Hut trug, beschreibt Gresbeck: »der koninck hadde ein gulden krone up seinem hoevet. Dieselbe krone war twe hand briet hoch. Die Krone hadde hei up einen hoit gesat, dat der koninck sehr kostlick was.« Jan van Leiden besaß, wie Dorpius und Gresbeck berichten, zwei Kronen. Die oben genannte Krone war »twe hand briet hoch« und dreifach ausgebildet, bei der anderen handelte es sich um eine schmalere einfache Krone. Diese schmale Krone ist auf dem Holzschnitt dargestellt.
Die zahlreichen zeitgenössischen Holzschnittbildnisse, die den König Jan van Leiden darstellen, sind untereinander verschieden. Zu einer Gruppe von vier sich ähnelnden Holzschnitten zählt dieses Blatt aus London. Eine fast identische Kopie befindet sich in Amsterdam. Die Tatsache, daß alle existierenden Holzschnittportraits den König im Profil zeigen und somit von Aldegrevers Kupferstich, der den König in Dreiviertelansicht zeigt, abweichen, läßt auf eine vom Kupferstich unabhängige Holzschnittvorlage schließen. Wie aus den Inschriften der nachfolgend behandelten Wandereysen-Holzschnitte hervorgeht, muß sie von Aldegrever stammen. Geisberg sah sie zumindest für einen Teil der Bildnisse, in diesem Holzschnitt, den er Aldegrever zuschrieb. Wegen der für Aldegrever zu geringen Qualität ist das zu bezweifeln.
(Gr)

Lit.: Geisberg, Wiedertäufer und Aldegrever, S. 33f., S. 46ff., Tf. X; Gresbeck in MGQ 2, S. 87; T. Musper, Der Holzschnitt in fünf Jahrhunderten, Stuttgart 1944, S. 242.

Kat.-Nr. 125

125 Jan van Leiden

(um 1510–1536)
Holzschnitt, Hans Guldenmundt, 1535
Bl.: 40 x 27,5 cm

Westfälisches Landesmuseum für Kunst und Kulturgeschichte Münster

Der Holzschnitt ist ein weiteres Beispiel für die zahlreichen Varianten innerhalb der Reihe der Profilbildnisse. Im Vergleich mit dem Londoner Holzschnitt werden Unterschiede, nicht nur in der Kleidung, sondern auch im Aufbau und im Ausdruck des Antlitzes deutlich.
Der Kopf ist nicht aufrecht, sondern leicht nach oben geneigt. Auch das Auge blickt deutlich nach oben. Das Kinn ist vorgeschoben. Die Festigkeit und Entschlossenheit im Ausdruck, die der Londoner Holzschnitt vermitteln konnte, verliert sich dadurch. Die Binnenzeichnung, die die Gesichtszüge wiedergibt, erscheint, obwohl in der Schraffierung feiner, im Ganzen wenig gelungen. Der Bereich zwischen Wangenknochen und Nase z. B., der durch zwei tiefe Furchen gekennzeichnet ist, wirkt fast entstellend.
Die Kleidungsstücke sind feiner und stofflicher wiedergegeben, als auf dem Londoner Holzschnitt. Auf das feine schmale Barett ist der Kronreif gelegt. Diese Kopfbedek-

kung ist deutlich anders als auf dem Londoner Holzschnitt. Das gleiche gilt für das Wams. Engste Verwandschaft zeigt Guldenmundts Portrait zu einigen erhaltenen Münzportraits sowie zu deren Buchsbaumvorlage im British Museum, London.
Hinzuweisen ist noch auf die Überschrift: »Diss ist die warhafftige gestalt und figur des Münsterischen Königs, des handwercks ein Schneyder, seines alters im XXVI. jar., Mit person, farb, kleydung und wappen, wie hie steet, Welchen der Bischoff gefangen und noch gefengklich enthelt, denselben auch also hat abconterfeen lassen, auch etlichen Fürsten und Herren zugeschickt, Ist gemelter König seer trutziger Wort etc. Es waiss auch noch niemand, wie es jm ergeen oder was mit ihm angefangen werden würdt.« Daraus geht eindeutig hervor, daß das Blatt noch während der Haft Jan van Leidens, also wahrscheinlich im Jahre 1535 gedruckt wurde. Da nicht anzunehmen ist, daß der Nürnberger Drucker Guldenmundt oder dessen Formschneider den König selbst portraitierte, hat wahrscheinlich auch hier eine Vorlage Aldegrevers vorgelegen. Auf die Existenz einer solchen Vorlage läßt ja die Überschrift im Holzschnitt Wandereysens (Kat. Nr. 126) schließen. Der Text enthält noch eine weitere wichtige Information, nämlich daß der Bischof Auftraggeber für ein, dem Holzschnitt zugrundeliegendes Portrait war.
Aldegrever entschied sich für den Holzschnitt, weil die Holzschnittechnik eine schnellere Ausführung und somit eine schnellere Verbreitung des Portraits möglich machte. Die mühsame Arbeit an einem Kupferstich hätte lange Monate erfordert.
(Gr)
Lit.: Geisberg, Wiedertäufer und Aldegrever, S. 37 ff., S. 49 ff., S. 55 ff, Tf. VII.

126 Jan van Leiden

(um 1510–1536)
Kolorierter Holzschnitt nach Heinrich Aldegrever, um 1535 oder 1536, undatiert, gedruckt von Hans Wandereysen, Nürnberg
Bl.: 43,5 x 29,5 cm
Hollstein 1, S. 145

Westfälisches Landesmuseum für Kunst und Kulturgeschichte, Münster

Kat.-Nr. 126

127 Gertrud van Utrecht

(um 1511–1535)
Kolorierter Holzschnitt nach Heinrich Aldegrever, um 1535 oder 1536, undatiert, gedruckt von Hans Wandereysen, Nürnberg
Bl.: 43,3 x 30,5 cm
Hollstein 1, S. 145

Westfälisches Landesmuseum für Kunst und Kulturgeschichte, Münster

Die beiden Portraits, von Hans Wandereysen in Nürnberg gedruckt, sind »gantz warhafftig abkonterfeyt durch A. G.« (= Aldegrever), wie die Überschrift sagt. Dieser Text liefert den Beweis für die Existenz einer Vorlage von

Gerdrudt von Utrecht der widertauffer zu Münster
Künigin gantz warhafftig abkonterfeyt. durch A.G.

Gedrückt zu Nürnberg durch hans Wandereysen.

Kat.-Nr. 127

Heinrich Aldegrever, die der Formschneider dieser Holzschnitte verwendete. Der König, in Halbfigur dargestellt, trägt einen Harnisch. Auf dem Kopf trägt er einen Hut mit der Krone darauf. Im Unterschied zu den anderen beiden Portraits handelt es sich hier nicht um ein Barett, sondern um eine strohhutähnliche Kopfbedeckung, die die Unterlage für die Krone bildet. Auffällig und deutlich unterschiedlich in bezug auf die anderen beiden Portraits ist die Physiognomie mit der langgestreckten Nase und der noch weiter vorgeschobenen unteren Gesichtshälfte. Auch die Wiedergabe des Oberkörpers in deutlicher Dreiviertelansicht unterscheidet diesen Holzschnitt von den beiden anderen.

Bei dem Harnisch handelt es sich um einen sogenannten Mailänder Harnisch mit Rüsthaken an der rechten Seite zum Einlegen des Rennspießes. Wandereysen hat ihn nach einem Holzschnittportrait Hans Brosamers, das Philipp von Hessen darstellt, kopiert.

Sucht man Vergleichsbeispiele innerhalb der Holzschnittbildnisse, die den König darstellen, so stellt man fest, daß die auffällige Physiognomie mit der langgestreckten Nase und auch der breitkrempige Hut in ähnlicher Weise im Titelholzschnitt des »Wahrhafftigen Berichts ...«, einer Geschichte der Wiedertäuferunruhen, auftauchen (Kat. Nr. 172). Ob dieses Portrait von Wandereysens Darstellung abhängt, oder ob beide direkt auf Aldegrevers Vorlage zurückgehen, läßt sich nicht feststellen.

Das als Pendant zum vorhergehenden Holzschnitt gearbeitete Bildnis der Königin ist das einzige authentische Portrait. Obwohl in der Überschrift Gertrud von Utrecht genannt ist, muß es sich um Divara von Haarlem handeln, da sie in den Quellen allein Königin genannt wurde, während die anderen 15 Frauen des Jan van Leiden bei Gresbeck als »der königkinnen underfrowen« bezeichnet werden. Divara von Haarlem war bekanntlich die Gattin des Jan Matthys, bevor Jan van Leiden sie nach dessen Tod im April 1534 heiratete. Als Königin ist Divara von Haarlem durch eine winzige Krone gekennzeichnet. Vergleicht man das Portrait mit demjenigen des Jan van Leiden, so erscheinen ihre Züge sehr viel schematischer. Es stellt sich die Frage, ob Heinrich Aldegrever wegen der frühen Hinrichtung der Königin (7. Juli) sie nicht mehr portraitieren konnte und daß Wandereysen nur ein Phantasieportrait Aldegrevers vorlag. Eng an sein Vorbild hat sich Wandereysen jedenfalls gehalten. Das beweist die Kleidung der Königin. Aldegrever hat sie wörtlich aus seiner Kupferstichfolge „Joseph und Potiphars Weib" übernommen.

Interessant ist noch das Wappen der Königin, das neben dem von Schwertern durchbohrten Reichsapfel, heuschreckenartige Tiere mit Krone, Löwenzähnen, langen Haaren und Skorpionschwänzen zeigt. Genauso werden die Heuschrecken beschrieben, die in der Apokalypse (9,3–10) von Gott auf die Erde gesandt werden, um die Menschen zu quälen. Geisberg vermutet, daß es sich hier um das Wappen ihres ersten Mannes, des Jan Matthys handelt, das sonst nirgends überliefert ist.

(Gr)

Lit.: Gresbeck in MGQ 2, S. 83; Geisberg, Wiedertäufer und Aldegrever, S. 41–45, Tf. VIII u. IX.

128 Bernd Knipperdolling

(um 1490–1536)
Holzschnitt von Wolfgang Resch nach Heinrich Aldegrever, um 1536, undatiert, gedruckt von Hans Wandereysen, Nürnberg
Bl.: 33,3 x 28 cm

Westfälisches Landesmuseum für Kunst und Kulturgeschichte, Münster

Das dritte von Hans Wandereysen gedruckte Wiedertäuferportrait zeigt Bernd Knipperdolling. In einem Exemplar dieses Holzschnitts, das sich in Coburg befindet, ist Wolfgang Resch als Formschneider für das Portrait genannt. Von unserem Exemplar ist die Signatur abgeschnitten.
Vorbild scheint Aldegrevers Kupferstichportrait Knipperdollings gewesen zu sein. Ähnlich wie dort ist Knipperdolling in Dreiviertelansicht dargestellt. Das Antlitz, die aufrechte Körperhaltung, die ineinandergelegten Hände, wie auch die Kleidung, sind fast identisch. Auch das Wappen ist vom Kupferstichportrait übernommen und an gleicher Stelle angeordnet.
Es stellt sich die Frage, ob die beiden vorhergehenden Portraits, die ebenfalls bei Hans Wandereysen gedruckt wurden, auch von Wolfgang Resch geschnitten worden sind. Der Vergleich zeigt aber unterschiedliche Techniken. Besonders in den Gesichtern läßt sich das gut ablesen. Während im Antlitz Jan van Leidens die Gesichtszüge durch einfache, parallele Linien wiedergegeben sind, wird das Antlitz Knipperdollings durch komplizierte, sich kreuzende und umbiegende Linien geformt. Das Antlitz wirkt dadurch portraithafter. Die Frage nach dem Formschneider für die beiden vorhergehenden Portraits muß also offenbleiben.
(Gr)
Lit.: Geisberg, Wiedertäufer und Aldegrever, S. 56, Tf. XV.

129 Staatskette

Kette mit Goldabschlag einer Wiedertäufermünze
Länge: 120 cm; Ø der Münze 48 mm (Geisberg 7)

Leihgabe aus Privatbesitz

Königsherrschaft bedeutete mehr als die Herrschaft eines Einzelnen (Monarchie): Ein König hatte Autorität und Würde auszustrahlen, die an seinem »königlichen« Auftreten jedermann sichtbar sein sollte. So ließ Jan van Leiden sich und seinen Hofstaat prächtig ausstaffieren. Wenn sich der König der Öffentlichkeit zeigte, erschien er »köstlich ausgerüstet mit Samt- und Seidenkleidern und mit goldenen Ketten und mit goldenen Ringen an seinen Fingern«. Er hatte »viele goldene Ketten, die er um den Hals trug«. An der Hauptkette hing sein Wappenkleinod, ein Reichsapfel mit zwei durchgesteckten Schwertern (s. Kat. 115). Er »trug auch Seidenschnüre um den Hals, darum war das schönste Gold gebogen, das in der Stadt war, von Dukaten und Rosennobeln und Engellotten und Kronen und Goldgulden«.
Die vorliegende Kette aus altem münsterischen Adelsbesitz, die der Überlieferung nach von Jan van Leiden getragen worden sein soll, ist zwar in dieser Form mit einer Münze als Anhänger nirgends beschrieben, kann jedoch ebensogut eine der anderen »vielen goldenen Ketten« gewesen sein. Auch die hohen Beamten des Königs trugen Ketten als Abzeichen ihrer Würde (s. Kat. 129).
Der Luxus, den der König mit seinem aufwendigen Auftreten entfaltete, widersprach dem bisher gültigen Armuts- und Schlichtheitsideal. Gresbeck illustriert dies am Beispiel der »durchschnittenen Kleider«, die als besonders luxuriös galten, weil durch die Schnitte im Stoff das kostbare Futter sichtbar wurde (vgl. Kat. 122): »Zuerst, als sie die Taufe begannen, da hatten sie keine durchschnittenen Kleider. Dieselben Kleider wären nach der Welt und nach dem Fleisch. Solches Leben dürften sie nicht haben, gleich wie die Gottlosen.« Doch nun verkündete Rothmann: »Alles Gold und Silber und Edelsteine sollen nicht länger zum Hochmute der undankbaren Eitelkeit, sondern zur Herrlichkeit der Kinder Gottes dienen.«
(D)
Lit.: Geisberg, Wiedertäufer und Aldegrever S. 17–22; Tumbült, Die Wiedertäufer S. 69–70; Gresbeck in MGQ 2, S. 85–88, 93, 109; Stupperich, Schriften Rothmanns S. 197; Wolgast, Herrschaftsorganisation und Herrschaftskrisen S. 188. Über die Münze s. o. Kat. Nr. 112.

Kat.-Nr. 129 und 130

130 Staatskette

Kette mit Filigrankugel und emailliertem Zierstück als Anhänger
Länge: 142 cm; Ø der Filigrankugel 37 mm; Ø des Zierstückes 27 mm

Leihgabe aus Privatbesitz

Auch die zweite Kette, von gleicher Herkunft wie die erste, soll eine der Königsketten Jan van Leidens gewesen sein. Während die dritte bekannte Wiedertäuferkette im Besitz der Grafen von Merveldt auch eine Münze als Anhänger trägt, hat die vorliegende zwei Kleinode, eine mit feinem Filigran besetzte Kugel und ein emailliertes Zierstück. Die Verarbeitung der Kettenglieder belegt ihre Nähe zur ersten Kette.
Ob Jan van Leiden diese Kette tatsächlich getragen hat, ist ebenso unsicher wie bei den beiden anderen Ketten. Wie bei jener, gibt es keine passende Beschreibung in den schriftlichen Quellen.
Warum beide Ketten verschiedene Anhänger haben, ist ungewiß. Es muß jedoch berücksichtigt werden, daß nicht nur der König, sondern auch die hohen Würdenträger Ketten als Zeichen ihrer Würde besaßen, und nicht nur der König, auch die Königin führte einen eigenen Hofstaat an.
Die Länge dieser Kette erklärt sich aus ihrer Trageweise; für Jan van Leiden sind etwa auch »doppelte Ketten« bezeugt. Gresbeck berichtet über den Schmuck der hohen Beamten: »Es hat der König auch seine Räte gerüstet und seine Baumeister und Statthalter und obersten Hauptmann und seinen Kanzler. Denselben hat er jedem eine große silberne Kette machen lassen um den Leib her, und dieselbe ging ihnen um die Arme her über den Kopf hin auf die Schulter. Die Kette hatte große breite Glieder und war fein gemacht.« Die im Mai 1535 ernannten Herzöge und ihre Stellvertreter trugen andere Ketten: Seidenschnüre, um die Goldstücke bzw. silberne Wiedertäufertaler gebogen waren.
(D)
Lit.: Geisberg, Wiedertäufer und Aldegrever S. 17–22; Tumbült, Die Wiedertäufer S. 69; Gresbeck in MGQ 2, S. 88–89, 184.

131 Spieltisch des Jan van Leiden

Spieltisch für Schach, Dame und Puff
Eichenholz mit Intarsien, Zarge mit gotischer Flachschnitzerei, um 1500
H: 89 cm; B: 115 cm (ausgeklappt 341 cm); T: 78 cm

Domkammer Münster

Der Spieltisch des Jan van Leiden ist ein charakteristisches Beispiel eines norddeutschen Wangentisches der Spätgotik, eines Möbeltypes, der erst in dieser Zeit entstand. Seine kennzeichnenden Bestandteile sind die beiden geschweiften und mit Zacken besetzten Wangen, die durch kleine Säulchen verstärkt werden, darüber die mit spätgotischer Flachschnitzerei geschmückte Zarge und schließlich die drei großen Platten, die sich in Längsrichtung zu einer 3,41 m langen Fläche aufklappen lassen. Im aufgeklappten Zustand wird die Funktion eines Spieltisches deutlich: hell- und dunkelbraune Holzstäbchen wechseln mit roten Feldern und Flächen und bilden so die Tafeln für Puff, Dame und Schach. Jede Tafel wird außen von einem schwarz gefärbten Rahmen umschlossen.
Die Überlieferung, nach der es sich bei diesem Tisch um den Spieltisch Jan van Leidens handelt, ist bisher nie bezweifelt worden. Man vermutet, daß er zum Besitz eines münsterschen Domherrn gehörte und dann vom Wiedertäuferkönig 1534 beschlagnahmt wurde. Nach dem Ende des Wiedertäuferreiches stellte man den Tisch neben dem Hochaltar im Dom auf, wo er – wie Quellen des 19. Jahrhunderts belegen – zur Aufstellung der liturgischen Geräte diente.
Heute bildet er ein wichtiges Ausstellungsstück in der Domkammer.
(K)
Lit.: Geisberg V, Abb. S. 189, Text S. 191/2 (mit weiterer Literatur); H. Kreisel, Die Kunst des deutschen Möbels I, München 1968, S. 36, Abb. 75; Konservieren – Restaurieren, 20. Sonderheft der Zeitschrift Westfalen, Münster 1975, Nr. 120.

Kat.-Nr. 131

132 Jan van Leidens Hofordnung

aus: Newe Zeitung, wie die Stadt erobert und eingenommen . . ., 1535 Bericht des Hermann von Mengersen, unmittelbar nach der Eroberung Münsters
(Vier von sechs Seiten)

Universitätsbibliothek Münster

Bald nach der Königsproklamation führte Jan van Leiden eine durchgreifende Neuorgansisation der Verteidigung der Stadt und der öffentlichen Aufgaben durch. Bisher waren die Entscheidungen in der Stadt gemeinsam vom Propheten Jan van Leiden, den Prädikanten und den zwölf Ältesten getroffen worden. An die Stelle der »Ordnung der zwölf Ältesten« trat nun eine neue, auf den König hierarchisch ausgerichtete Hofordnung. In diesen »Hofstaat« waren alle bedeutenden Würdenträger der münsterischen Wiedertäufer aufgenommen und vereinigt, um sie an die neue Ordnung zu binden und sie vom König abhängig zu machen. Doch ebenso wie der Herrschaftssicherung diente die Hofordnung der Präsentation: Jan van Leiden wollte an die monarchische Repräsentation einer fürstlichen Hofhaltung anknüpfen. Gresbeck berichtet: »Da hat sich der König gerüstet nach seinem königlichen Stand und hat Räte eingesetzt und alle Befehlshaber, wie einem Landesherren zusteht.«
Der vorliegende Druck gibt die Zusammensetzung des Hofstaates im Frühjahr 1535 wieder: Während Jan van

Des Münſteriſchen Königes / Johan von Leden / Hofordnung.

Berndt Knipperdolling Stadthalter
Berndt Rottman Worthalter.
Vier Rethe.
Gerdt vom Kloſter. Berndt Krechting
Heinrich Redecker Gerdt Reinike.
Johan Kuirſener Rittmeiſter.
Herman Tilbecke Hoffmeiſter.
Zween Veltherrn
Gerlach von wüllen / Lambrecht von Lueck /
Heinrich Krechting Cantzeler.
Caſper Puthman / Secretarius.
Andreas von Coesfelt. Zuchtmeiſter.
Gerdt Kypenbrock / Credentzmeiſter.
Bernd von Swolle Küchemeiſter.
Wolter Schemmering / Schenck.
Euerdt Rymenſchneider / Vorſchneider.
Cordt Kruſe / Oberſter Haubtman.
Gerdt von Bunne / Thörhüter.
Zween Weynherrn.
Johan Oſenbecke / Johan Salwyde.
Cornelius Keſepreſter / Holtzförſter.
Zween Fleiſcherrn.
Berndt Boendorp / Gerdt Prüſſe.
Zween Rüſtmeiſter.
Heinrich Sanctus / Johan Middeborch.

Fünff Bawherrn.
Johan Kerckerinck / Kerſtian Kerckerinck.
Bernd Mackenburg Johan von Deuenter.
Anthonius groſſeuater.
Hoffgeſinde.
Gerdt von Oldenſeel / Quirin von Aken.
Herman von Bilrebecke Johan Vos
Ernſt zum Damme Johan vonn Breuen.
Engelbert Edinck / Jürgen Vromme.
Thomas Velthaus Egbert Scharlaken
Jacob von Oldenſell Johan Biſpinck.
Heinrich vonn Oſſenbruck.
Herman Kiſtenmacher.
Johan vonn Brinck.

Zween Bier vnd Brodt herrn.
Berndt Röllener. Johan Gerdinck.
Zween Wulherrn.
Euerdt Roberch. Wolter Kamphauſs.
Berndt Buſch. Müntzer
Hans Gorſel Goldtſchmidt.

Dieſe negſt .xiij. perſon hat der König zu Drawanten gebraucht.

Gerdt von Duiren. Weweler bey dem geweltigen hauffen.
Caſper Bornman / Weweler bey dem verloren hauffen.
Zween Fenrich
Rindt vonn Oldenſell. Johan Gulcher.
Schaep von Meluen / Fürer bey dem gewaltigen hauffen.

Leiden im November 1534 noch mit vier Frauen verheiratet war, sind hier 16 Frauen als »Oberste Königin und Ehefrauen des Königs« aufgeführt.
Als Quelle ist diese Hofordnung vor allem deswegen wichtig, weil sie über die Zusammensetzung der Führungsgruppe im münsterischen Täuferreich Aufschluß gibt. Von den 148 Ämtern sind 66 von einheimischen, 62 von Auswärtigen besetzt, während von 20 Personen die Herkunft unsicher ist. Münsteraner und Einwanderer halten sich also in etwa die Waage! Dabei ist jedoch zu beachten, daß beinahe ausschließlich Münsteraner als Aufseher über die Vorräte gewirkt haben und entsprechend mehr Auswärtige unter den militärischen Würdenträgern zu finden sind. Besonders bemerkenswert ist ebenfalls, daß von den 66 Münsteranern 20 als wohlhabend und reich bezeichnet werden müssen, daß für 31 Personen ein kleinerer Besitz nachzuweisen ist, jedoch nur einer geringen Besitz hatte. Von 15 Personen liegen keine Angaben vor. Die wohlhabenden Münsteraner sind also gegenüber ihrem Anteil an der Gesamtbevölkerung in der Führungsgruppe des Täuferreiches stark überrepräsentiert. Die Ereignisse in Münster 1534/35 dürfen also nicht als »Revolution der Unterschichten« gedeutet werden.
(D)

Lit.: Wolgast, Herrschaftsorganisation und Herrschaftskrisen; Gresbeck in MGQ 2, S. 83; Kirchhoff, Die Täufer in Münster (1973), S. 70–89; Bahlmann, Bibliographie, 1535 – 17c.

Lüdeke Huttmacher   Johann werdeman.
Magnus Krwhaus / gewandtuerschaffer.
Zwen Austeyler des holtzes.
Niclas Schneider.   Schultze Haninckhorst.
Zwen Bastmeister.
Johan Katerbeck   Schultze von Leiden.

Diese nachbeschrieben seind gewest / die Oberste Königin vnd Ehefrawen des Königes.

Differe von Harlum Königynne.

Maria Heckers.   Katherina Milinges.
Anna Laurentz.   Engelle Kerckerinck.
Anna vberweges.   Elisabeth wantscherers
Elisabeth Tregers.   Anna knipperdollings.
Clara knipperdollings.   Katherina Oberwe-
Anna Kippenbrocks.   Christina Röde. (ges
Margareta Morsonne.   Margareta Brolle.
Elisabeth von dem Bussche.

Dieser weiber namen seyndt ynn eyn hangend Teffelgen geschrieben / vnd gegen eyner yeglichen Namen eyn löchlein gebort / mit einem anhangenden stöckleyn. Vnd bey welcher der König die nacht hat ligen wöllen / gegen der selbigen namen hat ehr das stöckgen gesteckt. Szo aber dieselbige zum beylager nicht geschickt gewest ist / mochte sie das stöckgen ihres gefallens stecken / gegen eyner andern namen / der sie günstig war / die selbige muste denn dem Könige willig seyn / vnd die nacht bey yhm schlaffen.

Der königyn Hoffgesynde.

Heynrich Röde.   Hoffmeyster.
Peter Simesen.   Küchemeyster.
Johann von Broll.   Torwerter.
Johann von Leden.   Kemerer.
Friderich Insel.   Schencke.
Engelbert Schemerinck.   Vorschneider.
Zwen Drauanten.
Andreas Coster.   Heinrich Wulff.
Heinrich Willenhaus   Vorbicter.
Eberdt zur hegge.   Koch.
Sander vom Bussche.   Lackey.

Des Königes Titel.

Johann von Gottes gnaden / Königk ynn dem Newen Tempel Gottes / eyn warhafftiger diener der gerechtigkeyt / aus krafft der Stadt Münster.

Kat.-Nr. 132

133 Heinrich Krechting

a. Foto seiner Grabplatte aus der ev. Pfarrkirche zu Dykhausen, Ostfriesland
Sandstein, 230 x 140 x 17 cm
Beschriftung: Umschrift: Año 1580 dē 28 iuni is de Erbare / und fele Ersame hinrik Krechting von duser werlt salich / versceden sines olders in den 80 / iar und heft deser kerkē unde Armen to dikhusen 35 iar – Mitte oben: als ein bowmester trwlich vor / gestan˙ Año 1553 den 20 / April is de dogentsame Elsken / Wantmans˙ hinrik Krechtings / ehge husfrowe in got entslapen / HINRICH EVERS HERRLN / (Drei Wappen) / Año- den- ist / de dogensame anne Buckes / hinrick Krechtings Ehge / husfrowe in godt entslapen

b. Foto des Siegels von Krechting als Gograf zum Sandwelle, 1533
Ø des Originals 26 mm
Original des Siegels in: Staatsarchiv Münster, Haus Diepenbroick (Dep.), Urk. Nr. 737

Heinrich Krechting, der einzige Jurist in der Führungsspitze der münsterischen Wiedertäufer, wurde um 1500/1501 als Sohn des Stadtschreibers und Organisten Engelbert Krechting zu Schöppingen geboren. Er besuchte die Lateinschule und absolvierte eine juristische Ausbildung. Seine Gewandtheit trug ihm das Bürgermeisteramt seines Heimatortes ein. Am 8. Januar 1532 ernannte ihn Bischof Friedrich v. Wied zum Grografen (= Vorsitzender Richter) »tom Sandwelle« (Gerichtsplatz bei Metelen), des größten Gerichtsbezirkes im Münsterland, das als Berufungsinstanz für die übrigen Gogerichte besondere Bedeutung genoß. Wie sein Bruder Bernd zeigte sich Heinrich Krechting reformatorischen Gedanken aufgeschlossen. In Schöppingen, das an dem Hauptweg in die Niederlande lag, gaben sich die Täufer die Klinke in die Hand: Jan van Leiden gewann ihn für die apokalyptischen Ideen der niederländischen Anhänger Melchior Hoffmans. Krechting führte im Februar 1534 viele Freunde und Verwandte in das »Neue Jerusalem« (Münster).

Als gelehrter und schriftkundiger Mann gewann er in der Stadt großen Einfluß, als nach dem Tode des Jan Matthys das straffe Regiment der zwölf Ältesten errichtet wurde. Bei ihren Sitzungen führte er »als ein Sekretär« das Protokoll und verlas bei Gerichtsverhandlungen auf dem Domplatz die Anklage. Der Geleitbrief der Ältesten für Johann Swerthe vom 14. 8. 1534 (Kat. 113a) ist von Krechting eigenhändig geschrieben und mit seinem Siegel (Kat. 113b) beglaubigt. Später ernannte ihn Jan van Leiden als König zu seinem Kanzler, in der Schlußphase der Belagerung neben Knipperdolling sogar zu seinem Stellvertreter (»Lutenant, Stathalder, Befelshaber“). Bei der Erstürmung der Stadt verschanzte sich Krechting mit einigen Getreuen in einer Wagenburg auf dem Domplatz. Nach heftigen Kämpfen wurde ihm und seinen Mitkämpfern freier Abzug gewährt.

Krechting flüchtete zum Grafen von Oldenburg, einem erbitterten Feind des münsterischen Bischofs, und galt einige Jahre lang als Haupt der nordwestdeutschen Wiedertäufer. 1543 ließ er sich in Ostfriesland nieder, trat zum reformierten Bekenntnis über und verstarb als angesehener Mann, Kirchen- und Armenvorsteher der Gemeinde Dykhausen im Jahre 1580. Seine Nachkommen waren voll rehabilitiert, stiegen sogar in Bremen zu Ratsherren und Bürgermeistern auf.

(D)

Lit.: G. de Buhr, Hinrich Krechting, der »Kanzler« der münsterschen Wiedertäufer, in: Ostfriesische Familienkunde 1 (1960), S. 29–46; W. J. Rempel, in: Auf Roter Erde, NF. 32/35 (Okt. 1961/Jan. 1962); H. Homann, in: Auf Roter Erde, NF. 106 (März 1968); Kirchhoff, Täufer im Münsterland, S. 23; frdl. Hinweise von Herrn H.-J. Warnecke, Borghorst.

Kat.-Nr. 133 a

Kat.-Nr. 133b

III. 4) Belagerung, Eroberung, Strafgericht

134 Aussendung der Prädikanten

Farbphoto einer lavierten Federzeichnung, frühes 18. Jh., unsigniert und undatiert
Bl.: 20 x 32 cm

Original in der Staatsbibliothek Preußischer Kulturbesitz, Berlin, Libri Picturati A 96, Bl. 57

Nach dem großen Abwehrerfolg vom 31. August 1534 rückte den Wiedertäufern ihre Befreiung von der Belagerung, die Vernichtung der »Gottlosen« und der Anbruch des Tausendjährigen Weltreiches in greifbare Nähe. Man meinte, den Erlösungsprozeß selbst beeinflussen und beschleunigen zu können; treibende Kraft war der »hinkende Prophet« und frühere Goldschmied in Warendorf, Johann Dusentschur. Er predigte den Auszug der Täufer aus der Stadt, um die Weltmission zu beginnen. Doch Jan van Leiden wußte das Vorhaben zu vereiteln, so daß nur 27 Prädikanten stellvertretend für die ganze Gemeinde nach Osnabrück, Warendorf, Soest und Coesfeld – also in die vier Himmelsrichtungen – ausziehen sollten »und in die Stadt gehen und ihnen den Frieden verkündigen. Wenn sie den Frieden nicht annehmen wollen, so soll die Stadt mit der Stunde versinken und soll in dem höllischen Feuer verbrennen«. Jan van Leiden war von diesem Vorschlag begeistert: denn damit sah er sich der ungeduldigen und radikalen Prädikanten entledigt, die ihm Konkurrenz machen konnten.
In Osnabrück, Soest und Coesfeld richteten die Apostel ihre Botschaft aus; als der Stadtrat die Annahme verweigerte, warfen sie goldene Wiedertäufertaler von sich (vgl. Kat. 112), »wodurch sie dem Vater in die Strafe gefallen sein sollten« (Osnabrücker Chronik). Vermutlich handelt es sich dabei um eine Anspielung auf die Gleichnisse vom Sämann und vom Unkraut aus dem Matthäusevangelium (Kap. 13), das der Apostel Vinne bei seinem Verhör anführte: Wer Gottes Wort den Gehorsam verweigert, verfällt der ewigen Strafe. Nur in Warendorf fanden die Apostel Rückhalt bei einigen Bürgern, so daß Bischof Franz v. Waldeck die Stadt militärisch besetzen mußte.
Die ausgesandten Prädikanten wurden alle hingerichtet; nur Heinrich Graes – früher Lehrer in Borken – überlebte, weil er als Verräter im Auftrage des Bischofs in die Stadt zurückkehren sollte.
(D)
Lit.: Gresbeck in MGQ 2, S. 103–118; Kerssenbroick in MGQ 6, S. 720; Wolgast, Herrschaftsorganisation und Herrschaftskrisen, S. 194–196; K.-H. Kirchhoff in: Osnabrück – 1200 Jahre Fortschritt und Bewahrung, Ausstellungskatalog Osnabrück 1980, Nürnberg 1980, S. 148; van Dülmen, Reformation als Revolution S. 339–341; K.-H. Kirchhoff, Die Besetzung Warendorfs 1534, in: Westfalen 40 (1962), S. 117–122.

135 Hinrichtung der Elisabeth Wandscherer

Farbphoto einer lavierten Federzeichnung, frühes 18. Jahrhundert, unsigniert und undatiert

Original in der Staatsbibliothek Preußischer Kulturbesitz, Berlin, Libri picturati A 96, Bl. 74

Elisabeth Wandscherer war eine der 16 Frauen Jan van Leidens. Sie wird in seiner Hofordnung genannt. Wie Kerssenbroick berichtet, war sie zweimal verheiratet und hieß nach ihrem ersten Ehemann Else Hardewick, bevor Jan van Leiden sie im November 1534 zur Frau nahm. Die Darstellung bezieht sich auf ein Ereignis des Jahres 1535. Unter dem Eindruck der zunehmenden Bedrängnisse in der belagerten Stadt bat Elisabeth Wandscherer den König im Frühjahr, Münster verlassen zu dürfen. Jan van Leiden führte sie daraufhin auf den Markt und schlug ihr in Gegenwart des Volkes und seiner anderen 15 Frauen den Kopf ab. Nach der Hinrichtung tanzte der König mit den übrigen Frauen um den Leichnam und sang »Allein Gott in der Höh sei Ehr«.
(Gr)
Lit.: Dorpius, ed. Merschmann, S. 24f.; Kerssenbroick in MGQ 6, S. 823f.; Kirchhoff, Die Täufer in Münster (1973), S. 146.

136 Erstürmung des Oldenklosters

Farbphoto einer lavierten Federzeichnung, frühes 18. Jahrhundert, unsigniert und undatiert

Original in der Staatsbibliothek Preußischer Kulturbesitz, Berlin, Libri picturati A 96, Bl. 68

Im Dezember 1534 wurden aus dem belagerten Münster vier Boten ausgesandt, um in Flandern und den Niederlanden mit dortigen Gesinnungsgenossen den Entsatz der Stadt einzuleiten. Es wurde tatsächlich eine Truppe von Wiedertäufern zusammengebracht, die als Entsatz nach Münster geführt werden sollte. Gegen sie wurde die Streitmacht des kaiserlichen Statthalters Schenk von Tautenberg aufgeboten. Die Wiedertäufer verschanzten sich im Oldenkloster in Friesland. Dort wurden sie in der ersten Aprilwoche 1535 belagert und schließlich bei der Erstürmung des Klosters aufgerieben.
(H)

137 Hungersnot

Farbphoto einer lavierten Federzeichnung, frühes 18. Jahrhundert, unsigniert und undatiert

Original in der Staatsbibliothek Preußischer Kulturbesitz, Berlin, Libri picturati A 96, Bl. 80

Nachdem sich der Belagerungsring um die Stadt immer mehr geschlossen hatte, entstand eine Hungersnot unter der Bevölkerung, so daß, wie die Inschrift in der Zeichnung aussagt, »Hunde, Katzen und Mäuse«, »Leder von alten Schuhen und andere Häute«, »sogar das Fleisch von Leichen« gegessen wurden. Diese Information geht auf Dorpius zurück. Die Wiedertäufer haben den Vorwurf des Kannibalismus bestritten.
(H)

138 Wahl der 12 Herzöge

Farbphoto einer lavierten Federzeichnung, frühes 18. Jahrhundert, unsigniert und undatiert

Original in der Staatsbibliothek Preußischer Kulturbesitz, Berlin, Libri picturati A 96, Bl. 71

Als durch die andauernde Belagerung die Lage in der Stadt immer bedrohlicher wurde, ergab sich für Jan van Leiden der Zwang zur verstärkten Überwachung und Kontrolle der Einwohner. Die Stadt wurde daraufhin in 12 Gebiete aufgeteilt, und jedes der Gebiete erhielt einen Herzog, der den Oberbefehl über die Verteidigung in seinem Stadtteil besaß und als zuverlässiger Vertrauter des Königs Unruhen und Verrat unter den Einwohnern entgegentrat. An jeden der 12 Herzöge verteilte Jan van Leiden ein Herzogtum des deutschen Reiches, in denen sie nach dem endgültigen Sieg über die Welt regieren sollten. Als religiöse Begründung diente der Vorwand, daß sie »dereinst als die Vasallen des allmächtigen Herrschers die Regierung der Völker führen würden«.
(H)

139 Fünf Landsknechte mit Schlachtschwertern

Holzschnitt von Hans Burgkmair, monogrammiert und undatiert, aus der Folge: »Triumphzug des Kaisers Maximilian«, entstanden 1512–18
Bl.: 37 x 37,5 cm

Stadtmuseum Münster

Dieses Blatt gehört zu einer Folge von Holzschnitten, die den Triumphzug Kaiser Maximilians I. darstellen. Es handelt sich dabei um die umfangreichste Serie dieser Art, deren 147 Einzelblätter hintereinandergelegt eine Gesamtlänge von mehr als 57 Metern erreichen würden. Gipfel- und Zielpunkt dieser Zuges bildet der Triumphwagen des Kaisers.
An der Ausführung waren neben Hans Burgkmair auch Albrecht Altdorfer und Albrecht Dürer beteiligt; Burgkmair übernahm den ersten Teil des Zuges, zu dem auch die fünf Landsknechte gehören und begann damit 1516. Als 40. Blatt der gesamten Folge gehört es zu einer kleineren Gruppe, in denen Landsknechte mit verschiedenen Waffen zu sehen sind. Auf diesem Blatt tragen sie auf ihren Schultern Schwerter, sogenannte Zweihänder.

Im Programm des Triumphzuges, nach Kaiser Maximilians Diktat, liest man hierzu: »Fünf personnen mit swertern in den Schaidten vber die Achseln. Item die personen alle sollen die lobkrenntzle aufhaben.«
Am Schwert des linken Landsknechts findet sich die Signatur HB. Vergleichbare Schwerter befinden sich im Rathaus zu Münster und werden in der Ausstellung gezeigt.
(K)
Lit.: H. Appuhn, Der Triumphzug Kaiser Maximilians I. 1516–1518, mit dem von Kaiser Maximilian diktierten Programm, Dortmund 1979 (Zitat S. 179).

140 Landsknechtsdarstellungen

aus: Kriegsvölker im Zeitalter der Landsknechte, bei C. J. Wawra in Wien, A. Danz in Leipzig ca. 1870 nach Originalen aus der 1. Hälfte des 16. Jahrhunderts
Bl.: 47 x 33,5 cm

Stadtmuseum Münster

Gezeigt werden Landsknechte in verschiedenen Rängen und unterschiedlicher Bewaffnung. Landsknechte tauchen gegen Ende des 15. Jahrhunderts zum ersten Male auf und verdrängen die bis dahin üblichen Ritterheere. Sie waren Berufssoldaten, die gegen Bezahlung zur Verfügung standen. Durch Anwerbung von Landsknechten wurden die Fürsten unabhängig von dem sonst üblichen ritterlichen Aufgebot des Landes. Größte Bedeutung erlangen die Landsknechte unter Maximilian I. sowie unter Karl V.
Die ausgewählten Darstellungen können als Beispiele für das Aussehen der Landsknechte dienen, die 1534/35 um Münster kämpften.
(H)

141 Schlachtschwerter

Eisen, Holz, um 1570
Längen: 182 cm

Stadt Münster

Landsknechtwaffen waren auch die Zweihänder, die so heißen, weil sie ihrer Größe wegen mit zwei Händen geführt werden mußten. Die Klingen dieser großen Schwerter waren meist zwischen 120 und 200 cm lang. Am unteren Ende befanden sich die Parierhaken und die gebogene Parierstange. Auf zahlreichen Landsknechtdarstellungen des 16. Jahrhunderts ist diese Waffe zu sehen.
Die hier ausgestellten Schwerter sind allerdings keine Kampfwaffen. Sie gehörten den Schwerttänzern der Großen Schützenbruderschaft in Münster und wurden bei Vorführungen im Gruethaus oder beim Einzug des Fürsten gebraucht.
(Gr)
Lit.: Alter Kunstbesitz der Stadt Münster (1931), Nr. 56; Geisberg II, S. 375 u. Abb. 537; R. Forrer, Die Schwerter und Schwertknäufe der Sammlung Carl von Schwerzenbach, Bregenz, Leipzig 1905, S. 20ff.; Haenel, Alte Waffen, S. 8.

142 Wallbüchsenlauf

Eisen, 1. Hälfte 16. Jahrhundert
Länge: 104 cm

Stadtmuseum Münster

Die Wallbüchse wurde als großkalibrige Handfeuerwaffe für den Festungskrieg benutzt. Wegen ihres schweren Gewichts legte man sie zum Abfeuern auf die Brustwehr oder einen Block. Das hier ausgestellte Exemplar stammt aus dem 16. Jahrhundert. Der achteckige Lauf, der an beiden Enden verstärkt ist, trägt im hinteren Teil oben neben dem Zündloch eine Hakenvorrichtung, die zur Fixierung der aufgelegten Waffe diente.
(Gr)
Lit.: Geisberg II, S. 377.

143 Helmbarten

Holz, Eisen, um 1600
Längen: 150–179 cm

Stadt Münster

Die Helmbarte (Helm = Stiel / Barte = Beil) wurde schon im 16. Jahrhundert in Umbildung der italienisierten Urform »alabarda« auch Hellebarde genannt. Als Stoß und Hiebwaffe der Landsknechte wurde sie im Kampf des Fußvolks gegen Reiter eingesetzt. Die über 30 cm lange Stoßklinge trägt auf der einen Seite ein scharfes, halbmondförmiges Beil (Barte), an der gegenüberliegenden Seite eine abwärtsgekrümmte eiserne Spitze zum Herabreißen der feindlichen Reiter von den Pferden und zum Eingreifen in die Fugen der Rüstung.
(Gr)
Lit.: Geisberg II, S. 375f.; Haenel, Alte Waffen, S. 23ff.

144 Partisanen

Holz, Eisen, um 1600
Längen: 190–204 cm

Stadt Münster

Neben der Hellebarde war auch die Partisane eine gebräuchliche Kriegswaffe der Landsknechte. Die zur Gruppe der Spieße zählende Stoßwaffe trägt auf dem Schaft eine breite zweischneidige Hauptspitze mit zwei gekrümmten Nebenspitzen. In dieser Form eignete sie

Kat.-Nr. 139

sich, wie die Hellebarde, besonders gut im Kampf gegen feindliche Reiter.
(Gr)
Lit.: Geisberg II, S. 375; Haenel, Alte Waffen, S. 23ff.

145 Feldflasche, sog. Mundkeller

Eisen mit angenieteten Ornamenten, Nürnberger Meister um 1530–50
45 x 34 cm

Leihgabe aus Privatbesitz

Die Feldflasche gehörte zu den Ausrüstungsgegenständen eines Landsknechtsoffiziers. Sie wird auch als Mundkeller bezeichnet. Das gezeigte Exemplar zeichnet sich durch aufwendige Ornamentierung aus und ist eines der wenigen aus der Zeit erhaltenen Stücke.
(H)

146 Kanonenkugeln

Stein, Geschosse von der Belagerung 1534/35

Westfälisches Landesmuseum für Kunst und Kulturgeschichte, Münster

Den Wiedertäufern war mit der Machtübernahme in Münster eine ungewöhnlich starke Festung in die Hände gefallen. Der doppelte Festungsring war mit 86 Artilleriegeschützen und 450 Hakenbüchsen bestückt. Wenn die Belagerung Aussicht auf Erfolg haben sollte, mußte der Bischof über starke Artillerie verfügen. Eigene Geschütze besaß er jedoch nicht. Er lieh sich deshalb von benachbarten Städten und befreundeten Fürsten Kanonen. Das so zusammengebrachte Rüstungspotential reichte nicht, die Stadt sturmreif zu schießen, sie fiel durch Verrat.
Die Geschosse waren zu dieser Zeit meist noch aus Stein. Außer den hier gezeigten kleinen Kugeln, haben sich von der Belagerung noch größere von 30–50 cm Durchmesser erhalten. Sie wurden später in die sogenannte Lipper-Mauer in der Nähe des Neuwerks eingemauert, wo sie noch heute zu sehen sind.
(Gr)
Lit.: Kirchhoff, Belagerung und Eroberung Münsters, S. 82f.; Geisberg II, S. 203ff., Abb. 121.

147 Wetterfahne mit Stadtwappen

vom Wasserbären am Kreuztor, 16. Jahrhundert
Eisen mit Farbresten
Länge: 258 cm

Stadtmuseum Münster

148 Modell der Stadt Münster 1533

Anfertigung in Holz durch Fa. Janka, Ulm, 1982
Wissenschaftliche Bearbeitung K.-H. Kirchhoff
Maßstab 1:1000, 173 x 183 cm

Stadtmuseum Münster, Verein Münster Museum e. V.

Das Modell zeigt das Abbild der Stadt Münster am Ende ihrer mittelalterlichen Entwicklung, oder – kunstgeschichtlich gesehen – am Anfang der Renaissance. Die Innenstadt ist bis auf die Niederung beiderseits der Aa ohne größere Lücken bebaut. Weitläufige Neuanlagen, z. B. das Fraterhaus, konnten schon im 15. Jahrhundert nur noch auf zusammengelegten Grundstücken entstehen.
Neben den wenigen Bauwerken aus romanischer Zeit (Dom, St. Servatii, Türme von St. Lamberti und St. Aegidii, einige Steinwerke bei Erbmannshöfen) bestimmen die Bauten der Hoch- und Spätgotik das Stadtbild: Die Türme der Kirchen Liebfrauen, St. Ludgeri und St. Martini, die Giebelreihe der Bogenhäuser im Stadtzentrum und am Markt (dem späteren Prinzipalmarkt) mit dem Rathaus.
Im mittelalterlichen Mauerring stehen noch die zehn Stadttore des 13. Jahrhunderts, die Außenwerke mit den Stein-Erde-Anlagen (Wall und Rundelle) des 14. und 15. Jahrhunderts haben mit dem Bau des Zwingerturmes (um 1520) vor der Nordostecke der Stadtmauer den modernsten Stand erreicht; das 1531 als Pendant gedachte Neuwerk im Südwesten blieb unvollendet.
Das Stichjahr 1533 wurde gewählt, weil die Ende Februar 1534 beginnende Belagerung der »Wiedertäuferstadt«

Kat.-Nr. 148

einen bedeutsamen Einschnitt in der Geschichte Münsters bildete, der auch im äußeren Bild der Stadt sichtbar wurde, z. B. in den Anlagen neuer Festungswerke und in dem Abbruch der Kirchturmspitzen. Nach der Eroberung (24. Juni 1535) veränderten Umbauten am Zwinger und am Neuwerk das Bild. Das Bispingtor wurde abgebrochen; die vor den Toren liegenden Rundelle wurden zwar nach 1541 noch einmal modernisiert und erhielten tunnelartige Durchfahrten, aber wenig später mußten sie den neuzeitlichen Bastionen Platz machen.
Die Rekonstruktion des topographischen Zustandes »Münster 1533« erfolgte auf der Grundlage einer fotographischen Vergrößerung des Stadtplanes »Grundriß der Provinzialhauptstadt Münster nebst deren Umgebung 1:5000 (v. Manger). Mit Hilfe der baugeschichtlichen Literatur (hier ist besonders das Inventarwerk von Max Geisberg zu nennen) wurden alle ab 1534/35 feststellbaren Veränderungen an Straßen und Bauten herausgenommen und der Stand der Bebauung zum Jahre 1533 aufgrund eigener Forschungen eingetragen; auch die Festungsanlagen sind – abweichend von M. Geisberg – nach eigenen Forschungen rekonstruiert worden.
Der Modellbauer hat jede nachweislich bebaute Parzelle berücksichtigt, wobei Häuschen in mehreren Größen aufgestellt wurden; besonders zu achten war auf die Unterscheidung von giebelständiger und traufenständiger Bebauung, letztere (die sog. Gademe) lagen meist an Seitenstraßen und am Stadtrand.
Einzelheiten des Aufrisses konnten der Stadtansicht von Remigius Hogenberg (1570, Kat. 174) und dem Vogelschauplan von Everhard Alerdinck (1636) entnommen werden, doch mußte man sich hierbei auf größere Objekte (Kirchen, Giebelhäuser, Festungswerke) beschränken. Die Wege, Gärten, Äcker und Weiden im westlichen Vorgelände der Stadt sind nach der Ansicht von 1570 und der Rekonstruktion des Ingenieurs B. Spoede von 1680 angelegt.
(Ki)

149 Belagerung Münsters 1534

Holzschnitt von Erhard Schoen, 1535, unsigniert und undatiert
Bl.: 43 x 59 cm
Leihgabe aus Privatbesitz

Der Nürnberger Erhard Schoen benutzte für die Anfertigung dieses Holzschnittes wahrscheinlich die Skizzen eines Augenzeugen. Wenn auch die abgebildete Belagerung in einer für Münster atypischen hügeligen Landschaft spielt, so deuten doch einige genau aufgenommene Details auf Ortskenntnis. Weitgehend authentisch sind z. B. die doppelten Wassergräben mit der Anordnung der Palisaden, die abgerissenen Dächer der Domtürme mit den Geschützen darauf, die Kuppel der Lambertikirche und die Hinrichtungsszene auf dem Marktplatz (Mollenheckeaufstand). Auch außerhalb der Stadt sind Geschehnisse wiedergegeben, die uns durch schriftliche Quellen überliefert sind; man erkennt oben rechts die Brücke über die Aa, von Landsknechten bewachtes weidendes Vieh, das Heranschaffen von Lebensmitteln sowie einige brennende Mühlen vor der Stadt.
Die Überschrift des Holzschnittes lautet: Abconterfejung der Stadt Münster / mit irer schweren belegerung.
Die Blattunterschrift ist leider nicht vollständig erhalten: Ein verzeychnung der Stadt Münster mit all irer gelegenheit / mauren / thüren / zinnen / walen / schrancken / pasteyen / unnd geweren / wassergreben. Auch wie die von irem Bischoff am Freytage vor Pfingsten / des M. D. xxiiii. Jars berennt / (und?) syben legern ringhweis ... zu übergeben / und nachmals an Sant Egidien abent an fünff orten an gelauffen / und hefftig gestürmbt worden. Alda ir seer vil vom Adel sambt anderm Kriegs volck auff beiden theylen erlegen seind / wie etlich sagen / bey drey tausenden / Gott ...
(H)

150 Ansicht der Stadt Münster

während der Belagerung 1534/35
Fotografische Ausschnittvergrößerung aus dem Gemälde von Conrad Faber: Portrait des Justinian von Holtzhausen

Original im Städelschen Kunstinstitut Frankfurt

Die Belagerung der Stadt Münster wurde als Hintergrund für das Portrait gewählt, da der Dargestellte als Delegierter seiner Heimatstadt Frankfurt an der Belagerung teil-

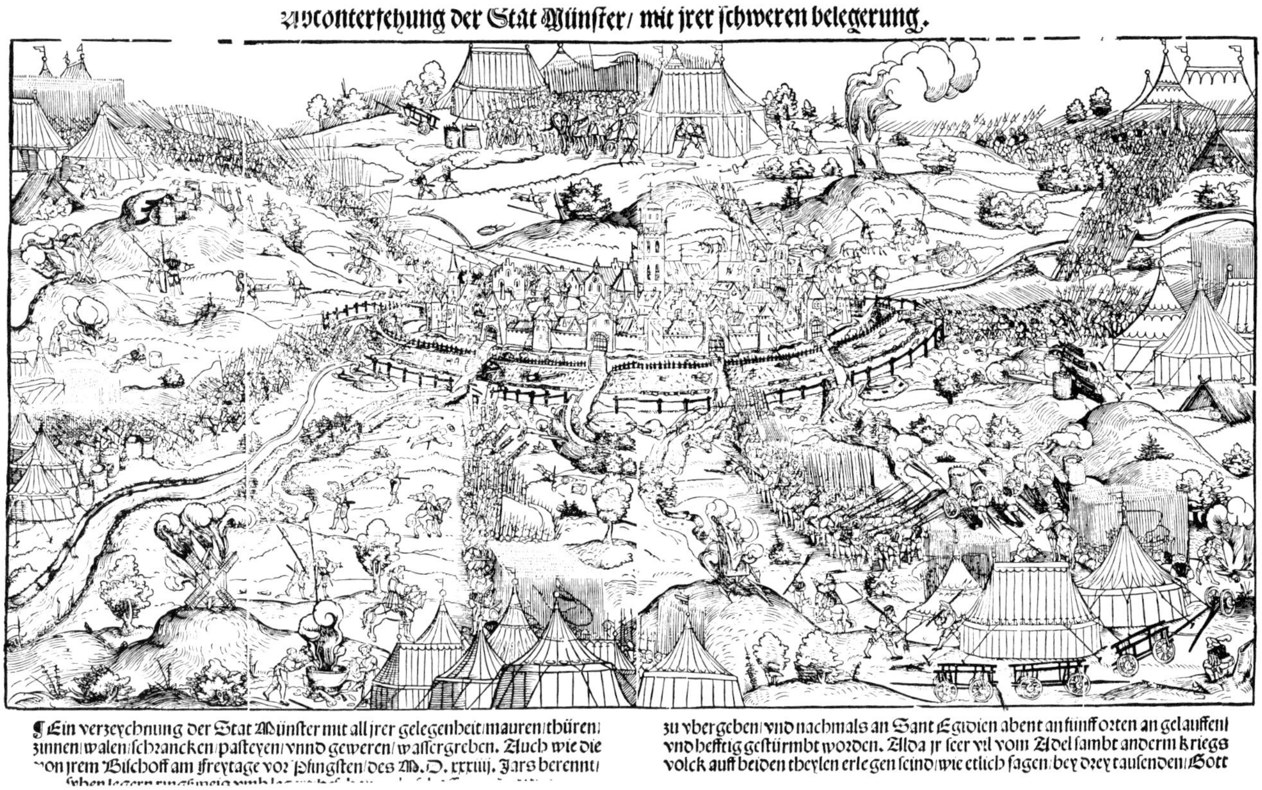

Kat.-Nr. 149

nahm. Deutlich zu erkennen ist die zerstörte Mauritzkirche, die als eines der sieben Belagerungslager gedient hat. Hier traf Justinian von Holtzhausen zum ersten Mal mit dem Bischof zusammen und über dieses Lager schreibt er an seinen Vater: »Ich werde beim obersten ligen bei seiner gnaden behausung, welche Behausung zwen hakken schutz von sankt Moricius Leger ist.«
Es ist wahrscheinlich, daß der Maler bei der Gestaltung des Hintergrundes seine Informationen und Anweisungen direkt vom Portraitierten erhielt, da Einzelheiten, wie die doppelten Stadtgräben mit den Rundellen, die Brücke über die Aa (oben links), die Domtürme, die Kuppel der Lambertikirche sowie die Erstürmung der Stadt, auf einen Augenzeugen schließen lassen.
(H)
Lit.: Geisberg I, S. 4f.; W. Brücker, »Conrad Faber von Kreuznach«, in: Schriften des historischen Museums Frankfurt a. M. XI, 1963; Geisberg, Zwei zeitgenössische Darstellungen der Belagerung Münsters 1534/35, in: Westfalen 5 (1913), S. 74–89.

151 Belagerung Münsters 1535

Faksimile nach Holzschnitten von Erhard Schoen, 1535
Leporello von 7 Blatt
Bl.: 34,5 x 276,2 cm

Westfälisches Landesmuseum für Kunst und Kulturgeschichte, Münster

Diese Belagerungsdarstellung des Nürnbergers Erhard Schoen aus dem Jahre 1535 gibt die vermutlich im Herbst 1534 entstandenen Steinrundelle der Stadt wieder. Die 7 Blätter wurden wahrscheinlich nicht veröffentlicht, da der Nürnberger Rat aus Furcht vor einer Ausbreitung der Wiedertäuferei den Künstlern der Stadt gebot, »sich des Münsterischen malwerks (zu) enthalte(n)«.
(H)
Lit.: Th. Hampe, Nürnberger Ratsverlässe über Kunst und Künstler im Zeitalter der Spätgotik und der Renaissance 1474–1618, 3 Bände, Wien/Leipzig 1904, Bd. I, Nr. 2078.

Kat.-Nr. 151

152 Gresbecks Notruf

Brief des Schreiners Heinrich Gresbeck, April 1535

Staatsarchiv Münster

In der Nacht zum 25. Juni 1534 gelang es den Belagerern, in die Stadt einzudringen und sie zu erobern, nachdem ihnen zwei Überläufer am Kreuztor einen Weg in die Stadt verraten hatten. Einer von ihnen war der Schreiner Heinrich Gresbeck, der schon einige Wochen vor seiner Flucht (23. Mai 1535) in dem vorliegenden Brief an seine früheren Herren die Absicht geäußert hatte, Münster zu verlassen.

Gresbeck schildert seine verzweifelte Lage. Im Februar 1534 sei er in seine Vaterstadt zurückgekehrt, um seiner Mutter beizustehen und ihr Haus zu bewahren. Am 27. Februar sei er zur Taufe gezwungen worden, er habe dann eine Patriziertochter geheiratet und die Stadt nicht verlassen, um den Besitz nicht zu gefährden: »Ich hatte nicht gemeint, daß es so in Münster sollte zugegangen sein.« Denn nun sei er vom Hungertode bedroht; verließe er die Stadt, würde er von den Landsknechten erschlagen. Er bittet seine früheren Herren, beim Bischof die Begnadigung zu erwirken; auf ein Zeichen der Belagerer hin wollte er fliehen.
Der Brief erreichte jedoch vermutlich nicht seinen Empfänger, sondern wurde von den Landsknechten aufgefan-

gen und dem Bischof ausgeliefert, so daß er heute im Staatsarchiv beruht.
Gresbeck wohnte 1542 in Osnabrück, als ihm zur Belohnung für seine Dienste sein Elternhaus im Überwasserkirchspiel überlassen wurde; dann verliert sich seine Spur. Sein ausführlicher Augenzeugenbericht über das Täuferreich ist eine der wichtigsten Quellen über die Ereignisse in der Stadt vom Februar 1534 bis zum Mai 1535.
(D)
Lit.: Kirchhoff, Die Täufer in Münster (1973), S. 141; Cornelius in MGQ 2, Einleitung S. 64–83; Druck des Briefes ebd. S. 322–324.

153 Flugschriften

a. Newe zeytung von / den Wydertaufferen / Zu Münster ...
   Bahlmann 1535–14 d
   Stadtarchiv Münster
b. Historia der belegerung / und eroberung der Statt Münster / Anno 1535. / Getruckt 17 Julij
   Bahlmann 1535–19
   Stadtarchiv Münster
c. Des Münsterischen / Königreichs und Widertauffe / an unnd abgang, / Bluthandel unnd end ...
   Bahlmann 1536–10
   Stadtarchiv Münster

Monatelang verfolgten die Zeitgenossen mit Schrecken die Ereignisse in und um Münster. Das große Interesse an dem Kampf gegen das Wiedertäuferreich dokumentiert eine umfangreiche Flugschriftenliteratur. Zwischen 1534 und 1536 erschienen in vielen deutschen Städten, darunter Wittenberg, Berlin, Magdeburg, Köln, Marburg, Nürnberg, Regensburg und Straßburg, insgesamt 26 gedruckte Flugblätter und 27 theologische Streitschriften. Die Täufer beteiligten sich mit sechs theologischen Druckschriften und zahlreichen, meist handschriftlichen Flugblättern an die Belagerer. So wurde der Kampf auch theologisch geführt.

Das abgebildete Flugblatt (c) berichtet von der Hinrichtung des Königs, Knipperdollings und des Bernd Krechting. Der Holzschnitt verrät Ortskenntnis und zeigt die früheste bekannte Darstellung des Lambertikirchturms.
(D)
Lit.: Bahlmann, Bibliographie; Stupperich, Schriften Rothmanns; Stupperich, Schriften von katholischer Seite gegen die Täufer.

154 Abschwörung der Kunne Swerte

Münster, 10. November 1536

Stadtarchiv Münster

Nach dem Zusammenbruch des Täuferreiches und der Hinrichtung seiner Anführer begann die Disziplinierung der Mitläufer und Sympathisanten, soweit sie die Erstürmung der Stadt im Juni 1535 überlebt hatten. Der Haus- und Grundbesitz überführter Täufer wurde in der Regel zugunsten des Fürstbischofs eingezogen. Nur wer sich wie etwa Kunne Swerte, die Ehefrau des unverdächtigen Bürgers Johann Swerte, unter Zeugen und in öffentlichem Protokoll von der Wiedertäuferei lossagte, vermochte zumindest seine bürgerliche Existenz in den Mauern der Stadt zu retten und den beschlagnahmten Besitz wiederzuerlangen.
(J)
Lit.: Kirchhoff, Die Täufer in Münster (1973).

155 Das Enteignungsdekret

Dekret des Fürstbischofs Franz v. Waldeck über die Enteignung der Wiedertäufer; 25. Januar 1536

Stadtarchiv Münster

Die Enteignung von Aufrührern, Ketzern und Übeltätern gehörte zu den üblichen Strafen des Jahrhunderts. Fürstbischof Franz von Waldeck konnte sich in den Grundzügen auf § 206 der Carolina berufen, wenngleich ihn die hohen Kosten der Belagerung zu einer weit größeren

Beschlagnahmeaktion zwangen als in der Gerichtsordnung Karls V. vorgesehen war. Die beschlagnahmten Grundstücke und Häuser wurden verkauft, über die Beschlagnahme und den Verkauf wurden Akten angelegt, die sich im Staatsarchiv Münster erhalten haben.
(H)
Lit.: Kirchhoff, Die Täufer in Münster (1973).

156 Die beschlagnahmten Häuser

Karte zur Darstellung der Anzahl der enteigneten Wiedertäuferhäuser und ihrer Wertklassen, aus: K.-H. Kirchhoff, Die Täufer in Münster 1534/35, Münster 1973

Die Akten über die Beschlagnahme und den Verkauf von Wiedertäufergütern enthalten Angaben über die Lage der einzelnen Grundstücke und Häuser. Nach den Angaben wurde diese Karte angefertigt. Es wird deutlich, daß die Wiedertäufer über das gesamte Stadtgebiet verteilt wohnten, Siedlungsschwerpunkte gab es nicht. Einige Wiedertäufer besaßen mehr als ein Haus. Im Plan weist die jeweils gleiche Ziffer darauf hin. Die Akten enthalten auch Angaben über den Marktwert der beschlagnahmten Immobilien. Es ist versucht worden, daraus den Sozialstatus der Wiedertäufer zu rekonstruieren. Danach stellte die Wiedertäuferbewegung keine Bewegung einer aufbegehrenden Unterschicht dar, denn »der Anteil der einheimischen Armen an der münsterischen Täufergemeinde entsprach ihrem statistischen Anteil an der Bürgerschaft Münsters«. Die münsterischen Wiedertäufer waren also keine frühe proletarische Bewegung. Über die Beschlagnahmeakten läßt sich jedoch nicht die gesamte Wiedertäuferbewegung erfassen, so ist in den »Quellen etwa ein Fünftel der Einheimischen erfaßt. Es bleibt also eine hohe Dunkelziffer von Personen, deren Name gar nicht bekannt und deren Anzahl nur annähernd zu berechnen sind.« Eine weitere, nur ungenau zu belegende Gruppe bilden die eingewanderten, hauptsächlich aus den Niederlanden stammenden Wiedertäufer.
Unberührt von den Untersuchungen zur Sozialstruktur ist die Frage, durch wen politische Macht ausgeübt wurde. Die Besetzung der politisch/religiösen Institutionen der Wiedertäufer (Diakone, Zwölf Älteste, Ordnung der Ältesten, verschiedene Hofordnungen, Herzöge) erscheint nebensächlich, wenn man bedenkt, daß das Wiedertäuferreich nicht durch Mehrheitsentscheidungen regiert wurde, sondern durch den visionär geleiteten Willen des Propheten.
Entscheidend war dabei der Wille des Jan Matthys und nach dessen Tod der Wille des Jan van Leiden. Durch die Krönung Jan van Leidens zum König wurde auch formal das Wiedertäuferreich zu einer Ein-Mann-Herrschaft. Damit wurden die Herrschaftsstrukturen moderner totalitärer Regime vorweggenommen und erstmalig verwirklicht.
(H)
Lit.: Kirchhoff, Die Täufer in Münster 1534/35 (1973), S. 23 und 87.

157 Vernehmungsprotokolle der Führer

a. Bekenntnis des Jan van Leiden
Dülmen, 25. Juli 1535
b. Peinliches Verhör des Bernd Krechting
Dülmen, 25. Juli 1535
c. Peinliches Bekenntnis des Bernd Knipperdolling
Münster, 21. Januar 1536

Staatsarchiv Münster

Noch im Juli 1535 wurden die drei des Hochverrats Angeklagten von Iburg nach Dülmen überführt und hier, in hartem Kerker gehalten, mehrfach verhört. Die eingehenden Befragungen in Anwesenheit zahlreicher fürstlicher Gesandter und Räte bestätigen im wesentlichen die bekannten Zusammenhänge. Der aus Warburg stammende evangelische Geistliche Antonius Corvinus, den der hessische Landgraf als Beobachter entsandt hatte, berichtet von ausführlichen theologischen Gesprächen mit den Gefangenen in Horstmar und Bevergern. Während Jan van Leiden zuletzt Anzeichen von Reue erkennen ließ, wiesen die beiden anderen selbst noch in der »peinlichen« Untersuchung alle Anschuldigungen zurück. Ein lutherischer Bekehrungsversuch zeigte bei keinem der Delinquenten Erfolg. Schließlich nach Münster gebracht,

DEr Münsterischē Königreichs vnd Widertauffs an vnnd abgang/ Blůthandel vnnd End/ Auff Sambstag nach Sebastiani. Anno M.D.XXXvj.

¶ Ein gedechtnuß wirdig histori.

Kat.-Nr. 153 c

starben sie am 22. Februar 1536 auf dem Prinzipalmarkt unterhalb der Lambertikirche, ohne ihre religiösen Überzeugungen preisgegeben zu haben.
(J)
Lit.: A. Corvinus, Acta, Handlungen, Legation und Schriffte ... in der Münsterschen Sache gesehen, Item Gespreche und Disputation Antonii Corvini und Johannis Kymei mit dem Münsterschen König Knipperdolling und Krechting, Wittenberg 1536.

158 Peinliche Hals-Gerichtsordnung

Kaiser Karls V., 1530/32
Gedruckt bei Ivo Schöffer in Mainz 1533, 4°

Stadtmuseum Münster

Die von dem fränkischen Freiherrn Johann von Schwarzenberg entworfene und von Kaiser Karl V. auf dem Regensberger Reichstag 1532 als geltendes Gesetz angenommene »Carolina« (Constitutio Criminalis Carolina, C. C. C.) regelte in 219 Artikeln die Verfolgung und Ahndung »hochnotpeinlicher“ Verbrechen. Der Vollstreckung des Urteils, das im allgemeinen auf Tod lautete, ging die auch als »peinliche Frage« bezeichnete Folter voraus, deren hier erstmals eingeschränkte Anwendung im einzelnen vorgeschrieben war. Die Folter, lateinisch Tortur, diente als legitimes Mittel, um durch die gezielte Erzeugung körperlicher Schmerzen (Pein) von den Beschuldigten Geständnisse zu erzwingen: »Von reissen mit glüenden Zangen. Item würde aber beschlossen / daß die verurtheilt person von der tödtung mit glüenden zangen gerissen werden solt / so sollen die nachvolgenden wörter weither in der urtheyl stehn / also lautendt / Und soll darzu vor der entlichen tödtung offentlich auff einem wagen biß zu der richtstatt embgefürt / un der leib mit gluenden zangen gerissen werden / nemlich mit N. grissen.« Mithin entsprach das Verfahren gegen die drei Wiedertäufer in Anlage und Durchführung ganz der zu dieser Zeit geltenden Rechtsordnung, die bis etwa zur Mitte des 18. Jahrhunderts für alle Territorien des alten Reiches nahezu unverändert bestehen blieb.
(J)

159 Gerichtslinden

Bad Iburg.
Originalfoto (Zustand ca. 1930)

Stadtmuseum Münster

Auf die Erstürmung Münsters und das Blutbad vom 25. Juni 1535 folgte die exemplarische Bestrafung der überlebenden Rädelsführer Jan van Leiden, Bernd Knipperdolling und Bernd Krechting. »Da man für sie in Münster kein geeignetes Gefängnis besaß, so wurden sie vorläufig auswärts untergebracht. Man ließ dauerhafte eiserne Halsbänder für sie schmieden und kettete sie dann an den Sattel einiger berittener Knechte. So ließ man sie zu Fuß neben den Pferden nach Iburg laufen, wo sie in schwerem Kerker gehalten wurden ...«
Unter den Gerichtslinden am Fuß der fürstbischöflichen Iburg fanden im Juli 1535, alten Rechtstraditionen entsprechend, die ersten Verhandlungen gegen die drei Aufrührer statt.
(J)
Lit.: L. Keller, Geschichte der Wiedertäufer und ihres Reiches zu Münster, Münster 1880 (Repr. Osnabrück 1979), S. 288.

160 Hinrichtung der drei führenden Wiedertäufer

Federzeichnung aus: Georg Berger, Contrafactur der Osnabrückschen Bischofe, 1607
Bl.: 39,5 x 17 cm

Museum der Stadt Osnabrück

Zwei Generationen nach dem Hinrichtungstag der drei Wiedertäuferführer (22. Januar 1536) versucht diese Federzeichnung, die Szene darzustellen.

In der Zeichnung treten jedoch einige Ungenauigkeiten und Fehler gegenüber dem tatsächlichen Geschehen auf. Aus dem Bericht eines Augenzeugen, gedruckt in dem Flugblatt »Des Münsterischen / Königreichs und Widertauffs / an unnd abgang / ...« (vgl. Kat. 153 c) wissen wir, daß die Wiedertäufer einzeln die Richtstätte betraten.

Jan van Leiden betrat als erster das Podest, das, anders als in der Zeichnung dargestellt, aus drei zusammengestellten Wagen bestand, über die man Bretter nagelte. Über dem mittleren Wagen wurde ein Pfahl errichtet, an dem der Verurteilte während der Vollstreckung festgebunden war. In dem o. g. Flugblatt heißt es dazu: »... vmb 8. vhr vngeferlich vor mittag ist vielbemelter vermeinter König von Münster, erstlich auß seiner gefencknuß, in ein hauß auff den marck oder platz, am Rathauß gelegenn, gefürt, daselbst biß auff die gürtel nackendt ausgezogen, vnd volgend auff einn gerüst am marck das auff dreien wägen, die bei einander gestanden vnd aneinander gehenckt, vnnd mit brettern überschossenn, vnnd inn dem mitteln wagenn einn seul auffgericht gewest, vnnd an dieselbigen seul gebunden worden.«

»Und als der König also auff dem gerüst an der Seul gebunde sind zwen Hencker, nemlich einer von Padelborn, vn der ander von Münster gestelt gewest, hat ime der vonn Padlborn mit einer glüenden zangen den ersten griff in die lincken seiten, vnd der Münsterisch den andern griff in die rechtenn seiten gethon, vnnd ine den vermeinten König, lang vnnd vil mit glüendenn zangen zerissenn, entlich aber im der ein hencker einn messer in die brust gestossenn, vnnd bei einer stund odder lenger mit ime vmbgangen, biß sie ine vom leben zum todt bracht.«

Dem Jan van Leiden folgte Bernd Knipperdolling, als letzter wurde Bernd Krechting hingerichtet. Die drei Eisenkäfige waren zum Zeitpunkt der Hinrichtungen noch nicht am Turm befestigt, wie dies in der Zeichnung dargestellt ist. Die im linken Teil der Zeichnung dargestellte Turmspitze von St. Margareta ist aus dem Blickwinkel des Betrachters in Wirklichkeit nicht zu sehen.

(H)

Lit.: Des Münsterischen Königreichs und Widertauffs An- und Abgang, Bluthandel unnd End, in: Westfäl. Zeitschrift 27 (1867), S. 267f.

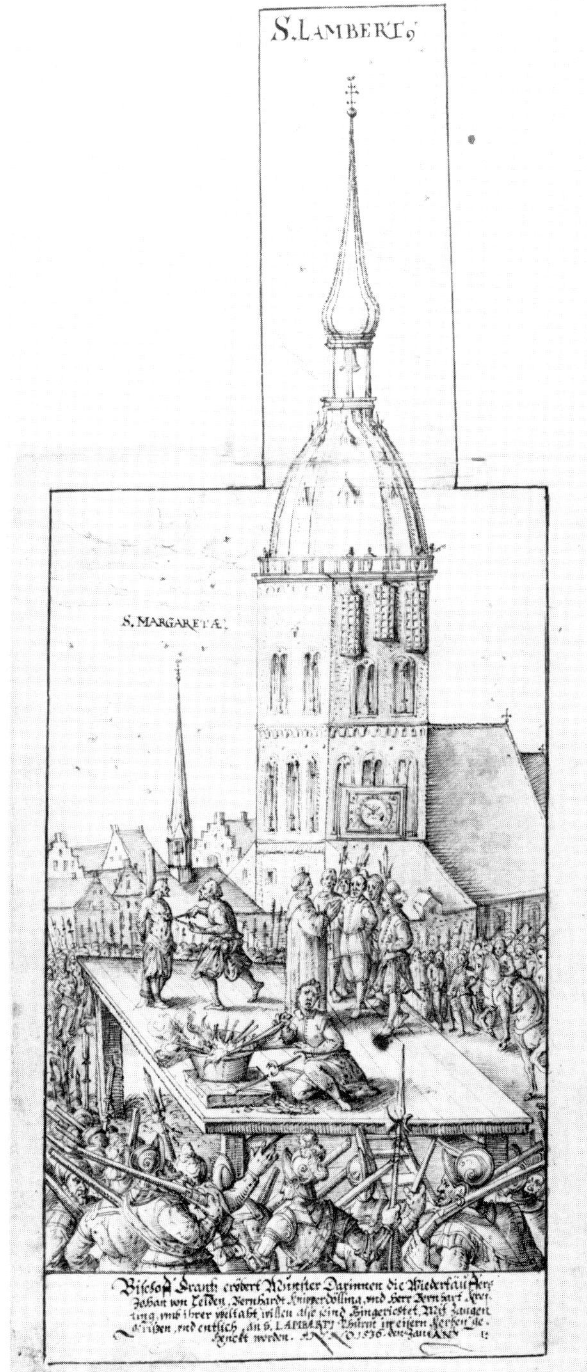

Kat.-Nr. 160

Kat.-Nr. 161

161 Hinrichtung der drei führenden Wiedertäufer

Farbphoto einer lavierten Federzeichnung, frühes 18. Jahrhundert, unsigniert und undatiert

Original in der Staatsbibliothek Preußischer Kulturbesitz, Berlin, Libri picturati A 96, Bl. 94

162 4 Folterzangen

1. Hälfte 16. Jahrhundert
Eisen, Längen: 65 cm, 66 cm, 68 cm, 84 cm

Stadt Münster

Nach der Überlieferung wurden mit diesen Zangen am 22. Januar 1536 Jan van Leiden, Bernd Knipperdolling und Bernd Krechting auf einem Holzgerüst vor dem Rathaus öffentlich zu Tode gefoltert.
Die Hinrichtung, ausgeführt von den Henkern aus Paderborn und Münster, geschah gemäß § 194 der »Peinlichen Halsgerichtsordnung« (vgl. Kat. Nr. 158), »Von reissen mit glüenden Zangen«.
(H)
Lit.: Geisberg II, S. 368.

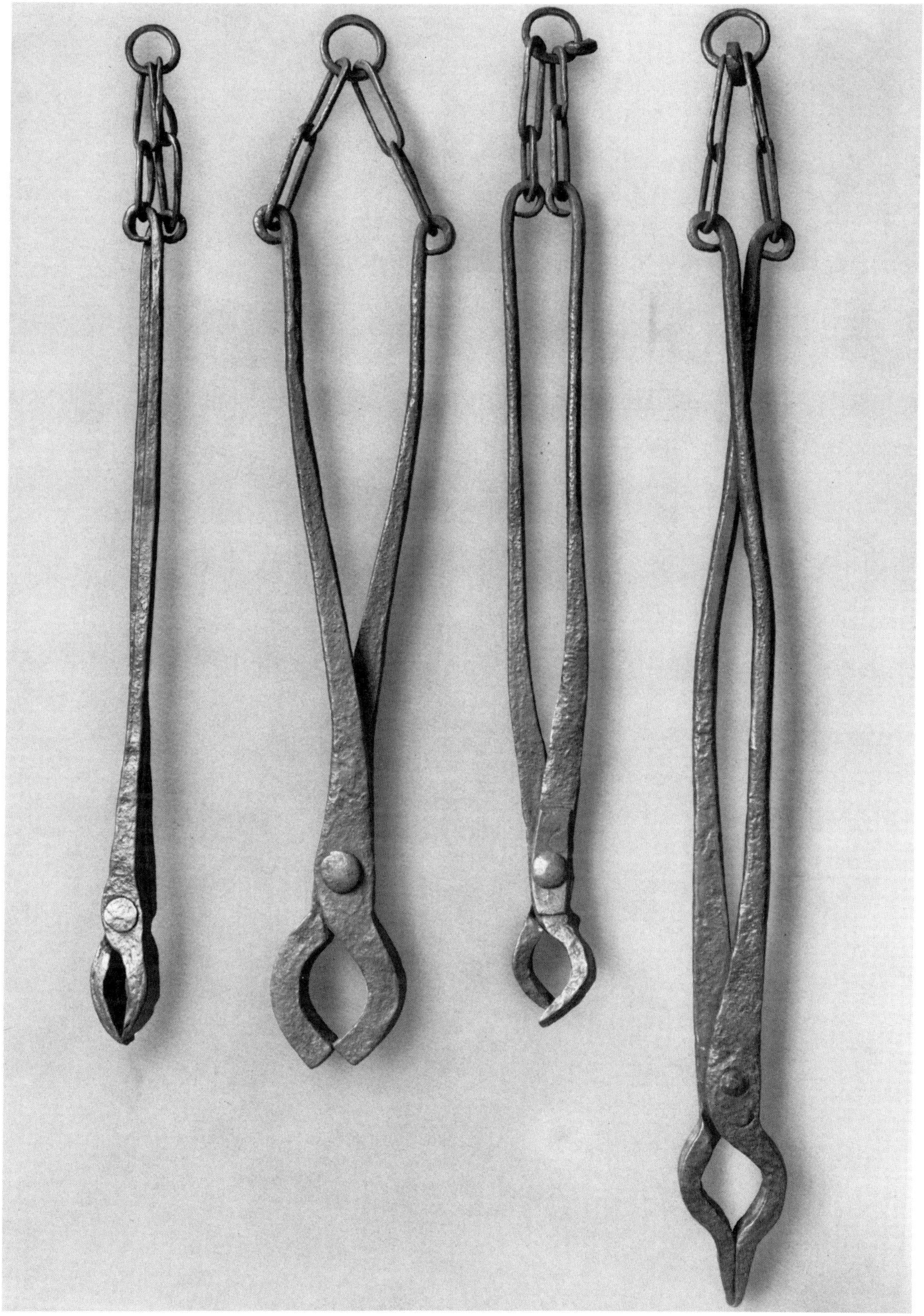

Kat.-Nr. 162

163 Wiedertäuferkäfige

am Kirchturm von St. Lamberti
angefertigt 1535 in Dortmund durch Meister Bertold Smit von Lüdinghausen.
Eisen
Mittlerer Käfig: 187 x 76 cm
Untere Käfige: 179 x 79 cm

Foto: Westfälisches Landesamt für Denkmalpflege

Nach ihrer Hinrichtung wurden die drei Wiedertäuferführer in diesen Käfigen, mit Eisen an Hals und Armen, angeschlagen. »Knipperdölling auff die linckenn, und Bernhardt Krafftig (Krechting) auff die rechtenn seitenn des Königs, ungeferlich eins mans hoch under den König . . .“
Die Käfige mit den Leichen wurden zur Abschreckung deutlich sichtbar am Turm der Lambertikirche befestigt, wo sie noch heute hängen.
(H)
Lit.: Geisberg VI, S. 102.

164 Drei Wiedertäuferkäfige

Nachbildungen der 1535 entstandenen Originale, angefertigt 1888
Eisen, Mittlerer Käfig: 187 x 76 cm; Untere Käfige: 179 x 79 cm

Stadtmuseum Münster

Kat.-Nr. 163

165 Henricus Dorpius

Warhafftige historie, wie das Evangelium zu Münster angefangen, und darnach durch die Widderteuffer verstöret, widder auffgehört hat, 1536
Bahlmann 1536–2a

Stadtarchiv Münster

166 Henricus Dorpius

Warhafftige historia wie das Evangelium zu Münster angefangen / und darnach durch die Widertauffer verstört / wider aufgehört hat. Vorrede von Johannes Bugenhagen
Straßburg, bei Crafft Müller von Schlettstadt, 1536
Bahlmann 1536–2b

Universitätsbibliothek Münster

167 Hermann a Kerssenbroick

Belli Monasteriensis contra Anabaptisticis ... descriptio
Köln, bei Martin Gymnich, 1545
Bahlmann 1537–1550 – 2

Universitätsbibliothek Münster

168a Hermann a Kerssenbroick

Anabaptistici furoris Monasterium inclitam Westphalie metropolim evertentis historica narratio, Anno Domini 1564
Universitätsbibliothek Münster

Nikolaus Steinhagen ließ diese Abschrift 1574 vom Original anfertigen, sie gelangte 1599 in das Eigentum des Domkapitels.

168b Hermann von Kerssenbroick

Geschichte der Wiedertäufer zu Münster in Westfalen, Münster 1771

Stadtmuseum Münster

169 Heinrich Gresbeck

Bericht von der Wiedertaufe in Münster
in: C. A. Cornelius (Hg.), Berichte der Augenzeugen über das Münsterische Wiedertäuferreich, Münster 1853 (= Geschichtsquellen des Bisthums Münster, Bd. 2)

Stadtarchiv Münster

170 Der gantze handel

und geschicht von der Stat Münster ...
Nürnberg bei Hans Guldenmundt 1536
Bahlmann 1536–8

Universitätsbibliothek Münster

171 Newe Tzeitung

wie die Stadt Münster eröbert und eingenommen ...
Bahlmann 1535–17c

Universitätsbibliothek Münster

172 Warhafftiger bericht

der Wunderbarlichen handlung der Deuffer zu Münster in Westvalen ..., 1535
nicht bei Bahlmann, zu 1535–20a

Universitätsbibliothek Münster

Warhafftiger bericht der Wunderbarlichen handlung/der Teuffer zů Münster in Westualen/wie sich alle sachen nach eroberung der statt/vnd in der eroberung zů getragen/auch wie alle handlung jr endtschafft genommen.
Jann von Leyden/König zů newē Jerusalem/vnd der gantzen welt.

Wer sich erhöcht in diser welt/Auß dem stůl wirt er verstossen/
Gott achtet weder gůt noch gelt/Bald můß er legen ein blossen.

Kat.-Nr. 172

165–172

Dorpius, Kerssenbroick und Gresbeck sind die wichtigsten zeitgenössischen Berichterstatter über die Wiedertäufer in Münster. Das Buch von Dorpius wurde noch 1536 mit einer Vorrede des Reformators Bugenhagen nachgedruckt. Kerssenbroick, der schon 1545 in Köln eine Darstellung in Versform veröffentlicht hatte, galt lange als der beste Berichterstatter, bis der Bericht des Schreiners Gresbeck 1853 gedruckt wurde. Nähere Ausführungen über sie finden sich im Aufsatzteil des Kataloges (vgl. S. 61).

Wichtige Quellen sind auch die Flugblätter (vgl. Kat. 153); „Der gantze Handel“ zeigt auf dem Titel eine Abbildung des Königssiegels (vgl. Kat. 114); die „Newe tzeitung“ enthält noch einmal die Hofordnung des Königs (vgl. Kat. 132); der „Warhafftige Bericht“ zeigt auf dem Titel einen Holzschnitt mit dem Brustbild des Königs und den Insignien: Reichsapfel und Schwertern (vgl. Kat. 115).

(D/G)

173 Christus am Kreuz

Gemälde (Öl auf Eichenholz) von Hermann tom Ring, um 1560, unsigniert und undatiert
162 x 100 cm

Stadtmuseum Münster, Verein Münster Museum e. V.

Das hochformatige Gemälde zeigt vorn Christus am Kreuz mit Maria und Johannes, dahinter eine breit angelegte Schilderung der Stadt Jerusalem. Verklammert werden diese beiden Ebenen durch das dünne hochaufragende Kreuz, an dem Christus mit weit ausgebreiteten Armen hängt. Sein Körper, der ganz frontal ausgerichtet ist, wirkt gedrungen, einzig die Arme sind verhältnismäßig lang und dünn. Der Kopf ist nur ganz leicht zur Seite geneigt; das kompliziert drapierte Lendentuch flattert in großen Bäuschen im Wind.

Unter dem Kreuz, in weite füllige Gewänder gehüllt, stehen Maria und Johannes, der auf Christus weist und zu ihm aufblickt. Maria Magdalena zwischen den beiden umfaßt das Kreuz und schaut ebenfalls nach oben; sie ist, ihrem Typus entsprechend, reich und modisch gekleidet und wird außerdem noch durch das große Salbgefäß weiter vorn näher gekennzeichnet. Der Schädel des „Alten Adam" daneben weist auf den Erlösungstod Christi hin.

Den Hintergrund bildet eine Architekturkulisse vor gebirgiger Landschaft mit der Stadt Jerusalem, in die gleichzeitig aber auch bauliche Zitate der Stadt Münster eingefügt sind. So sind unterhalb der Lendentuchzipfel die Domtürme Münsters und Teile der Befestigungsmauer zu erkennen. Ganz rechts im Bild sieht man deutlich Ruinen, die noch an die Wiedertäuferunruhen erinnern dürften.

Zwischen den beiden Bildebenen vermitteln vier kleine Gestalten (darunter Longinus), die sich – von der Kreuzigung kommend – auf dem Weg in die Stadt befinden; die Volksmenge weiter hinten strömt ins Stadttor.

Die Farbigkeit des Bildes wird vorwiegend durch braune oder graue Töne bestimmt, wie sie für Hermann tom Ring typisch sind. Farben wie das Violett bei Maria Magdalena oder das leuchtende Rot bei Johannes finden sich nur ganz vereinzelt. Leider ist das Bild an beiden Seiten verkürzt, so daß die Assistenzfiguren angeschnitten wurden (und zwar Johannes mehr als Maria). Das Kreuz wird dadurch leicht nach rechts gerückt, was man bei der Beurteilung berücksichtigen muß. Denkt man sich die fehlende Balkenbreite an beiden Seiten hinzu, so dürfte das Bild ursprünglich nahezu quadratisch gewesen sein.

Aufgrund stilistischer Vergleiche läßt sich dieses nicht signierte Gemälde Hermann tom Ring zuschreiben, von dem sich noch weitere Darstellungen dieses Themas erhalten haben (vgl. Pieper). Innerhalb seines Werkes vertritt es die mittlere Schaffensperiode; es dürfte demnach gegen 1560 entstanden sein. Für welche Kirche es gemalt wurde, ließ sich bisher nicht feststellen; die Domtürme im Hintergrund lassen allerdings eine ursprüngliche Aufstellung innerhalb Münsters vermuten. In Münster wurden der Dom und sämtliche Kirchen und Kapellen neu mit allem, was zum katholischen Kultus gehörte, ausgestattet. Dazu zählten z. B. Altäre, Sakramentshäuser, liturgische Geräte sowie auch Skulpturen und Gemälde. Damit wurde augenfällig, daß die Stadt wieder katholisch geworden war.

Erst vor wenigen Jahren tauchte das vorher unbekannte Gemälde im Kunsthandel auf. Seit 1980 ist es als Eigentum des Vereins Münster Museum e. V. Dauerleihgabe im Stadtmuseum.

(K)

Lit.: P. Pieper, Hermann tom Ring, Christus am Kreuz mit Maria, Johannes und Maria Magdalena, in: Katalog „Erwerbungen 80", Stadtmuseum Münster, Münster 1980, Nr. 7.

Kat.-Nr. 173

174 Ansicht der Stadt Münster von Westen (1570)

Heliogravüre nach dem einzigen erhaltenen Kupferstich im British Museum von Remigius Hogenberg nach einer Zeichnung von Hermann tom Ring
Pl.: 38 x 116 cm

Stadtmuseum Münster

Der Betrachter erblickt von einem imaginär überhöhten Standpunkt von Südwesten aus die Stadt Münster. Den Vordergrund nehmen Felder und Äcker ein, unterbrochen von Straßen und Wegen, die in die Stadt führen; rechts die Aa. Darüber erhebt sich, durch den Mauerring klar davon getrennt, die Stadt, deren Befestigungsanlagen nach den Wiedertäuferzerstörungen bereits wieder hergestellt sind. Als Eckpunkte dienen links das Jüdefelder Tor, rechts das Ludgeritor. Innerhalb der Stadt erkennt man dicht an dicht die Häuser mit ihren unterschiedlichen Dach- und Giebelformen; es handelt sich zumeist um hohe Steildächer, denen Dreiecks- oder Staffelgiebel vorgesetzt sind. Einzelne Häuser sind zusätzlich noch durch Fialen geschmückt. Zu diesen gehört auch das Rathaus, das durch die Inschrift »Domus senatoria« herausgehoben wird. Über die Dächer erheben sich die zahlreichen Kirchen und Klöster der Stadt. Im Zentrum, leicht nach rechts verschoben, der Dom als wichtigstes Bauwerk der Stadt.
Die Ansicht gibt sehr genau und zuverlässig den Zustand der Stadt um 1570 wieder. Die Zahl der Häuser mußte zwar aus Gründen der Übersichtlichkeit stark verringert werden – auch wurde die Ansicht aus drei verschiedenen Standpunkten konstruiert, wie neuere Untersuchungen zeigen – insgesamt geht die Detailgenauigkeit jedoch erstaunlich weit. So fehlen am Turm der Überwasserkirche zwei Ecktürmchen, die bei der Belagerung 1534/35 heruntergeschossen worden waren. Der hohe leicht gekrümmte Helm, den die Wiedertäufer heruntergestürzt hatten, um ihre Geschütze aufzustellen, ist allerdings bereits wieder errichtet. Die Lambertikirche weiter rechts ist besonders genau wiedergegeben: An der Südseite ihres Turmes ist eine Uhr eingezeichnet, darüber hängen die Käfige der Wiedertäufer.
Weitere Erläuterungen zu Münster und seiner Geschichte geben Wappen, Kartuschen und Inschriften. Direkt unter dem Titel des Stiches »WESTVALIAE METROPOLIS MONASTERIUM« schwebt das Wappen des Reiches, daneben links (heraldisch rechts) das Stiftswappen, rechts das Stadtwappen. Die beiden großen Kartuschen enthalten Texte zur Geschichte der Stadt. Ganz unten schließlich eine Kartusche mit Widmung und Wappen. In der Rahmung der Kartusche steht das Vollendungsdatum des Stiches: 12. Mai 1570 und schließlich unter der Widmung der Namenszug des Stechers: Remigius Hogenberg.
Durch ein Gerichtsprotokoll vom 3. 12. 1569 ist bekannt, daß Hermann tom Ring den Entwurf für das Blatt gezeichnet hat.
(K)
Lit.: K.-H. Kirchhoff / P. Pieper, Münster 1570. Der Kupferstich des Remigius Hogenberg nach einer Zeichnung des Hermann tom Ring, Münster 1980.

175 Rehabilitierung

Urkunde von Bischof und Landständen des Stifts Münster für den Pfennigmeister Johann Hageboke, 29. Januar 1537
Pergament 29 x 17 cm
Siegel des Bischofs (Ø 28 mm), des Domkapitels (46 x 34 mm), des Erbmarschalls Gerd Morrien (Ø 30 mm), und der Stadt Münster (Ø 42 mm, vgl. Kat. Nr. 98f.)

Staatsarchiv Münster

In dieser Urkunde bescheinigen Bischof und Landstände dem »in Anfang der wedderdoepischer Munsterischer Krigshandelongh« angenommenen Pfennigmeister Johann Hageboke eine korrekte Amtsführung, erteilen ihm Entlastung und bekennen, ihm noch 5124 Goldgulden schuldig zu sein. Das Dokument verdient nicht nur deswegen besonderes Interesse, weil es die starke Verschuldung des Bistums Münster sogar bei seinen eigenen Beamten belegt, oder den Zusammenhang zwischen den hohen Kriegskosten und dem Ausbau einer landständischen Zentralverwaltung erhellt. Erstaunlich ist vielmehr,

daß die Stadt Münster bereits anderthalb Jahre nach ihrer Eroberung wieder als vollwertiges Mitglied des Landtages auftritt und als vornehmste Stadt des Stifts und Sprecherin des dritten Standes gemeinsam mit dem Bischof, dem Domkapitel und dem Vorsitzenden der Ritterschaft eine Urkunde besiegelt.
(D)
Lit.: E. Müller (Hg.), Die Abrechnung des Johannes Hageboke über die Kosten der Belagerung der Stadt Münster 1534/35, Münster 1937 (= Geschichtsquellen des Bistums Münster Bd. 8).

176 Restitutionsedikt

des Fürstbischofs Franz von Waldeck zur Wiederherstellung der städtischen Rechte und Privilegien
Bevergern, 17. Mai 1553.
Siegel und Autograph des Fürstbischofs

Stadtarchiv Münster

177 Urkunde Kaiser Ferdinands I.

zur Bestätigung der durch Franz von Waldeck wieder verliehenen städtischen Rechte und Privilegien
Prag, 17. Oktober 1561.
Siegel und Autograph des Kaisers

Stadtarchiv Münster

Schon bald nach der Eroberung der Stadt konnte die Stadt Münster in mehreren Schritten vom Bischof die alten Selbstverwaltungsrechte zurückerlangen. Entgegen seinen anfänglichen Absichten war der Bischof an einer politischen Stärkung der Stadt interessiert und suchte sie als Bundesgenossen im Konflikt mit Domkapitel und Ritterschaft auf seine Seite zu ziehen. Diese bekämpften seine Absicht, das Stift Münster in sein erbliches Fürstentum umzuwandeln.
Mit den beiden vorliegenden Urkunden wurde die Rückgewinnung der städtischen Rechte und Freiheiten vollendet. Damit blieb die Stadt Münster bis in die Zeit des Absolutismus ein fast selbständiger Stadtstaat.
(D/G)

178 Maueranker

Eisen, die Jahreszahl 1536 formend

Stadtmuseum Münster

Nach der Eroberung der Stadt 1535 ließ Fürstbischof Franz von Waldeck beschädigte Teile der Befestigungsanlagen erneuern und zum Teil verstärken. Den Zwinger ließ er zu einer Festung umbauen und legte eine Besatzung hinein, um die besiegte Stadt Münster im Gehorsam zu halten. Der Maueranker, der die Jahreszahl 1536 trägt, stammt aus dieser Wiederaufbauphase, möglicherweise gehörte er zum Zwinger, an dem 1535/36 gebaut wurde.
(Gr)
Lit.: Geisberg I, S. 158ff.

V. Beispiele künstlerischer Verarbeitung des Themas bis heute

179 Jan van Leiden

(um 1510–1536)
Heliogravüre nach der wahrscheinlich 1535 entstandenen Kohlezeichnung von Heinrich Aldegrever
(vgl. Kat.-Nr. 118)
Bl.: 27 x 22,8 cm

Stadtmuseum Münster

180 Jan van Leiden

(um 1510–1536)
Heliogravüre nach dem 1536 entstandenen Kupferstich (1. Zustand) von Heinrich Aldegrever
(vgl. Kat.-Nr. 120)
Pl.: 30,5 x 23,5 cm

Stadtmuseum Münster

181 Bernd Knipperdolling

(um 1490–1536)
Heliogravüre nach dem 1536 entstandenen Kupferstich von Heinrich Aldegrever (vgl. Kat.-Nr. 122)
Pl.: 33,1 x 23,7 cm

Stadtmuseum Münster

181 A Bernd Knipperdolling

(um 1490–1536)
Heliogravüre nach dem 1536 entstandenen Kupferstich von Nikolaus Wilborn
(vgl. Kat.-Nr. 65)
Pl.:16,3 x 11,9 cm

Stadtmuseum Münster

182 Bernd Krechting

(† 1536)
Heliogravüre nach der wahrscheinlich 1535 entstandenen Kohlezeichnung von Heinrich Aldegrever
(vgl. Kat.-Nr. 119)
Bl.: 26,7 x 18,1 cm

Stadtmuseum Münster

179–182

Es handelt sich hier um Faksimiledrucke nach dem Verfahren der Heliogravüre. Dabei wird auf phototechnischem Weg das Originalbild auf eine Kupferplatte geätzt. Nach Auftrag von Druckerschwärze wird dann das Blatt im Handdruckverfahren von der Platte abgezogen. Die Abzüge sind auch deshalb dem Original sehr nah, weil der Abdruck wie beim Original dem Papier aufliegt, während der Buchdruck flach druckt.
Die vorliegenden Drucke wurden für Museumszwecke im Auftrag des Stadtmuseums Münster von dem Graphiker Erhard Schmidt angefertigt. Die Kosten wurden durch eine Spende der Volksbank Münster gedeckt.
(G)

183 Jan van Leiden

(um 1510–1536)
Kupferstich von Jan Muller (nach Heinrich Aldegrever), Anfang 17. Jahrhundert, signiert und undatiert
Bl.: 31,6 x 22,6 cm, randbeschnitten

Stadtmuseum Münster

184 Bernd Knipperdolling

(um 1490–1536)
Kupferstich von Jan Muller (nach Heinrich Aldegrever) Anfang 17. Jahrhundert, signiert und undatiert
Bl.: 32 x 23,4 cm, randbeschnitten

Westfälisches Landesmuseum für Kunst und Kulturgeschichte, Münster, Portraitarchiv Diepenbroick-Grüter

Jan Muller (1571–1628), gebürtig aus Amsterdam, bildete sich auf ausgedehnten Reisen in die bedeutendsten europäischen Kunstzentren seiner Zeit zum virtuosen Kupferstecher. Bekannt wurde er durch Stiche nach Originalen von Manieristen wie Goltzius und Spranger. Später stach er Portraits u. a. nach Werken von Jan van Mierevelt und Peter Paul Rubens. In diese Zeit gehören auch die Stiche nach den Aldegreverschen Wiedertäuferportraits (Kat. Nr. 121, 122). Sie geben exakt, wenn auch spiegelverkehrt, die Originale wieder, dabei etwas plastischer durchgearbeitet. Die Kartuschen tragen neue lateinische Inschriften.
(G)

185 Jan van Leiden

(um 1510–1536)
Kupferstich von Christoffel van Sichem, signiert und 1605 datiert
Pl.: 18,8 x 14,3 cm

Westfälisches Landesmuseum für Kunst und Kulturgeschichte, Münster, Portraitarchiv Diepenbroick-Grüter

Das Bildnis Jan van Leidens entstand in deutlicher Anlehnung an Aldegrever (Kat. Nr. 121), wenngleich nicht auszumachen ist, ob Aldegrevers Stich direkt oder indirekt über eine unbekannte Reproduktion (Wilborn?) Vorlage war. Es ist Teil eines Einblattdrucks. Sein Erscheinen fast 70 Jahre nach der Hinrichtung der Wiedertäufer, belegt das anhaltende Interesse an den münsterischen Ereignissen in den Niederlanden. Dort lebte täuferische Gesinnung bei den Mennoniten weiter. Text und Bild des Flugblattes sollen moralisch wirken. Bezeichnend ist der sechszeilige Vers unter dem Portrait. Er lautet in der Übertragung aus dem holländischen: »Eitelkeit, Streben nach Luxus und Prestige haben mich von Christus entfernt. Zur Warnung möge ich jedem dienen, niemand möge sich verführen lassen. Ich bin in Gefangenschaft geraten und habe mit Schmerz und Schande mein Ende genommen.« (Zur Deutung vgl. Kat. Nr. 120).
(G)

186 Doppelportrait: Jan van Leiden und Elisabeth Wandscherer

(darunter Avers und Revers einer Wiedertäufermünze)
Kupferstich von Sa. Monoye, 1. Hälfte 17. Jahrhundert aus: J. Orlers, Beschrijvinge von der Stadt Leiden
Pl.: 8,9 x 11 cm

Stadtmuseum Münster

187 Jan van Leiden

(um 1510–1536)
Radierung von Romeyn de Hooghe aus: G. Arnold, Historie der Kerken en Ketteren, Amsterdam 1701
Pl.: 26,5 x 15,8 cm

Stadtmuseum Münster

Romeyn de Hooghe (1645–1708) ist Hauptmeister des niederländischen Spätbarock. Sein Kupferstich ist an van Sichems Vorlage orientiert, im ganzen aber eine neue

IOHAN VAN LEYDEN EYN CONINCK DER WEDERDOPER
THO MONSTER WAER HAFTICH CONTERFEYTING.
DEI
En, ô Leida, tuis memor hunc de ciuibus unum,
En monſtrum; ut captâ nomen ab urbe ſerat:
Cum ſoleat tales ſimulare Tragœdia reges,
Rex fuit, ac vere rex tamen ille fuit.

Kat.-Nr. 183

WAERHAFTICH GHECONTERFET BERNT KNIPPERDOLLING
DER XII. HERTOGEN EYN, THO MVNSTER.
Consul homo fuerat, populiq; in honore magister,
Carnifici dirus maluit esse manie:
Delectabat enim non ius, sed norma necandi.
Sic bene carnificem carnificina necat.

Kat.-Nr. 184

Kat.-Nr. 185

Erfindung. Der König ist in ganzer Figur (bis auf die Füße) dargestellt. Links führt ein Page sein Pferd vor, rechts reicht ein anderer ihm Bibel und Krone, wobei der König seine Hand auf die Bibel legt. Links unten erkennt man andeutungsweise die Hinrichtung, während rechts eine Phantasiedarstellung des Lambertiturmes zu erkennen ist, an dem von einem Kran ein Käfig mit der Leiche Jan van Leidens hängt. Die Inschrift in der Kartusche bezeichnet den Dargestellten in lateinischer Form eindeutig als Jan Beuckelsz aus Leiden.
(G)

188 Bernd Knipperdolling

(um 1490–1536)
Kupferstich aus: Hermann von Kerssenbroick, Geschichte der Wiedertäufer zu Münster in Westfalen, Münster 1771
Pl.: 19,5 x 15,5 cm

Westfälisches Landesmuseum für Kunst und Kulturgeschichte, Münster, Portraitarchiv Diepenbroick-Grüter

Kat.-Nr. 187

Kat.-Nr. 189

189 Chinesischer Teller

mit dem Portrait des Jan van Leiden
Handmalerei Anfang 18. Jahrhundert

Photo, Original im British Museum, London

Der Teller wurde in China hergestellt. Chinesisches Porzellan war im 17. und 18. Jahrhundert in Europa sehr begehrt. Englische und niederländische Händler holten in Segelschiffen das kostbare »weiße Gold« aus dem Fernen Osten. Hinter das Geheimnis der Porzellanherstellung kamen die Europäer erst spät. Nach vielen vergeblichen Versuchen gelangen in Meissen um 1710 die ersten noch unvollkommenen Gefäße und erst um die Jahrhundertmitte überflügelten die europäischen Hersteller die chinesische Konkurrenz. Um das chinesische Porzellan für den europäischen Markt besonders attraktiv zu machen, gaben die Importeure bei den chinesischen Produzenten europäische Formen und Motive in Auftrag (Auftragsporzellan). Als Vorlagen für die Malerei dienten europäische Kupferstiche. Vorlage für diesen Teller ist eindeutig Romeyn de Hooghes Kupferstich (Kat. Nr. 187). Im Vergleich sehen wir, wie geschickt der chinesische Maler durch Ergänzung der Pagenfiguren die rechteckige Vorlage dem Rund des Tellers angepaßt hat.
(G)

Kat.-Nr. 190

190 Grüne Keramikkachel

mit dem Portrait des Jan van Leiden, 1. Viertel des 17. Jahrhunderts, wahrscheinlich gefertigt nach dem Kupferstich von Christoffel van Sichem (vgl. Kat. 185)
20 x 16 cm

Stadtmuseum Münster

191 Wiedertäuferportraits auf Fliesen

Anfang 17. Jahrhundert nach der Kupferstichfolge aus: Christoffel van Sichem, Historische Beschrijvinge ende Affbeeldinge der voorneemste Hooft Ketteren, Amsterdam 1608

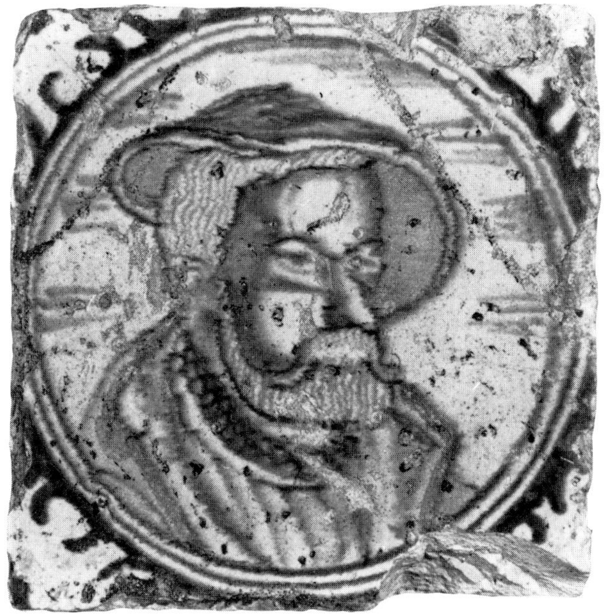

b) Jan van Leiden
9,4 x 9,3 x 1,5 cm (polychrom) (vgl. Kat. Nr. 185)
Tegelmuseum Otterlo (Niederlande)

a) Jan Matthys
9,6 x 9,6 x 1,4 cm (polychrom) (vgl. Kat. Nr. 74)
Privatsammlung van Loo, Epse (Niederlande)

c) Bernd Knipperdolling
Fragment (polychrom)
Rijkmuseum Amsterdam (Niederlande)

d) Adam Pastor
9,4 x 9,3 x 1,4 cm (blau)
Tegelmuseum Otterlo (Niederlande)
Ursprünglich katholischer Priester in Aschendorf, später Sendbote des Jan Matthys.

e) Herman Schoenmaker
9,7 x 9,4 x 1,6 cm (polychrom)
Tegelmuseum Otterlo (Niederlande)
Der »Prophet« Herman Schoenmaker, auch van't Sant genannt, führte eine kleine Gruppe von niederländischen Täufern zu einem Entsatzversuch nach Münster.

Kat.-Nr. 193

a

b

c

d

192 Kupferstichillustrationen

2 Fotos nach Kupferstichen aus: Lambertus Hortensius; Van den Oproer der Wederdooperen, Enkhuiszen 1624

193 16 Kupferstichillustrationen

zu den Wiedertäuferereignissen aus: Lambertus Hortensius, Verhaal van de oproeren der wederdoopers. Voorgevallen te Amsterdam, Munster en in Groningerland Amsterdam 1694
Bl.: je 12,7 x 8,5 cm

Stadtmuseum Münster

Folgende Szenen sind abgebildet:

a) Knipperdolling tanzt vor Jan van Leiden
b) Der König enthauptet Elisabeth Wandscherer auf dem Domplatz und
c) tanzt mit seinen Frauen um die Leiche
d) Hinrichtung der Wiedertäufer

Die zahlreichen Auflagen von Hortensius' Geschichte der Wiedertäufer belegen das stetige Interesse an den münsterischen Wiedertäufern in den Niederlanden. Auch die Illustrationen wurden immer wieder nachgestochen. Die Bilder sind topographisch und auch in der Personendarstellung nicht sonderlich authentisch, wenngleich der Dom zu Münster z. B. als solcher zu erkennen ist. Topographisch exakt sind die Amsterdamer Ereignisse dargestellt. In vielen neueren populären Werken hat man diese fälschlich für Darstellungen der Vorgänge in Münster gehalten und z. B. den Sturm auf das Rathaus zu Amsterdam (Kat. 192) mit der Eroberung Münsters verwechselt. Auch die »Schwertläufer« sind vor Amsterdamer Kulisse gezeichnet, ähnliches hat sich aber auch in Münster abgespielt.
(G)
Lit.: W. Vernekohl, Die Wiedertäufer in Münster, Münster 1960 (hier sind Amsterdamer Szenen mit münsterischen Ereignissen verwechselt).

194 »Der Prophet«

Federlithographien, koloriert
Folge der 12 Ausschneidebögen mit Figuren zur Oper »Der Prophet« von Giacomo Meyerbeer (1791–1864)
Verlag Trentsensky, Wien ca. 1850
Bl.: je 23,6 x 36,9 cm

Stadtmuseum Münster

195 Jan van Leiden verstößt seine Gemahlin Elisabeth Wandscherer

Gemälde (Öl auf Leinwand) von Karl Görken, signiert und 1852 datiert
160 x 236 cm

Stadtmuseum Münster

196 Die Bücherverbrennung auf dem Prinzipalmarkt

Holzstich von J. F. Richter nach A. von Rößler aus: Allgemeine Illustrierte Zeitung Nr. 17, 1887
Bl.: 37,3 x 28,3 cm

Stadtmuseum Münster, Verein Münster Museum e.V.

197 Tod des Jan Matthys

Heliogravüre aus: Joseph Sattler, Die Wiedertäufer, Stargardt, Berlin 1895
Bl.: 38,6 x 29 cm

Stadtmuseum Münster

Kat.-Nr. 196

Kat.-Nr. 197

198 Wiedertäufer-Notgeld

Folge von 5 beidseitig bedruckten Scheinen zu jeweils 2 RM.
Herausgegeben von der Stadt Münster, 1921
Entwurf: Josef Dominicus
Druck: Gebrüder Jänecke, Hannover
je 8,4 x 11,4 cm

Stadtmuseum Münster

Kat.-Nr. 198 (Rückseiten)

199 Expressionistische Darstellungen

Drucke nach Lithographien von Ida C. Ströver (1933)
Bl.: 14,8 x 14,5 cm
- Die neue Taufe des Propheten
- Verkündigung der Vielweiberei
- Rabenspeise

Leihgabe aus Privatbesitz

200 Der Bildersturm in heutiger Sicht

2 Radierungen von Eckhard Froeschlin (1976)

a) Sturz der Kirchturmspitzen
   Pl.: 49,6 x 37,3 cm

b) Niederreißung von religiösen Skulpturen
   Pl.: 49,3 x 56,5 cm

Stadtmuseum Münster

201 Surrealistische Darstellungen

Originalfederzeichnungen von Curt Lüling, 1980

a) Die Wiedertaufe
   Bl.: 36 x 48 cm

b) Die Bücherverbrennung
   Bl.: 36 x 48 cm

c) Die Hochzeit des Wiedertäuferkönigs
   Bl.: 48 x 36 cm

Leihgabe des Künstlers

202 Ausstellungsplakat

»Das Gottesreich fliegt; Der Kunstverein tanzt«
von Stephan Huber, Münster 1982

Das Foto zeigt die Nachbildungen der 3 Wiedertäuferkäfige im Ausstellungsraum des Westfälischen Landesmuseums für Kunst und Kulturgeschichte in Münster.

194–202

Hatte theologisches und moralisches Interesse die Erinnerung an die Wiedertäufer im 17. und 18. Jahrhundert wachgehalten und zu immer neuen bildhaften Vergegenwärtigungen geführt, so entstanden im 19. Jahrhundert Bilder aus dem Geiste der Romantik und des mit der Romantik verbundenen Historismus. Man versuchte (etwa in der Darstellung der Kleidung) historisch exakt zu sein, liebte aber vor allem theatralische, dramatische Szenen (Kat. Nr. 194–196). Auch spätere Darstellungen, wie die aus dem Stilempfinden des Jugendstil geschaffene Heliogravüre zum Tod des Jan Matthys (Kat. Nr. 197) und die expressionistischen Darstellungen auf dem münsterischen Notgeld (Kat. Nr. 198) sowie die Zeichnungen der Ida C. Ströver (Kat. Nr. 199) sind in ihrem Empfinden denen des 19. Jahrhunderts ähnlich. Daß künstlerisches Interesse sich auch heute der Geschichte der Wiedertäufer zuwendet, belegen die zum Schluß ausgestellten Graphiken (Kat. Nr. 200–202). Erstaunt wird der Betrachter feststellen, daß durch die Jahrhunderte die 1535 von Heinrich Aldegrever gezeichneten und gestochenen Portraitstudien (Kat. Nr. 118, 122) bei fast allen späteren Darstellungen durchscheinen. Sie sind die einzigen authentischen Portraits; alle anderen sagen mehr über die Zeit ihrer Herstellung und die Künstler als über die dargestellten Personen oder Ereignisse aus.
(G)

(Erhardt Schöen, Belagerung Münsters 1534,
Kat.-Nr. 149)